Christian Schwarke

Technik und Religion

Religiöse Deutungen und theologische
Rezeption der Zweiten Industrialisierung
in den USA und in Deutschland

Verlag W. Kohlhammer

Gefördert mit Mitteln der Deutschen Forschungsgemeinschaft im Rahmen des SFB 804 der Technischen Universität Dresden.

ISBN 978-3-17-022498-8

Kohlhammer

Inhalt

Vorwort 7

1. Einleitung 9

2. Technik als Mission –
   Die Weltausstellungen in Chicago und New York 23

   Chicago, 1933 23
       Religion und Fortschritt 39
   New York, 1939 42
       Religion und Utopie 58
       Murals – Die Moderne an die Wand gemalt 62

3. Technik-Transzendenzen –
   Religiöse Deutungen der Technik im Bild 75

   Grundlagen 76
       Fortschritt – Pilgerreisen und Geschichte 77
       America Today – Thomas Hart Benton und der Weg in die Moderne 84
       Technik als Erbauer der Nation – Fundamentalartikel 87
       Licht – Offenbarungstechnik 92
   Götter 98
       Die Maschine – Götter, alt und neu 98
       Fabrik und Rad – Die Weltmaschine 109
       American Landscape – Charles Sheeler und die Struktur der Moderne . 114
   Mythen 121
       Stahlkochen – Schöpfung und Geburt 122
       Staudämme – Ein Garten Eden und das Ende der Unschuld 127

Heilsmechanik 131
   Automatisierung – Herr oder Sklave? 133
   Der Mensch als Ingenieur und Arbeiter – Erlösungsfragen 143
   Detroit Industry – Diego Rivera und eine Predigt über River Rouge 149
Heilswege 155
   Autos, Eisenbahnen, Flugzeuge – Den Göttern so nah 156
   Brücken – Himmelsleitern und das Tor zur Welt 164
Die neue Welt 169
   Die Stadt der Wolkenkratzer – Das neue Jerusalem 170
   Futurama – Design für das Reich Gottes 174

Farbtafeln 181

4. Rezeptionen – Technik in der Theologie 197

Evangelium und Dämonie der Technik 199
   Machinery as a Gospel Worker 200
   Die Technik und das Andere 201
Effizienz in den Kirchen? 206
   Scientific Management – Rezeption technisch 207
   Management im Geist – Rezeption bildlich 210
Gott, Fortschritt und Person 214
   Sozio-historische Methodik 220
   Gott und das fortschreitende Universum 222
Arbeitswelt und Streiks 224
Theologischer Realismus 228
   Liberalismus entzaubert – Reinhold Niebuhr 228
   Die Technik deuten – Hanns Lilje 232
   Vorstadtgarten und Reich Gottes – Techniktheologie 235

5. Christentum in einer technischen Welt – Ein Ausblick 239

Literatur 247
Abbildungsnachweis 263
Personenregister 265

Vorwort

Bücher haben manchmal eine längere Vorgeschichte, als es dem Autor lieb ist. Gleichwohl gehören die Erkundungen, die zu diesem Buch geführt haben, und die Zusammenarbeit mit denen, die mich unterstützten, zu den schönsten Erfahrungen meines bisherigen wissenschaftlichen Daseins. Das Thema »Technik und Religion« beschäftigt mich seit einigen Jahren. Der Dresdner Sonderforschungsbereich 804 »Transzendenz und Gemeinsinn« gab mir dann Gelegenheit, meine Überlegungen im Rahmen meines Teilprojekts zu präzisieren und interdisziplinär einzuordnen. Für das überaus anregende Konzept des Sonderforschungsbereichs und die damit freigesetzten Energien und Ergebnisse gebührt Hans Vorländer großer Dank. Darüber hinaus danke ich meinen Kollegen Thomas Hänseroth, Bruno Klein und Hans-Georg Lippert für Anregungen und ihr enzyklopädisches Wissen, das meine Fragen stets mit Antworten versah.

Meine Mitarbeitenden Hermann Diebel, Anne Katrin Lemmel, Katharina Neumeister und Peggy Renger-Berka haben nicht nur das Teilprojekt weit über das Erwartbare hinaus befördert, sondern auch zahlreiche Vorschläge zum Konzept gemacht. Hermann Diebel hat mich durch weitreichende und langwierige Recherchen außerordentlich unterstützt. Ihm und Anne Katrin Lemmel danke ich darüber hinaus sehr für die kritische Lektüre großer Teile des Manuskripts. Danken möchte ich auch Frank Pawella, der mit kunsthistorischem Sachverstand auf meine Ideen schaute. Sämtliche Fehler und Schwächen, die der Text birgt, gehen selbstverständlich auf mein Konto.

Vor allem in den USA haben mir Mitarbeiterinnen und Mitarbeiter dortiger Bibliotheken sehr engagiert geholfen. Autumn Lorraine Mather von den Ryerson & Burnham Libraries am Art Institute of Chicago hat in den Archiven gefunden, was ich suchte. Anthony J. Elia von der Burke Library der Columbia University gewährte mir Zugang zur Bibliothek und gab wertvolle Hinweise, wo ich suchen könnte. Beiden gilt mein herzlicher Dank. Die Mitarbeiterinnen des Special Collections Research Center der Regenstein

Library der University of Chicago ließen mich empfindlichstes Material einsehen. Darüber hinaus ist diese Bibliothek mit ihren reichen und zugänglichen Beständen ein Wunderland für die Forschung. Hilfreich waren für mich außerdem die Harold Washington Library (Chicago), die New York Public Library, die Thomas J. Watson Library am Metropolitan Museum of Art (New York), die Bibliothek der Corcoran Gallery (Washington, D.C.) sowie die Andover-Harvard Theological Library (Cambridge, Mass.).

Herrn Jürgen Schneider danke ich für die Aufnahme des Buches in das Verlagsprogramm und das bleibende Interesse bei der sich dehnenden Geschichte des Textes. Frau Julia Zubcic danke ich für die kompetente Beratung in Bilderfragen und die mühevolle Arbeit an den Genehmigungen.

Einen besonderen Dank schulde ich Herrn Neelon Crawford für die freundliche Genehmigung, das Gemälde »Whitestone Bridge« von Ralston Crawford als Titelbild dieses Buches verwenden zu dürfen.

Katharina Kallähne, Simon Köhler, Nele Weduwen und Annemarie Zielke haben im Sonderforschungsbereich und am Buch hilfreich mitgewirkt. Anja Pulver hat sich um die Korrekturen und die Erstellung des Registers sehr verdient gemacht.

Enrico Wuttke von brandblau (Dresden) hat mit großem Verständnis für die Inhalte und das Genre aus meinem Manuskript eine Augenweide gemacht. Großer Dank an Dich!

An der langen Geschichte der Bücher haben stets auch diejenigen einen erheblichen Anteil, die den Autor besser kennen als er sich selbst. Meiner Frau und Matthias Klinghardt danke ich für fortwährende Ermutigung. Meine Söhne und meine Frau haben nicht nur meine Abwesenheiten ertragen, sondern sich auch deren Ergebnisse angehört und kommentiert. Mein Sohn Clemens hat Ausrüstung und Know-how bereitgestellt sowie meine Photographien in Bilder verwandelt. Mein Sohn Julian hat mir Monumente der Technik eröffnet, die ich ohne ihn wohl nicht gesehen hätte.

Gewidmet ist das Buch meinen drei Lehrern: Trutz Rendtorff hat mir eine Theologie vermittelt, die das Ja über das Nein stellt. Außerdem verdanke ich ihm meine erste Begegnung mit der Neuen Welt vor 25 Jahren. Clemens und Julian haben mich immer wieder aus den dreißiger Jahren des vorigen Jahrhunderts in die Gegenwart der Upper West Side gezogen. Das war legen – där.

New York, Labor Day 2013

1. Einleitung

Die Welt, in der wir leben, ist eine technische Welt. Gleichzeitig ist sie eine religiöse Welt. Beides kann man großartig oder furchtbar finden. Die Lebenswelt ist vielfältig. Dabei wurden Technik und Religion im 20. Jahrhundert meist in ein Verhältnis des Gegensatzes gebracht. Kaum jemand unterschriebe noch Richard Rothes Gedanken, dass die Entwicklung der Eisenbahn für das Reich Gottes wichtiger sei als die Dogmen von Nicäa und Chalcedon.[1] Entweder wird die Technik – um im Bilde zu bleiben – als der Zug betrachtet, der abwärts in den Dürrenmattschen Tunnel rast, oder das Reich Gottes und seine transzendenten Äquivalente sind aus dem Fahrplan ohnehin gestrichen worden. Das hat Folgen. Weil wir Technik und damit die Welt, in der wir tatsächlich leben, nicht mehr religiös deuten können, hat das Religiöse seinen Ort in der Welt weitgehend verloren. Weil wir umgekehrt die Religion nicht technisch interpretieren können, ist zumindest das Christentum eine Religion mit einem vorindustriellen Gott.[2]

Meine Grundthese in diesem Buch ist demgegenüber, dass Technik und Religion viel mehr miteinander zu tun haben, als es das Grundmuster des Gegensatzes wahrhaben will. Technik speist sich nicht nur aus religiösen Motiven, sondern die Gesellschaft bedient sich religiöser Vorstellungen im weitesten Sinne, um die Einpassung neuer Techniken in ihre

---

1   *Rothe, Richard*: Stille Stunden. Aphorismen aus Richard Rothes handschriftlichem Nachlass, Wittenberg: Koelling 1872, S. 344 f.

2   In einer Studie zu Gottesbildern von Kindern beobachtete Helmut Hanisch, dass Kinder keine Bilder mit kulturellen Metaphern malten. Er vermutete, dass dies wohl auch nicht erwartbar sei, da die unpersönliche technische Zivilisation keine Symbole für Gott als einem persönlichen Gesprächspartner biete. Vgl. *Hanisch, Helmut*: Die zeichnerische Entwicklung des Gottesbildes bei Kindern und Jugendlichen. Eine empirische Vergleichsuntersuchung mit religiös und nichtreligiös Erzogenen im Alter von 7–16 Jahren, Stuttgart: Calwer 1996, S. 200.

Rahmenordnung und den Vorstellungshorizont ihrer Kultur zu reflektie-ren.[3] Daher verschwinden religiöse Bezugnahmen in der Darstellung und Wahrnehmung von Techniken, wenn diese zur Normalität geworden sind. Religion erfüllt hier auf einer soziokulturellen Ebene ihre traditionelle Funktion, Passageriten bereitzustellen. Daraus geht die Religion aber nicht unverändert wie ein Katalysator hervor. Vielmehr reagieren Religion und Theologie implizit oder explizit auf die Veränderungen des religiösen Haus-halts, die durch neue Techniken hervorgerufen werden. Weil es in der reli-giösen Dimension der Darstellung von Techniken um eine kulturelle und soziale Funktion geht, sind Bezugnahmen auf Transzendentes strukturell weder bloße Ideologie[4] noch sind sie der Technik inhärent.[5] Was im Einzel-fall, etwa einer Werbung, selbstverständlich ideologische Züge annehmen kann, ist in einem weiteren Sinne Teil einer kulturellen Kommunikation über den Sinn (oder Unsinn) einer bestimmten Technik. Insofern handelt es sich zweifellos um Konstruktionen, aber diese sind nicht beliebig. Dass man mit einem Automobil einen Freiheitsgewinn verbuchen kann, wird man kaum bestreiten. Dass dieser Gewinn den Fahrer eines Kleinwagens in die Nähe der halbgöttlichen Attribute James Bonds bringt, ist dagegen in der Regel falsche Prophetie. Transzendenzbezüge in der Repräsentation von Technik sind daher am besten im Rahmen einer Symboltheorie etwa im Anschluss an Paul Tillich zu verstehen, die es erlaubt, sowohl die kon-struktiven Anteile als auch die Bindung der Symbole an ihren Gehalt zu berücksichtigen.[6]

Meine Beschäftigung mit dem Thema »Technik und Religion« sucht in zweierlei Hinsicht eine Alternative zu einem verbreiteten Grundmus-ter. Zum einen verbirgt sich in vielen theologischen Stellungnahmen, trotz mancher Beteuerungen, eine grundsätzlich negative Einstellung zur

---

3   Dass technische Entwicklungen sich aus religiösen Motiven speisen, ist verschiedentlich
      beobachtet und beschrieben worden. Entsprechend der Annahme eines Gegensatzes zwi-
      schen Technik und Religion verbindet sich damit jedoch durchgängig die ideologiekriti-
      sche Position, dass Technik doch bei ihrem innerweltlichen Leisten bleiben möge. Vgl.
      etwa das Buch des Historikers *David Noble*: Eiskalte Träume. Die Erlösungsphantasien der
      Technologen, Freiburg/Basel/Wien: Herder 1998 (urspr. engl.: The Religion of Technology.
      The Divinity of Man and the Spirit of Invention, New York: Alfred A. Knopf 1997).
4   Wie David Noble es nahelegen will.
5   Wie es letztlich aus der Konzeption Heideggers folgen würde. Vgl. *Heidegger, Martin*: Die
      Frage nach der Technik, in: Ders. (Hg.): Die Technik und die Kehre, 12. Aufl., Stuttgart:
      Klett-Cotta 2011, S. 5–36.
6   Vgl. dazu näher: *Schwarke, Christian*: The Gospel According to Fortune. Technik und Trans-
      zendenz in der Mission für eine industrielle Kultur, in: Vorländer, Hans (Hg.): Transzen-
      denz und die Konstitution von Ordnungen, Berlin: de Gruyter 2013, S. 289–310.

Technik.[7] Nicht in ihren einzelnen Erscheinungen, aber in ihrer scheinbar verführerischen Macht stellt sie etwas dar, das durch die kritische Potenz des Religiösen eingehegt werden soll. Unabhängig davon, wie die Technik im Einzelnen bewertet wird, erscheint sie als das Andere der Religion. Finden Theologen und Philosophen etwa in der Kunst Anknüpfungspunkte an Heiliges und die Versöhnung, so ist die Technik im besten Fall Gegenstand der Abgrenzung. Demgegenüber gehe ich der Frage nach, ob sich nicht auch positive Anknüpfungspunkte für die Theologie finden lassen. Dies ist der systematische Hauptgrund dafür, dass dieses Buch vor allem von Amerika handelt. Denn dies führt in einen anderen kulturellen Kontext, in dem Technik – wenn auch anders und eingeschränkter, als es das gängige Bild nahelegt – grundsätzlich positiver wahrgenommen wird.

Zum anderen sprechen und handeln die meisten Arbeiten seit Hanns Liljes monographischer Studie zum Thema aus dem Jahr 1928 von »der« Technik, obwohl sich erkennbar dahinter eine jeweils bestimmte Technik als Quelle der Beurteilung verbirgt. Bei Lilje waren dies die als unzumutbar erlebten Werkshallen der Industrie. Später bei Helmut Thielicke war es die atomare Bedrohung. Heute ist es die Biotechnik, die Ohnmachtsgefühle gegenüber der Technik auslöst. Aber jenseits aller Wesensbestimmung des Technischen, die – wie Ernst Troeltsch für das Christentum erkannte – immer eine Wesensgestaltung darstellt, ist es nicht »die« Technik, die irgendetwas bestimmt, sondern es sind konkrete Techniken, die von konkreten Menschen in einem konkreten historischen und kulturellen Umfeld verwendet werden und wiederum konkrete Menschen entweder positiv oder negativ betreffen. Daher gehe ich der Frage nach dem Verhältnis von Technik und Religion an einem historischen Beispiel nach.[8]

---

7   Vergl. z.B.: *Borgmann, Albert*: Power Failure. Christianity in the Culture of Technology, Grand Rapids, Mich.: Brazos Press 2003; *Brock, Brian*: Christian Ethics in a Technological Age, Grand Rapids, Mich./Cambridge, England: William B. Eerdmans Publ. Co. 2010; *Trowitzsch, Michael*: Technokratie und Geist der Zeit. Beiträge zu einer theologischen Kritik, Tübingen: Mohr 1988. Anders jedoch eine Reihe von Arbeiten doppelt qualifizierter »Theologen-Ingenieure«. Vgl. z. B. *Charbonnier, Ralph*: Technik und Theologie. Ein theologischer Beitrag zum interdisziplinären Technikdiskurs unter besonderer Berücksichtigung der Theologie F.D.E. Schleiermachers, Marburg: Elwert 2003.

8   In einer der wenigen Studien, die meinem Anliegen verwandt sind, haben die Autorinnen und Autoren die Vermarktung der Kohle und der Seife sowie Bekehrungsstrategien als Beispiele einer »industrial religion« untersucht. Der ausgezeichnete Beitrag hebt allerdings stärker auf die wirtschaftliche als auf die technische Bedeutung der Phänomene ab. Vgl. *Callahan, Richard J./Lofton, Kathryn/Seales, Chad E.*: Allegories of Progress: Industrial Religion in the Unites States, in: Journal of the American Academy of Religion 78 (März 2010), S.1–39.

Die Welt, in der wir leben, ist in technikkultureller Hinsicht von den 20er und 30er Jahren des vorigen Jahrhunderts geprägt worden. Neben technischen Innovationen brachte diese Phase vor allem eine Durchdringung des Alltags mit technischen Artefakten. Technik wurde zu Kultur in dem Sinne, dass sie nicht nur als bestaunte oder verfluchte isolierte Maschine wahrgenommen wurde, sondern als allgegenwärtig. Die Kulturkritik der 1920er Jahre in Deutschland und den USA hat darauf intensiv reagiert.[9] Ihre Wahrnehmungsmuster bereiteten die wirkmächtigen philosophischen und theologischen Beiträge der Nachkriegszeit vor und bestimmen nach wie vor die Grundhaltung zeitgenössischer Auseinandersetzungen mit dem Thema diesseits und jenseits des Atlantiks. Daher habe ich diesen technischen Kontext und seine Zeit gewählt.[10]

Der These, dass Verknüpfungen von Technik und Religion stets dann begegnen, wenn es um die Frage der Integrierbarkeit einer neuen Technik in einen bestimmten sozialen Kontext geht, entspricht die Beobachtung, dass vor allem Großtechniken mit religiösen Anspielungen versehen werden. Dieser Zusammenhang erweist sich bis in die Gegenwart als konstant. Werden Kühltürme von Kraftwerken stereotyp Kirchtürmen gegenübergestellt, und sind die religiösen Aufladungen in der Darstellung jeder gentechnischen Neuerung mit Händen zu greifen, so vollzog sich die Einführung der Audio-CD oder des E-Mail-Verkehrs scheinbar unterhalb des sozialen Bedeutungsradars, auch wenn sich insbesondere die letztgenannte Technik als sozial erheblich bedeutsamer erweist als hoch aufgeladene Ziele genetischer Manipulationen.

Für den hier untersuchten Zeitraum spielen daher auch entweder tatsächliche Großtechniken eine Rolle (wie die Stahlindustrie und Staudämme) oder solche Techniken, die zwar im Alltag begegnen, dort aber ebenfalls durch ihre Größe beeindrucken (wie Lokomotiven). Das Radio dagegen, in

---

9   *Rohkrämer, Thomas*: Eine andere Moderne? Zivilisationskritik, Natur und Technik in Deutschland, 1880–1933, Paderborn: Schöningh 1999.

10   In meinem Teilprojekt N des SFB 804 »Transzendenz und Gemeinsinn« wurden daneben exemplarisch die Kerntechnik und die Biotechnik untersucht. Vgl. *Neumeister, Katharina*: Zur Konstruktion von Transzendenz und Gemeinsinn in der Biotechnik, in: Dies. u.a. (Hg.): Technik, S. 167–181; *Renger-Berka, Peggy*: Atome spalten. Transzendenz und Gemeinsinn im Diskurs um die Kernspaltung in Deutschland in Theologie und Politik in den 1950er Jahren, in: Neumeister u.a. (Hg.): Technik, S. 129–145; *Neumeister, Katharina/Renger-Berka, Peggy*: Das Atom im Reagenzglas. Die Kerntechnik als Legitimationsressource im öffentlichen Biotechnik-Diskurs, in: Dreischer, Stephan/Lundgreen, Christoph/Scholz, Sylka/Schulz, Daniel (Hg.): Jenseits der Geltung. Konkurrierende Transzendenzbehauptungen von der Antike bis zur Gegenwart, Berlin: de Gruyter 2013, S. 272–287.

seiner tatsächlichen Bedeutung wiederum wahrscheinlich folgenreicher als die Ersetzung der Dampflokomotive durch dieselelektrisch betriebene Lokomotiven, wurde weniger religiös aufgeladen (wiewohl intensiv zu religiösen Zwecken genutzt). In diesem Buch wird von »der« Technik, auch wenn dies nicht explizit genannt wird, immer im Sinne der Techniken gesprochen, die aus der Gliederung des 3. Kapitels im Einzelnen ersichtlich sind.

Das Verhältnis von Technik und Religion lässt sich in den westlichen Gesellschaften des 20. Jahrhunderts nicht angemessen wahrnehmen, wenn man das Religiöse auf einen im engeren Sinne christlichen oder kirchlichen Kontext reduziert. Daher wird an vielen Stellen dieses Buches von Transzendenz bzw. Transzendenzverweisen etc. gesprochen. »Transzendenz« meint dabei im Sinne des Dresdner Sonderforschungsbereiches 804 Diskurse, die sich auf etwas Unverfügbares beziehen, um dies entweder legitimierend oder delegitimierend für eine gesellschaftliche Ordnung einzusetzen.[11] Damit ist im Gegensatz zur klassischen Verwendung des Begriffs keine »absolute« Transzendenz gemeint. Transzendenz kann daher im hier gebrauchten Sinn als durchaus konstruiert betrachtet werden. Der Begriff des Unverfügbaren operationalisiert die weite Kategorie der Transzendenz dabei auf ein der Technik als Untersuchungsgegenstand angemessenes Maß. Transzendent sind in dieser Verwendung des Begriffs aber nicht nur im engeren Sinne religiöse Motive wie Götter. Vielmehr kann auch die Geschichte, die Natur oder eine ästhetische Anmutung als transzendent dargestellt und wahrgenommen werden, wenn sie als unverfügbar behandelt wird. Im Blick auf das Verhältnis von Technik und Religion sind dabei insbesondere solche Prozesse relevant, die eine Verschiebung des tatsächlich Verfügbaren im Verhältnis zum bis dahin Unverfügbaren mit sich bringen, wie z. B. die Eroberung des Raums durch Flugzeuge oder der plötzlich mögliche Eingriff in Gene oder die Materie, aber auch die Durchdringung der Lebenswelt mit einer dadurch nahezu allgegenwärtig werdenden Technik.

Gegenüber diesem Begriff von Transzendenz wird von Religion oder religiösen Motiven bzw. Elementen dann gesprochen, wenn das Gemeinte Teil der Überlieferung bzw. Praxis einer definierten Religion ist. In den meisten Fällen handelt es sich dabei um den jüdisch-christlichen Kontext, aber auch Anspielungen auf antike Mythen werden als »religiös« bezeichnet.

---

11   Vgl. *Vorländer, Hans*: Transzendenz und die Konstitution von Ordnungen: Eine Einführung in systematischer Absicht, in: Ders. (Hg.): Transzendenz und die Konstitution von Ordnungen, Berlin: de Gruyter 2013, S. 1–42.

Das Verhältnis von Transzendenz und Religion im jeweils hier verwendeten Sinne ist dabei ein Doppeltes: Einerseits stellt das Religiöse inhaltlich eine Teilmenge des Transzendenten dar. Dass wir etwas aber überhaupt als »transzendent« wahrnehmen und ausweisen (können), hängt unmittelbar mit unseren religiösen Vorstellungen zusammen, selbst wenn diese in ganz säkularisierter Gestalt erscheinen. Insofern ist formal betrachtet das Transzendente ein Teil des Religiösen.[12]

Weder Technik noch Religion und Transzendenz sind einfach vorhanden. Vielmehr geht es um Wahrnehmungen. Was Menschen von Techniken positiv oder negativ denken, stellt bis in Philosophie und Theologie hinein nicht die Analyse von technischen Zusammenhängen dar, sondern die Verarbeitung von Wahrnehmungen, die durch das in der Öffentlichkeit zugängliche Bild der Technik gesteuert wird. Heideggers Rheinkraftwerk ist im Gegensatz zur Rheinbrücke als Paradigma des »Gestells« in seiner ästhetischen Anmutung gut nachvollziehbar.[13] Einer Analyse der tatsächlichen Veränderungen, die auch Brücken heraufführen, hielte es indessen kaum stand. Weil es in diesem Sinne um Wahrnehmungen geht, soll genau an dem Ort nach Verbindungen von Technik und Religion gesucht werden, an dem diese Wahrnehmungen produziert, ausgetauscht und verarbeitet werden. Dies ist in der öffentlichen Darstellung von Technik der Fall. Gegenstand meiner Untersuchung sind daher zunächst diese Darstellungen. Damit suche ich Erkenntnis nicht jenseits pluraler Wahrnehmungen, sondern in ihnen.

Da es sich bei religiösen Dimensionen und Verweisen auf das Transzendente stets um solche Kontexte handelt, die zwar reflektiert werden, in ihrer Kommunikation aber auf vorreflexive Ebenen zielen und aus diesen gespeist werden, wird über sie stets in Bildern und Symbolen kommuniziert. Daher findet man auch in der Kommunikation über Technik solche religiösen Ebenen vorrangig in Bildern, weniger in Texten. Aus diesem Grund stellen Bilder einen wesentlichen Teil meiner Quellen dar. Gleichwohl werden Bildinhalte und ihre Gestaltung von Künstlern selbstverständlich nicht unreflektiert eingesetzt. Gerade in Kontexten, die auf Öffentlichkeit zielen (z. B. Werbung, Magazincover, Wandmalerei), geschieht dies in der Regel im Blick auf ihre Akzeptanz (etwa in Form von hohen Verkaufszahlen). Daher können Bilder

---

12   Man kann sich das Problem u.a. daran verdeutlichen, wie schwer es uns fällt, die Nicht-existenz von »Religion« in der Antike, d.h. die Allgegenwart des Religiösen, das aber nicht als Sonderbereich abgrenzbar ist, wirklich nachzuvollziehen.

13   *Heidegger, Martin*: Die Frage nach der Technik, a.a.O., S.15.

zugleich als Ausdruck öffentlicher Wahrnehmung und als Gestaltungsversuch dieser Wahrnehmung verstanden werden.

Die Bilder, die etwas über das Verhältnis von Technik und Transzendenz bzw. Religion aussagen, reichen vom Comic über Zeitschriften, Plakate und Filme bis zur etablierten Kunst.[14] Einige Motive lassen sich über die Grenzen unterschiedlicher Genres hinaus verfolgen. In einigen Fällen erschließt sich die Aussage eines Magazincovers nur vor dem Hintergrund von Motiven aus der Geschichte der Kunst. Das breite Spektrum zeigt dabei die Allgemeinheit der Wahrnehmung. Illustrieren lässt sich der Mehrwert der Bilder gegenüber Texten beispielhaft an dem Frontispiz zu dem Buch von Stuart Chase »Men and Machines« aus dem Jahr 1929 (→ Abb. 1).[15] Der Illustrator Walter T. Murch (1907–1967), der das Buch durchgehend illustriert hat, wählte für das Frontispiz die Darstellung eines Menschen zwischen Maschine und Kosmos.

Man sieht eine Welle und Zahnräder, die scheinbar von den Kräften des Universums angetrieben werden. Im Schatten des größeren Zahnrads steht ein kleiner, nackter Mensch, der etwas irritiert und zögernd auf die riesige Maschine blickt. Mit der demütigen Selbsterkenntnisgeste Marias in Darstellungen der Verkündigung weist der Mensch auf sich.[16] Psalm 8 würde gut zu diesem Bild passen. Nirgends im Text des Buches wird eine solche Sicht auf die Technik als von einer numinosen, universalen Macht bewegt und das Leben des Menschen unmittelbar und übermächtig bestimmend explizit. Im Gegenteil: Chase führt die Alternativlosigkeit einiger negativer Folgeerscheinungen der Technisierung auf ökonomische Zwänge zurück, vergleicht die Gegenwart mit den weitaus schlimmeren Zuständen im 19. Jahrhundert und kritisiert die Rede von der Allmacht der Technik mit dem Argument, dass die meisten Menschen weniger als zwei Stunden am Tag mit der Technik direkt konfrontiert seien. Dennoch wird in dem Buch eben jenes Bild der Technik evoziert, das Murch in seinem Frontispiz diesem emblematisch voranstellte. Chase beschreibt in seinem Text zwar lediglich nüchtern die Fakten der verschiedenen Lebensbereiche und deren Technik mit der Intention zu zeigen, dass weder die Autoren Recht haben,

---

14   Dabei ist die Öffentlichkeitswirksamkeit in unserem Zusammenhang wichtiger als die Frage nach dem künstlerischen Wert. Differenziert werden muss dabei selbstverständlich auch nach Gattungen und Auftraggebern. Eine Graphik in einer sozialistischen Zeitschrift vermittelt andere Botschaften als ein Ölgemälde, das einen zahlungsfähigen Käufer sucht. Die Photographie unterliegt anderen Gesetzen als die Aquarellmalerei.

15   *Chase, Stuart*: Men and Machines, New York: Macmillan 1929.

16   *Vgl. Baxandall, Michael*: Die Wirklichkeit der Bilder. Malerei und Erfahrung im Italien des 15. Jahrhunderts (1988), Berlin: Wagenbach 2012, S. 66 ff.

Abb. 1: Frontispiz Stuart Chase: Men and Machines (Walter T. Murch), 1929

die die Maschine verherrlichen, noch die, die sie verteufeln. Höchstens in den Metaphern der Überschriften (z. B. The Wall of Steel) wird die Erfahrung der Technik als eine das Leben bestimmende Wirklichkeit unterschwellig zum Thema seines Buches. Wie stark diese Erfahrung seine Zeitgenossen aber prägte, wird in den Illustrationen Murchs deutlich, der sich nicht durch die nüchterne Bestandsaufnahme des Autors inspirieren ließ, sondern durch das, was dieser als Thema zu Grunde lag. Der Künstler macht diese Dimension mit Verweisen auf die Weltmaschine als transzendentem Vorstellungshorizont, auf die alte Annahme einer Korrespondenz zwischen Mikro- und Makrokosmos und auf das Weltall als letzte Energieressource bildlich explizit.

Bilder haben als Quelle in dieser Untersuchung einen systematischen Stellenwert. Im Gegensatz zu den Theologen, an denen der Wandel der Welt in eine technische Kultur in den 1920er und 1930er Jahren auf den ersten Blick weitgehend spurlos vorübergegangen ist, haben Künstler das Thema sehr bewusst aufgenommen und verarbeitet. In gewisser Weise findet man hier daher jene Auseinandersetzung mit dem Thema, die eigentlich auch in der Theologie zu erwarten gewesen wäre. In dieser Hinsicht sind Bilder hier keine bloße Illustration, sondern Bedingung der Möglichkeit, bestimmte Zusammenhänge zu erschließen. Ein weiterer, nun theologiespezifischer Punkt kommt hinzu: Anders als die Technik stellt die Kunst seit der Frühromantik für die Theologie stets einen positiven Anknüpfungspunkt dar, um das Heilige zu identifizieren. Wenn also die Kunst ein Thema aufgreift, das der Theologie fremd zu sein scheint, könnte sie als hermeneutische Brücke fungieren, über die sich der Theologie ein Verständnis für die Technik erschließt.

Verweise auf Transzendentes können positiv wie negativ sein. Ob man in der Technik einen »Gospel Worker« oder die »Dämonie« (s. Kap. 4) obwalten sieht, macht im Sinne meiner These zunächst keinen Unterschied. Wohl aber unterscheidet sich die Haltung im Blick darauf, ob und wie man etwa als Theologe auf die durch neue Techniken veränderte Lebenswelt reagiert und wie man das für die eigene Disziplin konzeptionell fruchtbar macht. Seit Beginn meiner Arbeit an diesem Thema hat mich die Frage beschäftigt, warum in weiten Kreisen der deutschen Theologie und Philosophie seit den 1920er Jahren bis heute eine mehr oder weniger unterschwellige Technikabwehr vorherrscht. Die Interpretation des Ersten Weltkriegs als Auslöser einer bis heute wirkenden Verunsicherung hat mir dabei als alleiniges Argument nie eingeleuchtet. Auch deshalb beschäftigt sich dieses

Buch vorwiegend mit den USA. Ich hoffe, damit eine Außenperspektive auf
das eigene kontinentale Denken zu gewinnen. Tatsächlich wird man durch
den Technikdiskurs in den USA mit anderen Sinnpotentialen konfrontiert,
als sie die deutsche Diskussion bereitstellt. Dabei verlief auch die Debatte
in den USA keineswegs ohne Kritik an der Technik. In dem von ihm herausgegebenen Buch »Whither Mankind. A Panorama of Modern Civilization«[17]
machte der Historiker Charles A. Beard gegen eine seiner Meinung nach
verbreitete Technikkritik Front, deren Hintergründe von ästhetischen über
religiöse bis zu humanitären Motiven reiche.[18]

Auch die Weltausstellungen der 1920er und 1930er Jahre wären in
der Form, in der sie veranstaltet wurden, nicht nötig gewesen, wenn die
moderne Technik sich bruchlos in die amerikanische Kultur eingefügt hätte
(s. Kap. 2). Deutliche Parallelen lassen sich zudem zwischen der Krisenwahr-
nehmung in Deutschland nach 1918 und den Zeitdiagnosen in den USA nach
der Ausbreitung der Wirtschaftskrise in den 1930er Jahren feststellen. Dennoch zeigen sowohl die analysierten Bilder als auch die textlichen Quellen aus den USA ein anderes Verhältnis zur Technik, als es in Deutschland
anzutreffen war und ist. Wiederum kann das schon erwähnte Buch von
Stuart Chase als Beispiel dienen. Lautete der Originaltitel »Men and Machines«, so wurde die deutsche Übersetzung mit dem Titel »Moloch Maschine« verkauft, obwohl Chase nirgends in seinem Buch ein solch negatives
Bild beförderte.[19] Das Buch ist dabei nur ein Beispiel für die durchaus intensiven »Atlantic Crossings«, die in technischer wie in kultureller Hinsicht
zwischen den USA und Deutschland in der Zwischenkriegszeit stattfanden.[20]

---

17   *Beard, Charles A.* (Hg.): Whither Mankind. A Panorama of Modern Civilization, New York/
      London/Toronto: Longmans, Green and Co. 1928.
18   A.a.O., S. 21–24. Zur amerikanischen Diskussion auch die Quellensammlung: *Rhodes,
      Richard* (Hg.): Visions of Technology. A Century of Vital Debate About Machines, Systems
      and the Human World, New York: Simon & Schuster 1999.
19   *Chase, Stuart*: Moloch Maschine. Die Kultur- und Wirtschaftskrise der Welt, übersetzt und
      bearb. von Ed. A. Pfeiffer, Stuttgart: Dieck & Co. [1930]. – (Sonderdruck = Kap. 1–4: Ders.
      (Hg.): Mensch und Maschine, (Technische Bücher für alle), 4. Aufl., Stuttgart: Dieck & Co,
      [ca. 1930].
20   *Rodgers, Daniel T.*: Atlantic Crossings. Social Politics in a Progressive Age, Cambridge/Lon-
      don: Belknap of Harvard University Press 1998. (Dt.: Atlantiküberquerungen. Die Politik
      der Sozialreform, 1870–1945, Stuttgart: Steiner 2010). Vgl. auch: *Hughes, Thomas P.*: Human
      Built World. How to Think about Technology and Culture, Chicago: University of Chicago
      Press 2004; *Nolan, Mary*: Visions of Modernity. American Business and the Modernization
      of Germany, New York/Oxford: Oxford University Press 1994; *Tower, Beeke Sell*: Envisioning
      America. Prints, Drawings, and Photographs by George Grosz and his Contemporaries,
      1915–1933, Harvard University, Busch-Reisinger Museum 1990.

Die genannten Unterschiede, aber auch Gemeinsamkeiten in der Wahrnehmung und Bewertung von Technik und ihrem Verhältnis zur Religion zwischen den USA und Deutschland lassen sich zumindest für den hier behandelten Zeitraum mit der jeweiligen Haltung zur sozialen Ordnung erklären. Dort wo diese abgelehnt wird, fällt auch das Urteil über die Technik als ordnungsbestimmender Faktor negativ aus.

Eine weitere Differenz zwischen den Kulturen besteht in der unterschiedlich intensiven Verbindung des Technischen mit dem Religiösen in den Medien. Die zahlreichen Transzendenzbezüge, mit denen Technik in den USA in positiver Hinsicht verbunden wurde (s. Kap. 2 und 3), zeigen, dass Transzendenz und Religion für die öffentliche Wahrnehmung der Technik eine bedeutende Rolle spielen. Blickt man dagegen in die Darstellung der Technik in Deutschland im gleichen Zeitraum, so fällt diese deutlich nüchterner aus. Bilder in Zeitschriften stellen Technik nahezu immer rein deskriptiv im Blick auf das Artefakt dar, ohne seinen Kontext zu thematisieren. In der Kunst wird Technik vor 1933 vorwiegend im Kontext sozialkritischer Themen behandelt und daher in den 1920er Jahren verständlicherweise negativ dargestellt. Wenn überhaupt Transzendenz- und Religionsverweise begegnen, dann sind sie negativ. Dieser Befund ist freilich im Kontext der stärkeren Präsenz des Religiösen im öffentlichen Raum der USA zu sehen.

Die Ausführung meiner Thesen entfaltet sich in vier Schritten: Kapitel 2 erfüllt die Funktion einer Ouvertüre. Leserinnen und Leser werden zunächst die Weltausstellungen in Chicago (1933/34) und New York (1939/40) besuchen. Auf diesen Weltausstellungen lässt sich die Kopplung neuer Techniken mit Transzendenzverweisen exemplarisch beobachten. Formen, Mittel und Funktionen werden dabei deutlich. Zugleich werden Reaktionen aus Kirche und Theologie gegenüber diesen Weltausstellungen dargestellt. Gegen die Einwanderung des Transzendenten in die Technik machen sie einerseits einen nüchternen Blick auf die Welt stark, andererseits verlagern sie das »eigentlich« Transzendente aus der Welt heraus. Anders gesagt: Während in der Darstellung von Technik religiöse Gehalte eng an die empirische Wirklichkeit angebunden werden, vergrößert sich die Entfernung zwischen beiden in der Theologie.

Als eine Art reflektierender Kommentar zur Technisierung der Welt unter religiöser Perspektive können Wandmalereien gelten, die auf den Weltausstellungen in großer Zahl präsentiert wurden. Ihre Darstellung eröffnet eine Reihe von Exkursen zu künstlerischen Verarbeitungen des Themas, die im anschließenden Kapitel fortgeführt werden.

Die beiden folgenden Kapitel zerlegen die Wechselbeziehung zwischen Technik und Religion in ihre beiden Bestandteile. Während Kapitel drei den Transzendenz- und Religionsverweisen in der Technik nachgeht, untersucht Kapitel vier theologische Stellungnahmen zur Technik.

Das 3. Kapitel geht dabei in seinem Material von solchen Techniken aus, die in besonderer Weise die öffentliche Wahrnehmung bestimmt haben und in erheblichem Umfang mit Transzendenzverweisen versehen wurden.

Die einzelnen Abschnitte sind so geordnet, dass man das Grundgerüst einer klassischen Dogmatik erkennt. Das Phänomen, dass sich die Transzendenzverweise der Industrietechnik auf (fast) alle loci der klassischen Dogmatik beziehen lassen, belegt dabei erstens die tatsächlich enge Verflochtenheit der Wahrnehmung von moderner Technik und Transzendenz bzw. religiöser Tradition (gegenüber einer möglichen, zufälligen Assoziation bei nur einem Thema) und zeigt damit zweitens, dass für die Bewältigung der umfassenden Veränderung, die mit den Techniken der Zeit verbunden war, bewährte Systeme religiöser Deutungskategorien bemüht werden mussten, um zentrale Punkte individueller und sozialer Weltdeutung neu fassen zu können.

Unter der symboltheoretischen Prämisse, dass Symbole im Gegensatz zu Zeichen nur dann einen kommunikativen Wert entfalten, wenn sie einen Anteil an der durch sie repräsentierten, als Realität wahrgenommenen Wirklichkeit plausibel machen können, lässt die enge Verflochtenheit zwischen Technik und religiösen Symbolen darüber hinaus auf einen inneren Zusammenhang schließen. Die abendländische Technik stellt nicht etwa einen Gegenentwurf zum Christentum dar, sondern setzt dessen Dynamik partiell um.

Während der Abschnitt »Grundlagen« dabei die Prolegomena behandelt, entfalten die folgenden Abschnitte die Teilstücke eines Bildes, das den Rahmen des kulturellen Selbstverständnisses zu diesem Thema ausfüllt. Wollte man im Sinne moderner Weltdeutungen und Dogmatiken ein organisierendes Zentrum in diesem Bild finden, so wäre dies die Balance zwischen der Darstellung des verfügbar Gemachten (bzw. derjenigen, die daran arbeiten) und dem darin gleichwohl noch enthaltenen Unverfügbaren. Denn erst dadurch wird der Transzendenzverweis plausibel. Die Spannung zwischen dem Verfügbaren und dem Unverfügbaren muss erhalten bleiben, wenn die Technik als »über sich hinausweisend« dargestellt werden soll. Einerseits müssen also die Technik und z. B. das Göttliche einander angenähert werden, andererseits bedarf es des Moments des Unabgegoltenen.

Das 4. Kapitel untersucht die andere Seite der Grundthese, indem es theologische Antworten auf die moderne Technik in den Blick nimmt. Zunächst wird das breite Spektrum expliziter Stellungnahmen zur Technik dargestellt. Beziehen sich solche Äußerungen auf bestimmte Techniken, sind sie in den USA überwiegend positiv gefärbt. Betrachtet man jedoch Äußerungen zur Technik allgemein, so sind diese überwiegend negativ. Technik wird auch in den USA zum Gegenpol der Religion. Damit verbinden sich implizite Verschiebungen in der Konzeption des Transzendenten, die Religion in der technischen Moderne jenseits der Technik als bleibend gültig auszuweisen suchen. Die Gründe dafür werden in der historischen Situation sichtbar, auf die der theologische Realismus eine Antwort zu geben versuchte. Während die Repräsentation von Technik in den Medien auf die spannungsvolle Verbindung zum Transzendenten abhebt, ist die Theologie in erster Linie mit Differenzbestimmungen zwischen der Technik und dem eigenen Zuständigkeitsbereich beschäftigt.

Das 5. Kapitel zielt schließlich auf systematische Schlussfolgerungen. Dabei soll nicht ein weiteres Mal danach gefragt werden, was die Theologie zur Beurteilung der Technik zu sagen hätte. Die Fragerichtung ist vielmehr umgekehrt: Was kann die Theologie aus der Beschäftigung mit der Technik lernen? Was könnte die Theologie als Reflexion der Religion in der Gesellschaft gewinnen, wenn sie die in der Kommunikation über Technik aufscheinenden Transzendenzverweise ernst nähme? Antworten auf diese Fragen liegen in der Bildfunktion der Technik. Daher geht das Kapitel den genannten Fragen mit einem Versuch nach, die Bilder der Technik und die Bilder der Theologie übereinander zu legen.

Das Material dieser Untersuchung wird von repräsentativen Quellen gebildet. Die Weltausstellungen von 1933 und 1939 stellen zunächst zwei der wichtigsten Ereignisse der Technikrepräsentation der Zeit dar. Das Material für das dritte Kapitel verdankt sich wesentlich einer Auswahl von auflagenstarken Magazinen. *Popular Mechanics*, *Scientific American* und *Fortune* stehen dabei als die jeweils führenden Magazine für bestimmte Käuferschichten.[21] Daneben wurden andere Magazine und Monographien herangezogen.[22] Für die künstlerische Darstellung der Technik weit über den hier behandelten Zeitraum hinaus ist die Anthologie »Bilder der Arbeit« von

---

21   Popular Mechanics: technikbegeisterte Jungen und Bastler, Scientific American: gebildete Laien und Wissenschaftler, Fortune: ökonomische Eliten.

22   U. a. das zeitdiagnostische The World's Work, die sozialkritische Survey sowie die Fachzeitschriften Engineering News Record und Civil Engineering.

Klaus Türk ein ebenso enzyklopädischer wie unverzichtbarer Ausgangspunkt.[23] Die Rekonstruktion der theologischen Reaktionen stützt sich zum
einen auf das auflagenstarke liberale *The Christian Century* und das fundamentalistische *The King's Business*, zum anderen auf thematisch einschlä-
gige Monographien und Sammelbände der Zeit sowie auf Predigtsamm-
lungen. Für den deutschen Raum wurden u. a. die Zeitschriften *Wissen und
Fortschritt* (eine deutsche Version von *Popular Mechanics*), *Westermanns
Monatshefte* und *Technik für alle* ausgewertet. Als Pendant zum *Christian
Century* wurde *Die Christliche Welt* herangezogen.[24]

Abschließend sei noch ein Gesichtspunkt hervorgehoben: In diesem
Buch wird dezidiert nicht zur Frage Stellung bezogen, ob die Industrialisierung der Lebenswelt, die uns seit den 1920er und 1930er Jahren begleitet, gut
oder schlecht sei. Für beide Positionen gibt es sehr gute Gründe. Es geht mir
jedoch zunächst um die Wahrnehmungen dieses Wandels. Freilich steckt
in jeder Deskription ein normatives Interesse. Wollte man also ein Plädoyer aus meinen Ausführungen heraushören, so bestünde es darin, scheinbar allgemeingültige Haltungen zur Technik als Produkte einer bestimmten Zeit und ihrer Konflikte zu verstehen und sich von den Behauptungen
eines radikalen Gegensatzes zwischen Technik und Religion nicht die Sicht
auf Gemeinsamkeiten verstellen zu lassen. Eine solche Sicht, so meine ich,
erlaubt es dann auch, sich der Ohnmachtsperspektive zu entledigen, die die
Religion stets nur auf dem Rückzug wähnt, weil die Technik ihr scheinbar
das Kompensationsgeschäft aus der Hand nimmt.

---

23   *Türk, Klaus*: Bilder Arbeit. Eine Ikonografische Anthologie, Wiesbaden: Westdeutscher Ver-
      lag 2000.
24   Aufgrund der besseren Zugänglichkeit des Materials, und weil ich davon ausgehe, dass
      den Leserinnen und Lesern die deutsche Situation bekannter ist, konzentriert sich die
      Darstellung an vielen Stellen auf den amerikanischen Kontext.

2. Technik als Mission –
Die Weltausstellungen in Chicago und New York

Chicago, 1933

Chicago leuchtete. Nur einen Steinwurf vom Loop entfernt öffneten sich am 27. Mai 1933 die Tore zur Weltausstellung »A Century of Progress«. Direkt am See, hinter dem Field Museum und dem Soldier Field, erstreckte sich ein Wunderland, das den Besucher in die Moderne entführen sollte. Wer die klassizistischen Fassaden des Field Museums hinter sich ließ, tauchte aus dem Grau der Great Depression in eine Welt der grellen Farben und Lichter ein.[1] Bereits der Weg zur Weltausstellung wurde als Gang in das gelobte Land dargestellt (→ Abb. 2).

Die Eröffnungsveranstaltung wartete mit einem besonderen Lichteffekt auf: Vier Teleskope, die im Land verteilt waren, nahmen Licht des Sterns Arcturus auf. Dieses wurde in Strom gewandelt und nach Chicago geschickt. Dort gab das Licht aus dem All den Impuls, um am Abend des 27. Mai die elektrischen Lichter der Weltausstellung zu entzünden. Es gibt

---

[1] Zugang zu den Weltausstellungen insgesamt bieten die Bücher von Robert Rydell: *Rydell, Robert W./Findling, John E./Pelle, Kimberley D.* (Hg.): Fair America. World's Fairs in the United States, Washington/London: Smithsonian Institution Press 2000; *Rydell, Robert/Schiavo, Laura Burd* (Hg.): Designing Tomorrow. America's World's Fairs of the 1930s (Kat. Ausstellung National Building Museum, Washington, D.C., 2010–11), New Haven/London: Yale University Press 2010. Zur Weltausstellung in Chicago: *Ganz, Cheryl R.*: The 1933 Chicago World's Fair. A Century of Progress, Urbana/Chicago: University of Illinois Press 2008; *Rydell, Robert W.*: World of Fairs: The Century-of-Progress Expositions, Chicago: University of Chicago Press, 1996; *Schrenk, Lisa D.*: Building a Century of Progress. The Architecture of Chicago's 1933–34 World's Fair, Minneapolis/London: University of Minnesota Press 2007.

Abb. 2: *The Elks*, 1933

diesseitigere Methoden, Scheinwerfer anzuschalten. Indem man das
Licht von den Sternen holte, wurde
den Besuchern der Weltausstellung
dagegen vor Augen geführt, dass
Technik aus dem Transzendenten
schöpft. Nach diesem eindrucksvol-
len Introitus konnten die Besucher
die etwa vier Kilometer lange Aus-
stellungszone erkunden. So formulierte der Ausstellungsführer:
»You have come here to see in epi-
tome the great drama of man's
struggle to lift himself in his weakness to the stars. The spectacle is
enormous, for it includes all the
manifestations of man's restless
energies – the patient laborious
researches of the cloistered scien-
tist, exploration, adventure, war, the vast works of industry, the slow climb
from the naked cave man to his descendant of today, the outbreak of the
play spirit in luxury, in works of art, in music and in insatiable curiosity for
seeing new and strange things, for thrills, sensations and excitements.«[2]

Von den Sternen über die Sakralisierung des monastischen Wissen-
schaftlers bis hin zum Aufstieg vom Höhlenmenschen zum »unstillbar
neugierigen« Leser zog die Begrüßung alle Register des Erhabenen und
verkündete: You are entering »The Magic City«.[3] Die »Epiphanie« des Lichts
vom Himmel brachte dabei die wichtigsten Aspekte der Weltausstellung auf
den Lichtpunkt. Zunächst schuf sie eine symbolische Beziehung zur letzten
Weltausstellung, die Chicago gesehen hatte: die Columbian Exhibition im
Jahr 1893. Vierzig Jahre waren seitdem vergangen. Ebenso lange – so dachten

---

2   Official Guide Book of the World's Fair of 1934, S. 15.
     Eine umfangreiche Photosammlung bietet die University of Illinois, Chicago: http://
     collections.carli.illinois.edu/cdm4/index_uic_cop.php?CISOROOT=/uic_cop (15.3.2012).
     Filme von der Weltausstellung findet man unter: http://archive.org/details/prelinger
3   So der Titel eines zur Ausstellung erschienenen Kinderbuches, das schon die Kleinen an
     die Wunder der Technik heranführen sollte: *Aldis, Dorothy*: The Magic City. John and Jane
     at the World's Fair, New York: Minton, Balch & Co. 1933.

die Veranstalter – hatte das Licht von Arcturus benötigt, um die Erde zu erreichen.[4] Damit hatte die Chicagoer Weltausstellung eine Anbindung an die Geschichte ihrer Vorgänger gefunden, durch die gleichzeitig der ungeheure Fortschritt seit damals verdeutlicht wurde.

Dass und wie man sich zur Geschichte positionieren wollte, wurde während der Planungen für die Weltausstellung in der zweiten Hälfte der 20er Jahre intensiv diskutiert. Dabei verwandelte sich die ursprüngliche Idee und Intention, den hundertsten Geburtstag Chicagos zu feiern, in eine im Grunde zukunftsorientierte Vorstellung. »The ›World's Fair‹ of 1893 appealed directly to sentiment, A Century of Progress appeals to the imagination. It is the difference between a story and a prophecy.«[5] Aus der hundertjährigen Geschichte des Gemeinwesens wurde eine Geschichte seines Geistes: »A Century of Progress«.[6] Fortschritt aber bestimmte nicht nur die Vergangenheit, sondern auch und in besonderem Maße die Gegenwart: »A Century of Progress intends to bring assurance that the steady march of progress has not, however, swerved aside, nor even been seriously retarded, that so-called ‚recessions' are temporary, like the receding wave that leaves the shore. History holds the evidence that this is true.«[7] Der beschwörende Ton war nicht zufällig. Denn nachdem einzelne Stimmen schon in den 20er Jahren vor einem Ende des Booms gewarnt hatten, war die Zeit des ungebrochenen Zukunftsoptimismus 1933 definitiv vorbei. Die Depression hatte gezeigt, dass sie keineswegs eine schnell vorübergehende Krise war. Genau dagegen wollten die Veranstalter der Weltausstellung ihre Idee vom »Century of Progress« setzen. Bereits 1932 hatte der Historiker Charles A. Beard das Buch »The Idea of Progress« seines britischen Kollegen John B. Bury für amerikanische Leser neu herausgegeben und darin die Mahnung ausgegeben: »Those who imagine that the idea of progress was lately discovered by the promoters of business enterprise and those who suppose that it is a superficial concept adopted by a superficial age will do well to widen their knowledge and enlarge their understanding ...«[8] Fortschritt hingegen musste man nach Beard erstens als ein eminent technologisches Phänomen

---

4   Tatsächlich liegt Arcturus weniger als 40 Lichtjahre von der Erde entfernt.
5   *Official Pictures of the Century of Progress Exhibition*, S. 5 (James Weber Linn: A Century of Progress Exhibition).
6   Vgl. *Schrenk*, Building, S. 23.
7   Official Guide Book 1933, S. 10.
8   *Bury, John B.*: The Idea of Progress. An Inquiry into its Origin and Growth (Introduction by Charles E. Beard), New York: Dover 1932, S. vii.

deuten, das als solches zweitens eine amerikanische Besonderheit darstellte.[9] Dass man mit dem Titel der Ausstellung statt der hundertjährigen Geschichte eigentlich die Bewegung selbst zum Hauptmotiv gemacht hatte, wurde in zahlreichen Ausstellungspavillons demonstriert. Das Magazin *Fortune* schrieb enthusiastisch: »There is nothing static about the Fair ... It lives! It breathes!! It moves!!!«[10]

Ein Plakat der Weltausstellung fasste die Aspekte, die das Ereignis bestimmten, zusammen (→ Farbtafel 1): In der Mitte steht die Personifikation Chicagos »I Will« im Lichte der Offenbarung von Arcturus. In antiker Gebetshaltung, im 20. Jahrhundert eher als Siegespose konnotiert, steht sie auf dem Erdball als Symbol des weltbeherrschenden Einflusses der Stadt – eine moderne Nike. Den rechten Fuß genau an dem Punkt des amerikanischen Kontinents, an dem Chicago liegt, scheint sich die Welt unter ihr zu drehen: Alles ist Bewegung. Auf der linken Seite des Bildes sieht man im Hintergrund unten Fort Dearborn, das die Anfänge Chicagos repräsentieren sollte. Dahinter wachsen aus dem Schatten der Geschichte die Wolkenkratzer der damaligen Gegenwart und Zukunft, als würde »I Will« sie Magiern gleich aus dem Boden ziehen. Zur Rechten konnte der Betrachter Gebäude der Weltausstellung identifizieren: Die Hall of Science bildete mit ihrem viereckigen Turm das heimliche Hauptgebäude der Ausstellung; ein schmaler Metallturm ganz rechts deutet eine andere Attraktionen der Weltausstellung an: den Sky-Ride (s. u.). Steht die Siegesgöttin im Licht einer Offenbarung von oben, so kehrt die Weltausstellung diese Richtung um: Die Lichter auf der rechten Seite des Bildes werden von der Erde zum Himmel gesandt – ein Effekt, der an verschiedenen Orten der Ausstellung sichtbar machte, wer als Urheber luminoser Epiphanie im Jahr 1933 zu gelten hatte.

Keine technische Errungenschaft konnte den Fortschritt der Zeit so sinnfällig machen wie die Luftfahrt. Lindberghs Flug über den Atlantik lag erst sechs Jahre zurück. Die Euphorie, mit Zeppelinen den Himmel zu einem Medium für fliegende Luxusliner zu machen, war auf ihrem Höhepunkt. Daher bevölkern den Himmel des Plakats Flugzeuge und ein Zeppelin. Zu Füßen der Nike sitzen links eine Personifikation der Wissenschaft und rechts der Technik mit Attributen wie dem Reagenzglas und dem Zahnrad. Wie Sklaven arbeiten sie nackt in der Gestalt von Bronzeskulpturen.

---

9   Vgl. *Beard*, Introduction, in: Bury, Idea, S. ix – xl. Zum Verständnis des Fortschritts als einer religiös-transzendenten Ressource s. u. 3.

10   The Gate: 350,000 People a Day, in: Fortune 7 (Mai 1933), S. 41–43. Hier S. 42.

Rodins grübelnder Denker hat sich hier in zwei fleißige Gestalter verwandelt.

Das Plakat verdichtet zum einen die Inhalte der Weltausstellung und zeigt damit, wofür mit ihr geworben werden sollte: die technische Moderne. Es zeigt zugleich die Mittel, mit denen dies unternommen wurde: Licht, Farbe und eine ganz bestimmte, letztlich auch religiös grundierte Präsentation der Akteure. Mit der Darstellung von Wissenschaft und Technik als Dienern zu Füßen einer Frauengestalt folgt das Plakat einer seit der Renaissance gängigen Praxis der Personifizierung des Idealen. Gleichzeit sublimiert es den Anspruch der Promotoren und Trägerschichten der Technisierung auf eine Führungsrolle[11] in der Gesellschaft. Indem sich der Träger demütig in den Dienst stellt, erstrahlt der Geist (feminin) seines Werkes (im Lichte des Gnadenscheinwerfers) umso heller.[12] Das Plakat vermittelt ein protestantisches Arbeitsethos und feiert zugleich schon einmal den Triumph des Fortschritts.

Inhaltlicher Kern des Fortschrittes und das, was den Menschen nahegebracht werden sollte, war die Moderne als eine technisch bestimmte Gegenwart und Zukunft. Das Motto der Ausstellung war darauf ausgerichtet: »Science finds – industry applies – man conforms«.[13] Deutlicher kann man den missionarischen Mechanismus kaum formulieren. Dabei hatte der dritte Teil des Slogans damals nicht die Absicht, den Determinismus der Technik im Prozess der Unterwerfung des Menschen zu propagieren, den man heute, ausgestattet mit einem technikkritischen Bewusstsein, sofort zu unterstellen geneigt ist. Lisa Schrenk weist vielmehr darauf hin, dass man darin die Anpassung des Menschen an die befreienden und egalisierenden Aspekte der Technik sah.[14] Das Motto der Weltausstellung war vom Geist der »Progressive Era« in den Vereinigten Staaten inspiriert. Frei von dem Gedanken einer notwendigen Entwicklung war das Motto selbstverständlich nicht. Nur wurde diese Entwicklung, trotz durchaus auch in den USA vorhandener kritischer Stimmen, nicht als ein den Menschen zerstörender oder ersetzender Prozess verstanden, sondern als ein ihn fördernder.

---

11   Zu Beginn des Jahres 1933 war die Technokratieeuphorie gerade erst zusammengebrochen (s. dazu unten 3.).

12   Im Kinderbuch zur Weltausstellung wurde schon die kindliche Heldin, Jane, darauf hingewiesen und musste sich fragen lassen: »Had she thought of the great inventors who spent their lives experimenting and finding out about electricity and that she, Jane, could press a button in her closet?« Aldis, Magic City, S. 46.

13   Über die Veränderung der Ausrichtung in der Planungsphase vgl. *Schrenk*, Building, S. 22 ff.

14   Vgl. *Schrenk*, a. a. O., S. 27 f.

Abb. 3: Louise Woodruff:
Science advancing Mankind

Dieses Verständnis verkündete die Brunnenskulptur der Künstlerin Louise Woodruff (1893–1966) im nördlichen Innenhof der Hall of Science, dem inhaltlichen Zentrum der Weltausstellung (→ Abb. 3).

Eine robotergleiche, überlebensgroße Gestalt schiebt eine Frau und einen Mann sanft nach vorn. Die beiden Menschen, fast nackt, erheben ihre Hände tastend. Die Szene erinnert unmittelbar an klassische Darstellungen der Vertreibung aus dem Paradies. Eine gott- oder engelsgleiche Figur schiebt Adam und Eva vor sich her. Allerdings wird der Weg nach dem Fall hier nicht als Schrecken inszeniert. Der Mensch ist nicht mehr ohnmächtig der Unbill der Natur ausgesetzt, wie es die amerikanische Landschaftsmalerei des 19. Jahrhunderts dargestellt hatte.[15] Dennoch muss die Wissenschaft ihn scheinbar zu seinem Glück motivieren. Der Gott oder Erzengel des Maschinenzeitalters beugt sich väterlich über seine Schützlinge und führt sie in die Zukunft. Theologisch wird die Vertreibung aus dem Paradies hier umgedeutet bzw. in eins gesetzt mit der anschließenden Führung Gottes, wie sie die Vätergeschichten zu ihrem Thema machen. Wer Wissenschaft und Technik für große Errungenschaften hält, kann die Vertreibung aus dem Paradies ohnehin kaum für ein Unglück halten.[16]

---

15   Vgl. z. B. *Thomas Cole*: Expulsion from the Garden of Eden (1828), Museum of Fine Arts, Boston.

16   *Ganz*, Science, verweist darauf, dass die aggressive Aneignung der Natur durch den Menschen hier umgekehrt sei zur Passivität gegenüber der autonomen Wissenschaft. Dem Gesamtkonzept der Ausstellung würde eine solche Deutung freilich nicht entsprechen. Auch sind die Vergleichswerke, die Ganz heranzieht, anders konnotiert. Weder bei Masaccios noch bei Michelangelos Vertreibung aus dem Paradies »beschützt« der Engel Adam und Eva. Im Gegenteil werden sie mit dem Schwert bedroht. Genau dazu stellt der Brunnen die Antithese dar.

Neben den Anspielungen auf die biblische Urgeschichte vollzieht die Künstlerin in der Skulptur aber noch eine andere, innerweltlichere Transzendenzumdeutung. Wie Cheryl R. Ganz bemerkt, hat Louise Woodruff mit der Wahl eines Roboters als Personifikation der Wissenschaft und Technik eine Gestalt gewählt, die in den 20er und 30er Jahren umstritten war.[17] Man muss dabei gar nicht an Fritz Langs »Metropolis« denken. Auch in den Vereinigten Staaten wurden Roboter seit dem Ersten Weltkrieg als übermächtige Verkörperungen maschineller Macht gedeutet. Seit die Depression den Arbeitsmarkt erfasst hatte, wurde die Frage der strukturellen Arbeitslosigkeit im Bild des Roboters verhandelt (s. unten 3.). Woodruff deutet dieses Bild um und entspricht damit genau den Intentionen der Veranstalter der Weltausstellung: Die moderne Technik sollte als transzendenter Freund des Menschen dargestellt und in das Leben der Gesellschaft integriert werden.

Deshalb war die Hall of Science strategisch als eigentliches Einstiegsportal in die Weltausstellung positioniert. Nachdem die Besucher den Nordeingang durchschritten hatten, fanden sie sich auf der »Alley of Flags« wieder, einer breiten, schnurgeraden Prozessionsstraße, die links und rechts mit großen roten Fahnen geschmückt war. Sie führte direkt auf die Hall of Science zu, deren Turm man durch die Mittelachse weithin sehen konnte. Diese Inszenierung der geraden Linienführung fiel auf der Weltausstellung eigentlich aus dem Rahmen. Denn man hatte sich entschieden, in dezidiertem Gegensatz zur Weltausstellung von 1893 Straßen und Gebäude nicht streng symmetrisch anzulegen.[18] Dass man hier dennoch das Motiv der Prozessionsstraße aufgriff, zeigt, welche Bedeutung und Konnotation man dem Gebäude und seinem Inhalt beimaß. Der »Temple of Science«, wie die »Hall of Science« ursprünglich heißen sollte,[19] war ein rechtwinklig angelegter Bau, der einen großen zur Seeseite hin offenen Hof umgab. Das »Official Guide Book« von 1934 legt Wert darauf, dass die Hall of Science ein Musterbeispiel moderner Architektur sei. Man hätte sich von antiken Vorbildern gelöst. Dennoch zeigte die Hall of Science, wie zahlreiche andere Bauten, deutliche Anklänge an traditionelle Sakralarchitektur, wobei einige Elemente auf antike Tempel, andere dagegen auf christliche Kirchen verwiesen. So zierte die Südwestecke der Hall of Science ein mächtiger Campanile, der im Viertelstundentakt seine Glocken vernehmen ließ. Wenn auch die

---

17   *Ganz*, World's Fair, S. 56.

18   *McKinsey, Kristan H.*: Looking over the Fair, in: A Century of Progress. 1933–1934 Chicago World's Fair, Chicago Art Deco Society 2004, S. 3.

19   *Rydell*, World, S. 99.

Gesamtanlage tatsächlich keine Tempelarchitektur nach Art des Klassizismus von 1893 darstellte, so ließ die große Halle im Inneren doch an eine Art déco-Variante des Palastes von Knossos denken (→ Abb. 4).

Abb. 4: Große Halle der Hall of Science

Auch die Gestaltung der Höfe war religiös konnotiert. Dem oben besprochenen Brunnen von Louise Woodruff korrespondierte im halbrunden »Vorhof« der Hall of Science das überlebensgroße Hochrelief von John Storrs (1885–1956) »Man Combatting Ignorance«. Es zeigt eine heroische männliche Gestalt, die eine Schlange zu ihren Füßen bezwingt. Wurde hier die satanische Schlange gerade mit der Unkenntnis identifiziert und durch deren Bezwingung der Sündenfall gleichsam rückgängig gemacht, versteht man auch, warum der Robotergott des Brunnens die Menschen so versöhnlich in die wissenschaftlich-technische Zukunft schieben konnte.

Über dem Eingang zur Hall of Science, dort wo traditionellerweise das Jüngste Gericht den Kirchenbesucher erinnert, den richtigen Weg zu verfolgen, war der »Tree of Knowledge« angebracht. Dabei handelte es sich um eine mehr als 13 Meter hohe Wandmalerei. Über der Silhouette eines natürlichen Baumes war ein stilisierter Baum zu sehen, dessen Wurzeln die Naturwissenschaften bezeichneten. Die Äste wurden dagegen von den »Applied Sciences« gebildet, vom »Mechanical Engineering« über die

Medizin bis zur Erziehungswissenschaft. Man musste aufblicken zu diesem erhabenen Mammutbaum des Wissens, der die Wissenschaften als naturwüchsig darstellte.[20] Sowohl eine übliche Darstellung der Evolution als auch das Motiv des Lebensbaumes aufgreifend, erhebt der »Tree of Knowledge« die Wissenschaft gleichzeitig zur Erlöserin.

Technik, so die Botschaft der Weltausstellung 1933, dient dem Einzelnen wie der Gesellschaft. In einer Zeit, in der die großen Unternehmen für die wirtschaftliche Misere verantwortlich gemacht und der Kapitalismus zunehmend kritisiert wurde, versuchten die Veranstalter den gesamtgesellschaftlichen Nutzen der Technik dabei insbesondere dadurch vorzuführen, dass die Firmen nicht mehr in Konkurrenz zueinander auftreten sollten, sondern in Kooperation.[21] Dazu wurden thematische Blöcke geschaffen, die jeweils verschiedene Firmen vereinigten.[22] Derart auf Gemeinsinn verpflichtet, entwickelten die Firmen Ausstellungskonzepte, die weniger die Überlegenheit des eigenen Produkts gegenüber Konkurrenten betonten, als vielmehr durch die Dramatisierung ihrer Ausstellung maximale Aufmerksamkeit auf sich ziehen wollten. Dies und die Einsicht, dass bewegte Exponate die Menschen mehr faszinierten als stehende Objekte, führte zu einer Reihe von Darbietungen, die nicht das Produkt, sondern den Prozess seiner Entstehung in den Vordergrund stellten. So konnte man die Produktion von Konservenbüchsen (mit Bildmotiven der Weltausstellung) ebenso verfolgen wie die Produktion eines Autos von General Motors.

Zur Integration neuer Techniken in die Gesellschaft und in das Bewusstsein des Einzelnen bedarf es freilich nicht nur der Anschauung, sondern auch der Aneignung. So sagte Frank B. Jewett, Präsident der Bell Telephone Laboratories und der National Academy of Sciences, in seiner Rede zur Widmung der Hall of Science: »What I am interested in particularly, at this time,

---

20   Abbildung in: *Gray, Mary Lackritz*: A Guide to Chicago's Murals, Chicago/London: University of Chicago Press 2001, S. 363. John W. Norton (1876–1934), der Schöpfer dieses System der Wissenschaften, malte in der Hall of Science auch noch eine großangelegte Geschichte der Wissenschaft vom »Worship of Fire« bis zur »Civilization of Today«. *Tallmadge, Thomas E.*: John W. Norton, Amercian Painter, Chicago: Lakeside Press 1935, Plate 10.

21   *Schrenk*, Marketing, S. 25. *Ganz*, Fair, S. 68 f.

22   Das gelang freilich unterschiedlich gut. So sagte Henry Ford seine Teilnahme an der Weltausstellung 1933 ab, nachdem General Motors die Idee, eine echte Montagestraße »auszustellen«, früher als Ford angekündigt hatte. Erst bei der Wiederholung der Ausstellung ein Jahr später nahm Ford teil. Vgl. *Marchand, Roland*: The Designers go to the Fair, I: Walter Dorwin Teague and the Professionalization of Corporate Industrial Exhibits, 1933–1940, in: Doordan, Dennis (Hg.): Design History: An Anthology, Cambridge/London: MIT Press 1995, S. 89.

Abb. 5: Sky Ride, 1933

is any sincere effort that can be made better to acquaint people with the possibilities and limitations of science as they enter into our common daily life«.[23]

Neben zahlreichen anderen Ausstellungsteilen, die die Besucher einbezogen, wurde diese Aneignungskomponente am sinnfälligsten im Sky-Ride. Die Technik sollte den Menschen vertraut gemacht werden und im Sky-Ride, im »Supreme Thrill ot the Fair«, wie ein Hinweisschild erklärte, lernten die Menschen zu fliegen.[24] Zwischen zwei knapp 200 Meter hohen Metalltürmen fuhren auf einer Höhe von etwa 60 Metern Gondeln 564 Meter weit über die Lagune (→ Abb. 5). Das *World's Fair Weekly* versicherte den Besuchern, dass ihre Sicherheit oberste Priorität habe und versprach gleichzeitig: »At night, with the unprecedented illumination effects of the Fair like a sea of colored light, the view is something for which no previous experience can supply comparison.«[25] Durch Animation und Beruhigung wurden die

---

23   *Jewett, Frank B.*: The Social Effects of Modern Science, in: Science 76 (8.7.1932), S. 23–26. Hier S. 23.

24   Ich verdanke diesen Gedanken einem Objektkommentar in der Ausstellung: Designing Tomorrow, National Building Museum, Washington, D.C., 2.10.2010–10.7.2011.

25   *Pitney, A. de Ford*: Thrills in the Sky, in: World's Fair Weekly (week ending 21.10.1933), S. 32.

Besucher an die Luftfahrt herangeführt. Allein im ersten Jahr der Ausstellung nutzten 2,6 Millionen Menschen diese Gelegenheit.[26]

Man konnte aber noch höher hinaus, denn an der Spitze der Türme befanden sich Aussichtsplattformen. »If you stand in one of these observation rooms at night and look down, you gaze upon a magic city that seems to float in a vast pool of light. From the towers, great searchlights sweep the sky, the lake, and over the great city to the west, to clash with other massive beams of light. ... Airplanes, and dirigibles may pass, as cars do on the ground, and clouds may swirl about you.«[27]

Wer tatsächlich fliegen wollte, konnte auch dies tun. Mit einem Wasserflugzeug konnten die Besucher Rundflüge über der Weltausstellung unternehmen.[28] Was heute nahezu selbstverständlich anmutet, war es vor 80 Jahren noch nicht. Daher konnte ein Flugzeug noch mit dem Titel »The Magic Carpet – 1933 Model« eingeführt werden.[29]

Neben der Luftfahrt war auch die Beschleunigung anderer Verkehrsmittel ein zentrales Thema der Weltausstellung, das es mit der Aneignung neuer Technik zu tun hatte. Dazu gab es eine groß angelegte Show unter dem Titel »Wings of a Century«. Von der Postkutsche über erste Versuche mit motorisierten Fahrzeugen bis hin zu neu entwickelten Lokomotiven wurden die Zuschauer auf eine Zeitreise mitgenommen, die zwar in der Gegenwart endete, aber mit der Verheißung auftrat, dass sie schon Anteil an der Zukunft habe. Eine der großen Attraktionen der zweiten Saison 1934 war denn auch die Ankunft des »Burlington Zephyr« aus Denver (→ Abb. 6). Dieser Zug im streamlined Design war die Strecke von Denver nach Chicago in damals sagenhaften vierzehn Stunden gefahren und hielt direkt auf dem Gelände der Weltausstellung.[30] Der Zug wurde sogar zum Helden eines Spielfilms, in dem nur durch die hohe Geschwindigkeit ein Mensch vor dem Tod gerettet werden konnte (s. unten 3.).[31]

Die Transzendierung der bis dahin gültigen Erfahrung von Raum und Zeit, wie sie im Flugzeug und in den Hochgeschwindigkeitszügen erfahrbar

---

26 Official Guide Book 1934, S. 24.

27 Official Guide Book 1933, S. 121.

28 *Parker Van Zandt, John*: Aviation Comes of Age, in: World's Fair Weekly (week ending 26.8.1933), S. 5–7.

29 World's Fair Weekly (week ending 8.7.1933), S. 38.

30 *Meikle, Jeffrey L.*: Twentieth Century Limited. Industrial design in America, 1925–1939, Philadelphia: Temple University Press (1979), 2. Aufl. 2001, S. 160.

31 »The Silver Streak«, Regie: Thomas Atkins, USA 1934.

Abb. 6: Burlington Zephyr, Museum of Science and Industry, Chicago

war, ließ sich koppeln mit Amerikas Erfolg als Nation.[32] So erklärte das *World's Fair Weekly*: »Thus the dramatic story of a century's change in transportation runs side by side with the dramatic story of America's hundredyear march from a small pioneer nation to a leader in world affairs.«[33] Waren die Firmen angetreten, gemeinsam ihren Beitrag zum Fortschritt zu präsentieren, so war damit das Ziel verbunden, dieses Wirken als gemeinsinnig deuten zu müssen. Das Magazin *Popular Science* titelte seinen Bericht zur Weltausstellung in diesem Sinne: »Uncle Sam's Scientists Display Their Contributions to Progress.«[34] Amerikas Firmen hatten all das erfunden und hergestellt, was die Vereinigten Staaten groß gemacht hatte, und sie würden das auch in Zukunft leisten. In einem Buch mit Photographien von der Weltausstellung schrieb James Weber Linn: Die Weltausstellung sei noch nicht beendet. »But it has already done its even more valuable work of demonstrating to the nation that it is a unified nation, a high-hearted nation, a nation

---

32 Zur Technikgeschichte Amerikas in dieser Zeit: *Hughes, Thomas P.*: Die Erfindung Amerikas. Der technologische Aufstieg der USA seit 1870, München: Beck 1991 (engl.: American Genesis. A Century of Invention and Technological Enthusiasm, 1870–1970).

33 Progress on Wheels and Keels, in: World's Fair Weekly (week ending 3.6.1933), S. 47–49. Hier S. 47.

34 *Dacy, George H.*: Uncle Sam's Scientists Display Their Contributions to Progress at Great World's Fair, in: Popular Science 122 (Juni 1933), S. 9–11. 95.

Abb. 7: Transportation Building

undiscouraged and unafraid; that in a century we have progressed not only in thought and industry, but also in confidence; and not only in confidence but in oneness of hope and spirit.«[35]

Der Transzendierung von Raum und Zeit durch moderne Transportmittel wurde auch architektonisch ein besonderer Rahmen gegeben. Das Travel and Transportation Building, für das man eigentlich eine langgestreckte Form erwarten würde, wurde von einem hohen Zentralbau bestimmt. Sein beweg-liches Dach war an Stahlseilen aufgehängt (→ Abb. 7). Indem man das Prinzip der Hängebrücke auf ein Dach angewandt habe, sei der größte überdachte Innenraum entstanden mit einer Kuppel, die größer sei als St. Peter in Rom.[36]

Weitere wichtige Gebäude der Weltausstellung waren als Zentralbau-ten konzipiert und konnten ihren sakralen Zuschnitt nicht verbergen. Das Government Building etwa bestand aus einem zentralen Kuppelraum, der von drei Pylonen überragt wurde, welche die drei Gewalten symbolisieren sollten. Das Gebäude von General Motors erschien wie eine Kathedrale am Meer (→ Abb. 8).

---

35 *Official Pictures of the Century of Progress Exhibition*, S.10 (James Weber Linn: A Century of Progress Exhibition).
36 Official Pictures of the Century of Progress, (Bildunterschrift) o. S.

Abb. 8: Gebäude von General Motors, Firmenbroschüre

Ein nachts illuminierter Leuchtturm erhob sich über einer Mittelhalle, die laut General Motors die »beauty and dignity of a medieval cathedral«[37] besaß. Gleichzeitig wurde das Gebäude von einer Mauer und »Toren« begrenzt, die aus dem Haus eine Stadt machten. Wer in dieses siebentorige Theben zwischen Pontiac und Cadillac eintrat, befand sich in der Stadt der Autos (oder im Himmel?). Immerhin barg das Gebäude eine komplette Montagestraße, die man von einem Balkon, der über die ganze Länge der Halle lief, verfolgen konnte. Am Ende konnte man seinen Chevrolet in Empfang nehmen. Die Arbeiter trugen weiße Kittel und signalisierten, dass das himmlische Detroit auf Erden sauber sei.

Neben den bisher genannten einzelnen Elementen, die religiöse Anspielungen beinhalteten, wurde die Ausstellung aber noch als Ganze mit einem Nimbus aus Farbe und Licht überzogen. Joseph Urban, Erbauer der New School in New York und Bühnenbildner der Metropolitan Opera, war engagiert worden, um für die Gebäude der Ausstellung ein einheitliches

---

37   General Motors at the World's Fair, Detroit: General Motors 1933. Zit. nach *Ganz*, Fair, S. 80.

Farbschema zu entwickeln.[38] Dies sollte drei Zwecken dienen: Erstens sollten in der Vielfalt der Gebäude inhaltliche Bezüge hergestellt werden. Zweitens wollte man den modernen Baumaterialien ein schöneres Aussehen verleihen und drittens zielte man darauf, eine freudige Stimmung zu erzeugen. Die »Message of Color« sollte »a flaming expression of fun« sein.[39] Amerika sollte bunt werden und die Technik würde dazu die Möglichkeiten bereitstellen. In erneuter Abgrenzung von der Tradition war die Farbe der Gebäude jedoch nicht als dekoratives Beiwerk gedacht. Vielmehr wollte man sie als integralen Bestandteil der Architektur verstanden wissen.[40] Urban wählte kräftige Farben aus, die eigens hergestellt wurden.[41] (→ Farbtafel 2 und 3). Eine solche Welt in Farbe überschritt sowohl die damalige Welt der Städte als auch den von Dürren heimgesuchten ländlichen Westen. Was noch für heutige Europäer bisweilen verwirrend wirkt, war bereits damals Grund für einen deutschen Blick auf das Wesentliche: Wurde die Hall of Science von den Medien in den USA in aller Pracht und Farbigkeit dargestellt (→ Farbtafel 2 und 3), so reduzierte der deutsche Ausstellungsführer die Dinge auf eine schwarz-weiße Wahrnehmung (→ Abb. 9). Schließlich hielt der Autor die Hall of Science ohnehin nur für eine schlechte Kopie der Ausstellungsgebäude der Kölner Presseausstellung von 1928[42] und kommentierte: »Die Farbgebung, welche zu den stärksten Ausdrucksmitteln moderner Architektur gehört, ist nicht in allen Fällen glücklich und ... verleugnet nicht, dass ein Theaterdekorateur (der Wiener Joseph Urban) ihr Schöpfer ist.«

Im Zusammenhang mit der Farbgebung der Gebäude stand eine besondere Lichtregie. Jeden Abend wurde vom Südende des Ausstellungsgeländes mittels 24 Scheinwerfern eine künstliche aurora borealis über den Ausstellungshimmel geworfen, deren Lichter sich mit denen weiterer Scheinwerfer trafen.[43] So wurde die Außenwelt mit einer künstlichen Nachbildung

---

38 Vgl. *Johnson, Bennett*: The Progressive Palette of Jospeph Urban, in: A Century of Progress. 1933–1934 Chicago World's Fair, Chicago Art Deco Society 2004, S.10. Urban starb 1933 und man beauftragte für das nächste Jahr Shepard Vogelsang, der die Zahl der Farben auf 10 reduzierte.

39 Official Guide Book of the Fair 1933, S. 20–22. Hier S. 20.

40 A Story of Light and Color, in: World's Fair Weekly (week ending 23. 9. 1933), S. 5–7.

41 Die Herstellerfirma gab eine kleine Broschüre heraus, in der sie ihre Ergebnisse darstellte. *American Asphalt Paint Co.*: Progress in Industrial Color and Protection at a »Century of Progress«, Chicago 1933 (Ryerson and Burnham Libraries: Art at A Century of Progress Exposition: pamphlet and magazine articles, v.1 Dioramas, paintings and Murals)

42 Weltausstellung 1933. Deutsche Beschreibung der Weltausstellung 1933 und kurzer Führer durch Chicago [Hg. von T.V. Roelof-Lanner], Chicago: Gutenberg Publishing Co. o.J. [1933], S.13 f.

43 A Story of Light and Color, in: World's Fair Weekly (week ending 23.9.33), S.7.

Abb. 9: Hall of Science,
deutscher Ausstellungsführer

von natürlichen Lichterscheinungen in ein erhabenes Licht getaucht. Magazine und Postkarten illustrierten das »Miracle of Light« eindrucksvoll (→ Farbtafel 4).

Brunnen wurden von unten beleuchtet.[44] Dort wo die Luft zu trocken schien, half man mit künstlichem Nebel der Strahlkraft auf. Da man in fast allen Gebäuden auf Fenster verzichtet hatte, wurden auch die Innenräume allein elektrisch beleuchtet. Man pries dies als Unabhängigkeit von den Störungen durch natürliche Lichtwechsel. In einer Welt, in der nur zehn Prozent der ländlichen Haushalte über Elektrizität verfügte, muss das Licht mehr als nur beeindruckend gewesen sein. Tatsächlich wurden keine Göttinnen mehr bemüht, um den Menschen auf Streitwagen das elektrische Licht zu bringen, wie in den Werbekampagnen der Jahrhundertwende. Aber entpersonalisiert und gleichsam esoterisch modernisiert war auch 1933 noch das elektrische Licht das Medium der Wahl, um die technische Moderne mit einem Nimbus zu versehen. Hatte Henry James noch gedacht, dass der Dynamo als Ikone der Moderne die Heilige Jungfrau ersetzen würde, zeigte die Weltausstellung, dass der Dynamo sich den Heiligenschein der Jungfrau, um im Bilde zu bleiben, reflexiv selbst aufsetzen musste.

Solche Selbsterleuchtung wurde in der zweiten Saison der Ausstellung 1934 durch Henry Ford auf die Spitze getrieben. Das Ford Building, das aus einem zentralen Rundbau mit zwei verschieden langen Flügeln bestand, erinnerte in seinem Mittelbau an die Zahnräder eines Getriebes. Aus dieser Mitte wurde mit vierundzwanzig 5000-Watt-Scheinwerfern[45] nachts

---

44   *Magee, H. W.*: Building with Light, in: Popular Mechanics 58 (Juli 1932), S. 8–14. Hier S. 10. Kritik an der Architektur der Weltausstellung gab es freilich auch in den Vereinigten Staaten selbst. Frank Lloyd Wright etwa sprach der Ausstellung jede echte Modernität ab. Vgl. *Rydell*, Introduction, S. 18.

45   Official Guide Book 1934, S. 137.

eine Lichtladung zum Himmel gesandt, die alles Dagewesene als Schatten erscheinen ließ (→ Farbtafel 5). Wenn Offenbarung etwas mit Licht zu tun hat, dann wurde sie hier umgekehrt: Sofern etwas erleuchtet wird, ist es der Himmel, nicht die Erde. »The first words that were transmitted over S. F. B. Morse's first telegraph were ›What hath God wrought?‹ The innumerable exhibits of A Century of Progress shout to the onlooker, in the same spirit, ›This, in a century, is what man has wrought. This is what man has done, and is doing.‹ «[46] Die Postkarte, die das Schauspiel zeigt (→ Farbtafel 5), stellt die Szene mit einem richtigem Gespür für den religiösen Gehalt in den Kontext einer nächtlichen Landschaftsdarstellung. Adam Elsheimers »Flucht nach Ägypten«[47] oder kulturell näher liegend, Georg Catlins »Spearing by Torchlight«[48] sind Vorbilder. Dort aber blieben die menschlichen Lichtquellen noch hinter dem Mondlicht zurück. Im Verhältnis zur Ford Rotunda ist der Mond nur noch Statist. Blieb im so erleuchteten Raum noch Platz für die traditionelle Religion auf der Weltausstellung, diesem »Missionszelt« für die technisch-wissenschaftliche Moderne?

Religion und Fortschritt

Eigentlich, so das »Official Guide Book of the Fair«, ginge es bei der Präsentation der Wissenschaften in der Hall of Science weniger um die Wissenschaft als solche, als vielmehr um ihre sozialen Konsequenzen.[49] Tatsächlich hatten es die Sozialwissenschaften aber schwer, einen angemessenen Stand zu finden.[50] Die »Hall of Social Science« wurde letztlich zu einem Anbau des Electrical Building. Der Ausstellungsführer verwies darauf, dass die Besucher dort all das fänden, was die Menschheit in ihrer Freizeit beschäftige, welche selbstredend durch die Science (ohne Attribut) in die Welt getreten sei. Es gab eine ernsthafte Welt, die Welt der Naturwissenschaft und Technik. Alles andere war Freizeit, so auch die Religion. Natürlich gab es auch eine »Hall of Religion« und das *Christian Century* äußerte sich bereits drei Jahre vor der Weltausstellung dazu, was dort geschehen sollte. Noch ging der anonyme

---

46 *Official Pictures of the Century of Progress Exhibition*, S. 7 (James Weber Linn: A Century of Progress Exhibition).

47 Bayerische Staatsgemäldesammlungen, München, Alte Pinakothek.

48 National Gallery of Art, Washington, D.C.

49 Official Guide Book 1933, S. 60.

50 *Jordan, John M.*: Machine Age Ideology. Social Engineering and American Liberalism, 1911–1939, Chapel Hill/London: University of North Carolina Press 1994. S. 185 ff.

Autor[51] davon aus, dass es bei der Weltausstellung nicht nur um Technik ginge, sondern um das Leben in all seinen Facetten. Welche Rolle sollte dabei die Religion spielen? Auf keinen Fall, so die Antwort, sollte man so verfahren wie bei der Weltausstellung 1893. Ein Nebeneinander der Religionen, ohne zu werten, sei unangemessen. Es fehle jedes Kriterium. Stattdessen ginge es um die Frage: »How does a religious system actually function?«[52] Wohl sollten Religionen verglichen werden, aber im Blick auf ihren Nutzen für die Gesellschaft. »What religion is producing the best human society and the best human beings?«[53] Lege man diesen Maßstab an die Religionen an, dann würde keine den Test bestehen, ohne Sünden bekennen zu müssen. Alle hätten sich von ihrem Ursprung entfernt. Alle kreisten sie um sich selbst, suchten nach Macht und würden sich mit Halbheiten zufrieden geben. Die Weltausstellung solle dagegen das Beste zeigen, was die Menschen an »mechanical and intellectual efficiency«[54] hervorgebracht hätten. Ohne im Besonderen auf die Hauptthemen der Ausstellung Bezug zu nehmen, hatte man deren Perspektive rezipiert. Technik und Religion dienten der Gesellschaft. Wer das am effizientesten tut, so die Botschaft, bekommt den Preis. Gleichzeitig zeigt die Reaktion des *Christian Century* eine Verschiebung des Idealismus aus dem Bereich des Religiösen in die Technik. Während man hier an alle Sinne appelliert, um den Menschen die Zukunft schmecken und sehen zu lassen, verliert der liberalprotestantische Fortschrittsoptimismus an Fahrt. Zur Eröffnung der Ausstellung im Mai 1933 standen Aufnahme und Kritik des technischen Optimismus in zwei Editorials unmittelbar nebeneinander. Zunächst kündigte die Zeitung ihre Präsenz mit einem Stand in der Hall of Religion an: »The Christian Century can meet its readers and friends and extend to them such hospitality and render to them such services as might be possible in order to make their visit to the city and the fair more pleasant. It appeared no less desirable to give expression to the progress in religion during the past century and its present outlook ...«[55]

Solche Werbesprache, wie sie auch von vielen Unternehmen verwendet wurde, kontrastierte deutlich mit dem unmittelbar folgenden Beitrag. Der Verfasser stellte den »flash of prismatic color against the background of a

---

51   Das Christian Century berichtete nur im Rahmen seiner zum Teil umfangreichen Editorials über die Weltausstellung.

52   Religion at the World's Fair, in: The Christian Century 50 (7. 5. 1930), S. 583–586. Hier S. 584.

53   A. a. O., S. 585.

54   A. a. O., S. 584.

55   The Christian Century at the World's Fair, in: The Christian Century 50 (17. 5. 1933), S. 643.

gray city« inmitten der Depression. »The chaos of Chicago's civic affairs is notorious – its taxes uncollected, its teachers and policemen unpaid. But the exposition corporation is solvent …«[56] Und es lag eher auf dieser Linie, wenn das Century im Juni fragte: »Is it Progress?«[57] Die Weltausstellung sei ein Spiegel der Gesellschaft. Ungeschminkt würde sie zeigen, wie es um die Zeit bestellt sei. Was die Ausstellung zeige, seien zwar Novitäten, aber es würde allein um das Praktische gehen, das Säkulare. Eine solche Einschätzung basierte freilich aus heutiger Sicht auf einem etwas verengten Begriff des Ideellen. Denn dieses vermochte der Autor nur in klassischen und antiken Bauformen zu erkennen. Dennoch bemerkte er durchaus den missionari-schen Druck, mit dem den Besuchern die Moderne gepredigt wurde. »beauty has been made obvious and overwhelming, … – you need only passively expose yourself to it.«[58] Die Würdigung dieser Offenbarung hatte gleichzei-tig einen kulturkritischen Unterton. Denn dem Autor erschien die Ästhetik der Weltausstellung zu sehr auf die »Leute« zugeschnitten. Daher bezog sich seine Hauptsorge auch darauf, dass die Vergnügungszone tatsächlich in die Ausstellung integriert sei. 1893 hatte man demgegenüber noch einen moralischen Sicherheitsabstand gewahrt. Was das *Christian Century* wirk-lich umtrieb, war die in diesem Arrangement liegende Aufhebung des mora-lischen Unterscheidungsvermögens. Autos, Kino und das Radio hätten die Menschen verändert. Die Ausstellung hätte es mit jeder Form von Technik zu tun, selbst mit der »ecclesiastical machinery«. Aber der Sinn für Werte habe mit dieser Entwicklung nicht Schritt gehalten. »The machine has set men free only to make him its own slave«,[59] griff das Century die Schlagworte der Technikkontroverse der frühen 30er Jahre auf. Der Kapitalismus habe Slums und Hoffnungslosigkeit produziert. »A Century of Progress?« Noch stehe nur das Gerüst, aber der Tempel sei noch nicht zu sehen. Am Ende stand für das *Christian Century* die bange Frage, ob der Fortschritt in der Depression ende. Die einzige Hoffnung, die zu bleiben schien, lag darin anzunehmen, dass aus den Trümmern der Zeit etwas Neues entstehen würde.

Als die Weltausstellung im Herbst 1934 ihre Tore schloss, kamen Tau-sende, um ein Souvenir zu »requirieren«. Heute besitzt »A Century of Pro-gress« Kultstatus, was sowohl an zahlreichen Sammlerobjekten deutlich wird, als auch – akademisch gewendet – an Archiven und online gestellten

---

56   Chicago Builds an Exposition, in: The Christian Century 50 (17. 5. 1933), S. 643.
57   Is it Progress? in: The Christian Century 50 (28. 6. 1933), S. 838–840.
58   A. a. O., S. 838.
59   A. a. O., S. 839.

Materialien zum Thema. Das liegt nicht zuletzt daran, dass damals tatsächlich eine Welt etabliert wurde, in der wir in mancher Hinsicht noch heute leben. Vergleicht man etwa die Veränderung der Kleidung der Menschen damals und heute mit dem gleich langen Abstand von 1933 in die Vergangenheit, so wird deutlich, dass die vielzitierte Beschleunigung der Veränderung der Welt nicht alle Bereiche des Lebens trifft. Seit 1850 hatten die Menschen alle möglichen Kleidungsstücke abgelegt. Wir aber tragen immer noch die gleichen Anzüge, die schon 1930 getragen wurden. Hosenbünde sind nach unten gerutscht und Rocksäume nach oben. Das ist alles. Kulturell hatten die Menschen 1933 tatsächlich deutlich mehr an Integrationskraft aufzubringen, als wir heute. Chicago inszenierte und etablierte 1933 den »American Way of Life« als eine positiv konnotierte technische Moderne mit religiöser Spannkraft und Lebenswert. Dahinter wollte New York nicht zurückstehen.

New York, 1939

»Flushing Meadows« war ein Müllplatz. Das Gelände der Weltausstellung, ursprünglich Sumpfland, wurde bis zu Beginn der dreißiger Jahre als Deponie genutzt. Schon im Vorfeld der Ausstellung verband sich daher mit dem Projekt eine Erschließungsaufgabe von erheblichen Dimensionen. Robert Moses, Parks Commissioner der Stadt,[60] bestimmte mit diesem Projekt wie mit zahlreichen Stadtautobahnen und der Triborough-Bridge das Gesicht New Yorks bis heute.

Titel und Motto der Weltausstellung war: »The World of Tomorrow«.[61] So wie die Chicago Fair mit der Lichtentzündung von Arcturus ein durchaus passendes Symbol für ihre Intentionen gefunden hatte, begleitete auch

---

60   Moses hatte dieses Amt von 1934–1960 inne.
61   Literatur zur Weltausstellung: Sehr informativ ist der Band zu einer Ausstellung des Queens Museums: *Harrison, Helen A. u. a.* (Hg.): Dawn of a New Day: The New York World's Fair, 1939/40, Flushing, New York.: Queens Museum 1980 sowie *Rydell, Robert W./Schiavo, Laura Burd* (Hg.): Designing Tomorrow. America's World's Fairs of the 1930s (Kat. Ausstellung National Building Museum, Washington, D.C., 2010–11), New Haven/London: Yale University Press 2010. Bildmaterial bieten: *Applebaum, Stanley*: The New York World's Fair 1939/1940 in 155 photographs by Richard Wurts and Others, New York: Dover Publications 1977 und: *Zim, Larry/Lerner, Mel/Rolfes, Herbert*: The World of Tomorrow. The 1939 New York World's Fair, New York: Harper & Row (Main Street Press) 1988. Eine sehr interessante zugleich historisch informierte und literarisch inspirierte Deutung der Weltausstellung bietet *Gelernter, David*: 1939. The Lost World of the Fair, New York: The Free Press 1995.

die Eröffnung der New Yorker Weltausstellung ein Ereignis mit emblematischer Bedeutung: Einen Tag vor der Eröffnung am 30. April 1939 wurde die Whitestone-Bridge dem Verkehr übergeben. Sie verbindet Queens mit den nördlichen Stadtteilen und ermöglichte Besuchern aus dem Norden einen direkten Weg zur Weltausstellung. Ralston Crawford hat die Brücke ein Jahr später zum Gegenstand eines Gemäldes gemacht, das den Geist der Brücke wie der Weltausstellung, ins Bild setzte: Denn Crawfords Brücke führt nicht nach Queens, sondern in den Himmel (→ Titelbild).

Wie alle Weltausstellungen der dreißiger Jahre hatte auch die »World of Tomorrow« ein Jubiläum zu feiern, in diesem Fall den 150. Jahrestag der Inauguration George Washingtons zum ersten Präsidenten der Vereinigten Staaten im Jahre 1789. Aber dies war tatsächlich nur noch der historische Anknüpfungspunkt. Die Augen der Weltausstellung, so das Official Souvenir Book, waren fest nach vorn gerichtet.[62] Hatte Chicago den Menschen mit den Mitteln optischer Überwältigung Offenbarungserlebnisse in Sachen technischer Modernität zu vermitteln versucht, so setzte New York noch stärker auf Bildung[63] und Appelle an den Gemeinsinn aller Bürger.

»We show you here in the New York World's Fair the best industrial techniques, social ideas and services ... And at the same time we convey to you the picture of the interdependence of man on man, class on class, nation on nation. We tell you of the immediate necessity of enlightened and harmonious co-operation to preserve and save the best of our modern civilization.«[64]

Auf allen Ebenen vom Individuum über die Familie bis zu den Bereichen der Wirtschaft sollte das Bewusstsein gegenseitiger Abhängigkeit geschärft werden. War das Motto der Chicagoer Ausstellung auf Wissenschaft und Technik bezogen, so sollte die World of Tomorrow diese Bereiche nicht isoliert behandeln. Kultur und Gesellschaft insgesamt sollten integriert werden, und dazu bedurfte es nach damaliger Auffassung einer umfassenden Planung. Lewis Mumford sagte in einer Rede 1935 zur Weltausstellung:

»The story we have to tell ... is the story of this planned environment, this planned industry, this planned civilization. If we can inject that notion

---

62 »The eyes of the Fair are on the future; ...« Official Souvenir Book, o. S.
63 Vgl. *Cusker, Joseph P.*: The World of Tomorrow. Science, Culture, and Community at the New York World's Fair, in: Harrison, Helen A. u.a. (Hg.): Dawn of a New Day: The New York World's Fair, 1939/40, Flushing, N.Y.: Queens Museum 1980, S. 3–15.
64 Grover Whalen, der Präsident der Weltausstellung, in seinem Vorwort zum Official Guide Book of the New York World's Fair, S. 5.

as a basic notion of the Fair, if we can point it toward the future, toward something that is progressing and growing in every department of life and throughout civilization, ..., as members of a great metropolis, to think for the world at large, we may lay the foundation for a pattern of life which would have an enormous impact in times to come.«[65]

Der Präsident der Weltausstellung brachte die Ambitionen der Planer in einer Anhörung vor dem Congress noch deutlicher auf den Punkt: »... the fair of 1939 will predict, may even dictate the shape of things to come.«[66] Freilich bestand eine Diskrepanz zwischen den Idealen der Planung, der tatsächlichen Ausführung und schließlich der Wahrnehmung durch die Besucher.[67] Letztere nahmen deutlich weniger Notiz von den pädagogischen Bemühungen der Planer als von den Attraktionen.

An einigen Orten der Ausstellung fielen Bildung und Sensation allerdings zusammen. Diese Integrationsleistung wurde auf Seiten der Ausstellungsmacher durch die Designer vollzogen. »The true poets of the twentieth century«, so das Official Guide Book, »are the designers, the architecs, the engineers who glimpse some inner vision, create some beautiful figment of the imagination ...«[68] Indem die Technik ästhetisch in die Gesellschaft integriert wurde, konnte sie als Kulturfaktor begriffen werden, der selbst wiederum integrierend wirken sollte. Designer wie Walter Dorwin Teague und Norman Bel Geddes arbeiteten dabei durchaus bewusst mit dem Ziel, durch ästhetische Aufbereitung der Technik, die Vorbehalte in der Gesellschaft zu überwinden.

Hatte die Weltausstellung in Chicago den Prozess des Fortschrittes selbst in den Mittelpunkt des Geschichtsbildes gestellt, so kehrte New York in gewissem Sinne wieder zu älteren Formen der Gegenüberstellung des Alten und des Neuen zurück. Über dem Administration Building schwebte eine Skulptur der »Mithrana«, die den Schleier von der Zukunft nahm. Die Welt von morgen setzte sich vom Gestern ab. George Washingtons monumentale Statue in klassizistischem Weiß stand letztlich beziehungslos abseits des eigentlichen Zentrums der Ausstellung, des dreieckigen Obelisken und

---

65   *Lewis Mumford*: Rede am 11.12.1935. NYWF Archives PR 1.41 (New York Public Library), zit. nach: Cusker, The World of Tomorrow, S. 4.

66   *Grover Whalen* (Statement), in: Hearing before the Committee on Foreign Affairs House of Representatives. 75th Congress. First session on H. R. Res. 234 and H. R. Res. 304, March 23, 1937, S. 13.

67   Vgl. *Susman, Warren I.*: The People's Fair. Cultural Contradictions of a Consumer Society, in: Dawn of a New Day, S. 17–27.

68   Official Guide Book, 1939, S. 29.

der Kugel, welche die »Democracity« beherbergte. Das Motiv der Entgegensetzung bildete sich bis in einzelne Werbeaktionen fort. Die »Battle of the Centuries« ließ »Mrs. Modern« gegen »Mrs. Drudge« antreten. Mrs. Drudge musste Geschirr von Hand spülen, während Mrs. Modern ein Geschirrspüler zur Verfügung stand.[69] Die Welt von morgen sollte sich abheben von dem, was hinter ihr lag, bzw. von dem, was Amerika im Jahre 1939 hinter sich lassen wollte: die Depression.

Die Weltausstellung machte eine einzige große Verheißung: Alles wird besser. Diese Verheißung wurde explizit in die religiöse Tradition gestellt: »For centuries humanity has dreamed of a millenium, a world of peace and plenty ...« so das Official Souvenir Book.[70] Wissenschaft und Technik bildeten den Weg dorthin. Die Technik war aber nicht mehr Selbstzweck, sondern sie wurde in den Dienst der neuen Gestaltung der Gesellschaft gestellt. Alles, was an Transzendenz der Technik aufgeboten wurde, diente nun der Mobilisierung des Gemeinsinns. David Gelernter hat den Geist der Weltausstellung mit den Worten von Genesis 34 auf den Punkt zu bringen versucht.[71] Und tatsächlich beschreibt das letzte Kapitel des Deuteronomiums mit Moses Blick ins gelobte Land genau jene Position, die die Besucher der Weltausstellung einnehmen sollten. Das, was man vor sich sah, war das gelobte Land, und man war – in zeitlicher Hinsicht – nur einen Steinwurf davon entfernt. Indem man der Vergangenheit den Rücken kehrte, in die Zukunft blickte, rückte diese dicht an die Gegenwart heran. Wie für die Israeliten lag das gelobte Land unmittelbar vor den Besuchern. Damit verkürzte sich die Zeit bis zum Eschaton. Tatsächlich plante man mit einem Zeitraum von 20 Jahren.[72] Die »World of Tomorrow« wurde als die Welt von 1960 angekündigt, und diese Welt wurde den Besuchern in verschiedenen Ausstellungen in Form einer Miniaturwelt gezeigt (Theme Center, General Motors s. u.). Bis ins Kleinste hinein wurde die Utopie sichtbar gemacht und vieles davon wurde nach 1945 in Lebensgröße nachgebaut.

---

69   Es handelte sich um eine Werbeshow der Firma Westinghouse. Vgl. *Zim*, World, S. 80 f., und den Film: The Middleton Family at the Worl's Fair. http://archive.org/details/middleton_family_worlds_fair_1939 (29.4.2012)

70   Offcial Souvenir Book, o. S.

71   *Gelernter*, Lost World, S. 47 ff.

72   Gelernter geht der Frage nach, warum die heutige Gesellschaft so pessimistisch sei und führt dies darauf zurück, dass seit der Weltausstellung etwas Beispielloses im Raum der jüdisch-christlichen Religiosität (in diesem Fall der amerikanischen Religion) geschehen sei: Die Verheißungen seien wahr geworden.

Abb. 10: Plan der New York World's Fair 1939

Bereits der Plan des Geländes spiegelt die Ambitionen der »World of Tomorrow« (→ Abb. 10). Vom Zentrum des Ausstellungsgeländes mit dem Ensemble
von »Trylon and Perisphere« führten radial drei Achsen an die Peripherie, in
der sich unschwer die Maryland Ave., die Mall und die Pennsylvania Ave. in
Washington D.C. wiedererkennen lassen. Diese hießen nun Avenue of the
Patriots, Constitution Mall und Avenue of the Pioneers. Statt des Obelisken
des Washington Monument stand auf der Weltausstellung eine Monumen-
talstatue des ersten Präsidenten. An die Stelle des Lincoln Memorial trat
das Federal Government Building. Den Platz des Kapitols mit dem Congress
nimmt streng genommen das Theme Center, die »Democracity« in der Perisphere ein. Überblickt man freilich die Gesamtanlage, kann man sich des Eindrucks nicht erwehren, dass der Platz, der dem Kapitol entspräche, jenseits
des Grand Central Parkways lag. Dort, in der Transportation Zone, trafen
die Besucher auf die beiden »Kammern« des Motors der Welt von Morgen:
Ford und General Motors (im Bild unten, in der Mitte).

Der Plan zeigt auch, dass man nach Chicago mit seinem asymmetrischen
Aufbau wieder zur klassischen Symmetrie zurückgekehrt war. Weniger Öff-
nung für Neues durch Überwältigung und Umorientierung standen auf der
Agenda als vielmehr Versicherung und Ordnung.

Die Weltausstellung war in sieben Bereiche gegliedert, in deren Zentrum jeweils eine sogenannte Focal Exhibit stand. Neben dem Theme Center waren dies die Communications and Business Zone, die Production and Distribution Zone, die Transportation Zone, die Food Zone, die Community Interests Zone und die Government Zone.

Die durchgehende Planung sollte auch an der Farbgebung deutlich werden.[73] Wie in Chicago sollte die Farbe zunächst schlicht beeindrucken: »Color, Gloriuous Color, is the first impression of the visitor coming into the fair and the last one as he leaves«.[74] Das Farbschema war dabei so angelegt, dass die Mitte, also Trylon and Perisphere, in Weiß gehalten waren, während die Gebäude von dort mit zunehmenden Abstand in verschiedenen Farben immer kräftiger angestrichen waren. Entlang der Avenue of the Patriots verdichtete sich ein helles Gelb zu Gold, die Constitution Mall reichte von Rosé zu Burgunderrot und die Avenue of the Pioneers brachte Blautöne. Wie D. Gelernter bemerkt, wurde das Farbschema von Kommentatoren als gute Idee begrüßt. Es hatte nur den Nachteil, dass die Besucher es nicht spontan bemerkten, weil die Gebäude nicht gänzlich in den Farben gehalten waren.[75]

Überzeugender waren offenbar die Lichteffekte. Nachts erstrahlten nicht nur die Gebäude im Glanz des Lichts. Über der »Lagoon of Nations« an der Constitution Mall wurde jeden Abend ein Feuerwerk gezündet. »It is more than Mount Vesuvius erupting in the midst of Niagara Falls to the accompaniment of the World's greatest symphony orchestra.«[76] Farbige Fontänen malten die Nationalfarben an den nächtlichen Himmel.[77]

Die Mitte der Weltausstellung wurde durch das Ensemble von Trylon and Perisphere gebildet (→ Abb. 11). Eine dreieckige spitze Nadel ragte ca. 210 Meter neben einer Kugel mit einem Durchmesser von 60 Metern in den Himmel. In einem weiten Bogen schwang sich eine Rampe vom Boden bis zur halben Höhe der Kugel. Auf ihr gingen die Besucher, nachdem sie das Innere der Kugel verlassen hatten, zurück zur »Erde« (→ Abb. 12 und

---

73 Vgl. *Harrison, Helen A.*: The Fair Perceived: Color and Light as Elements in Design and Planning, in: Harrison, Helen A. u. a. (Hg.) Dawn of a New Day: The New York World's Fair, 1939/40, Flushing, N.Y.: Queens Museum 1980 S. 43–55.

74 Official Guide Book 1939, S. 37. Im Gegensatz zur Chicagoer Weltausstellung lassen sich Farbeindrücke von der New Yorker Ausstellung durch erhaltene Farbaufnahmen und Filme noch nachvollziehen. Vgl. *Zim*, World. Filme sind u. a. zu finden unter: http://archive. org/search.php?query=New%20York%20Medicus%201939 (30.4.2012)

75 *Gelernter*, World, S. 86.

76 Official Guide Book 1939, S. 39.

77 *Jean*, Fun, S. 122. Vgl. auch Teil 2 eines Amateurfilms Films unter: http://www.youtube.com/ watch?v=QolGDVnWVnk&feature=youtube_gdata (30.4.12)

Abb. 11: Trylon and Perisphere

→ Farbtafel 6).[78] Die Kugel der Perisphere war auf Pfosten gebaut, die in einem Wasserbassin standen und so von kleinen Fontänen umspült wurden, dass die Kugel zu schweben schien.

Unschwer lassen sich Kugel und Trylon als Kirche mit Schiff und Turm entschlüsseln. Vorbilder der Kugel sieht Folke Kihlstedt in der Aufklärung, genauer in Claude-Nicolas Ledoux' Entwurf eines Hauses aus dem Jahr 1780.[79] Sieht man einmal vom Kugelhaus der Dresdner Ausstellung »Die technische Stadt« aus dem Jahr 1928 ab, so wären Aufklärung und Christentum im Theme Center eine harmonische Verbindung eingegangen,

die als solche intendiert war und die es jedem erlaubte, die Zukunft mit dem je eigenen mythologischen Hintergrund zu lesen. »No new Religion has to be founded ... no old worship is affected ... it is a center for those gatherings of thanksgiving and prayer which unite all creeds.«[80]

Im Inneren der Kugel befand sich die Stadt der Zukunft – »Democracity« –, eine Miniaturwelt gestaltet von dem Designer Henry Dreyfuss (→ Abb. 13).

Auf zwei gegeneinander umlaufenden Balkonen konnten die Besucher auf die Modellstadt herabsehen, die im Wechsel von Tag und Nacht

---

78   Die Gestaltung des Plakats (Farbtafel 6) ist ein Beispiel für die Veränderung der Perspektive, die sich durch Wolkenkratzer, hohe Türme und das Fliegen auf die Welt von oben eröffnete. Ähnlich: László Moholy-Nagy: Blick vom Berliner Funkturm im Winter, 1928. (Für den Hinweis auf diese Parallele danke ich Frank Pawella (TU Dresden) – Vgl. *Asendorf, Christoph*: Super Constellation. Flugzeug und Raumrevolution, Wien/New York: Springer 1997; *Hughes, Robert*: The Shock of the New, New York: Alfred A. Knopf 2009, S. 9 f.

79   *Kihlstedt, Folke T.*: Utopia Realized: The World's Firs of the 1930s, in: Corn, Joseph J (Hg.): Imaging Tomorrow. History, Technology, and the American Future, Cambridge, MA/ London, England: MIT Press 1986, S. 97–118. Hier S. 103.

80   Your World of Tomorrow, o. S. [8]

Abb. 12: Helicline

Abb. 13: Democracity

illuminiert war.[81] Nirgends lässt sich der Zusammenhang zwischen der Inanspruchnahme von Motiven der Transzendenz mit der Herstellung von Gemeinsinn offenkundiger beobachten als in der Perisphere. Es war ein Missionsschiff. »Inside the Perisphere, the city of the future and the spectacle of the heavens dramatize the theme«, so Grover Whalen.[82] Die Democracity sollte das »symbol of a perfectly integrated, futuristic metropolis pulsing with life and rhythm and music« sein.[83] »Futuristisch« war nicht in utopischem Sinn gemeint. Im Gegenteil, die Missionare legten großen Wert darauf, dass man morgen beginnen könne, Democracity zu bauen. Tatsächlich war Democracity keine Stadt, sondern eine ganze Welt. In der Mitte der »Stadt« ist Centerton zu erkennen, das kulturelle Zentrum der Stadt, in dem kaum jemand wohnt. Ein Wolkenkratzer, der nach Folke Kihlstedt an Bruno Tauts Stadtkrone erinnert[84], markiert den Mittelpunkt. Um diesen Stadtkern liegen verschiedene »Pleasantvilles«, die eigentlichen Wohnstädte. Auf einem weiteren Ring um diese Städte herum befinden sich die »Millvilles«, Industriestädte mit Fabriken und Wohnbereichen. Dazwischen liegen Farmen und ein Staudamm mit Wasserkraftwerk, womit die in den dreißiger Jahren wie keine andere massiv ausgebaute neue Energiequelle aufgenommen ist (s. u. 3.). Am äußersten Ring der Stadt ist eine Kirche zu erkennen, eine Universität wurde erst in der zweiten Saison 1940 eingebaut. Hat Democracity insgesamt die Form eines Kreises, so ist Centerton und der innere Ring geformt wie ein Baseballfeld.

Wie bereits erwähnt legten die Gestalter großen Wert darauf, dass Democracity keine fernliegende Utopie sei, sondern eine naheliegende Möglichkeit. Dennoch verdankte sich zumindest ein Teil der Gestaltung Anleihen bei der Science-fiction. Schon die äußere Erscheinung von Trylon, Perisphere und Helicline ähnelte sehr der Kulisse der Raketenbasis in dem Film »Things to Come« aus dem Jahr 1936.[85] Norman Brosterman hat darauf hingewiesen, dass die Ideen zu zahlreichen Gebäuden der Weltausstellung sich offenkundig den Science-Fiction Magazinen u. a. von Hugo Gernsback

---

81   Eine Broschüre erläuterte die Konzeption der Stadt: Your World of Tomorrow, (Text: Gilbert Seldes), New York: Rogers-Kellogg-Stillson 1939. Eine filmische Rekonstruktion der Show unter: http://www.youtube.com/watch?v=kulk7IPTL10 (1. 5. 2012).
82   Your World, o. S. [3].
83   Official Guide Book 1939, S. 44.
84   So *Kihlstedt*, Utopia, S. 104.
85   »Things To Come«, Regie: William Cameron Menzies, Großbritannien 1936.

verdankten.[86] Aus der Perspektive des 21. Jahrhunderts wirkt die Democracity als eine Mischung aus Science-Fiction und den tatsächlich realisierten Stadtkonzepten der 1960er Jahre, mit ihren »Reihenhochhäusern« und den zwischen Mietskasernen eingebauten Gartenstadtelementen. Von ihrem Erscheinungbild her lag Democracity damit durchaus im Trend der Utopien der Zeit. Dennoch sollte die Stadt der Zukunft eben doch unmittelbar hinter dem Horizont des Jahres 1939 liegen. Daher erschien, wenn es Nacht ward in Democracity, am Himmel über den Besuchern die »Vision in the Sky«: »To the accompaniment of a symphonic poem, a chorus of a thousand voices reaches out of the heavens, and there are ten equi-distant points in the purple dome loom marching men [sic] – farmers, stamped by their garb; mechanics, with their tools of trade«[87] (→ Abb. 14).

Abb. 14: Projektion über Democracity

In klassisch apologetischer Manier drehte man dafür kurzerhand das Verhältnis von Realität und Fiktion um: »This ... which seems to be the only unreal part in Democracity ... is the most real. ... It is the core of truth, from which the whole concept of Democracity springs.[88] Gemeint war eben jene »interdependency«, die Geistliche und Bauern, Minenarbeiter und Hausfrauen[89] verbinden sollte. Ein als transzendent in Szene gesetzter, gleichwohl als immanent behaupteter Gemeinsinn wird aufgeboten, um den

86   *Brosterman, Norman*: Drawing the Future. Design Drawings for the 1939 New York World's Fair, in: Drawing the Future. Design Drawings for the 1939 New York World's Fair, New York: Museum of the City of New York 1996, S. 11 f. Vgl. auch die Stadtbilder des Films »Just Imagine«, R.: David Butler, USA 1930 und natürlich »Metropolis« von Fritz Lang (1927).

87   Official Guide Book, 1939, S. 45.

88   Your World, o. S. [12].

89   A. a. O., o. S. [13].

Gemeinsinn der tatsächlich vorhandenen Besucher auf den Weg in die gerade noch ein wenig transzendente »Welt von morgen« auszurichten. Die Zeit bis zum Eschaton wird verkürzt auf zwanzig Jahre. Wieder drängt sich die von David Gelernter vorgeschlagene Interpretationsperspektive auf: Amerika steht vor dem Einzug in das gelobte Land, und so war es folgerichtig, wenn die Besucher über die lange Rampe der »Helicline« langsam in das Tal geführt wurden.

Was diese Welt im Modellbaumaßstab vor allem zeigen wollte, war dies: Die Stadt der Zukunft ist notwendig, weil alle von allen abhängig sind. Sie ist möglich, wenn alles geplant wird, und sie ist erstrebenswert, weil sie sauber und freundlich ist. Fast noch deutlicher als in dem Modell wird dies in dem die Ausstellung begleitenden Film »The City«.[90] Zur Musik von Aaron Copland wird die neue, erstrebenswerte, geplante Stadt der Vororte, Gärten und der kommunalen Spielplätze einerseits gegen die vergangene und unbequeme Idylle ländlichen Lebens gestellt. Andererseits wird sie von dem hektischen und lauten, vor allem armen Chaos der tatsächlichen Großstadt mit ihren Häuserschluchten und Slums abgehoben. Das hatte freilich auch eine Kehrseite, wie der Historiker Jeffrey Meikle bemerkt: »The fair reflected worship of frictionless processing, the lone individual becoming as irrelevant as a single automobile.«[91] Aus dem Abstand der späten 1970er Jahre wurden die ideologischen Elemente der Überhöhungen der Technik durch Transzendenzanmutungen deutlicher wahrgenommen. Dazu gehörte der auch die USA erfassende Zug zum Kollektiven im Blick auf das »einfache« Volk. Denn die Gestalter, Designer wie Firmenbesitzer, erschienen in diesem Bild der Gesamtheit nicht in gleicher Weise. Sie blieben so unterschieden, wie sich der Preis ihrer Zeitschrift *Fortune* (1 Dollar) von normalen Magazinen (10 Cent) unterschied.

Es war die Science-fiction, die Begriff und Bild fand, um die »Herrscher« der Welten von morgen zu verstehen. In dem Film »Things To Come« (1936) regiert ein »allwissender« und »gütiger«, dabei auch fast »allmächtiger«, aber letztlich doch eigensinniger Planer und Herrscher die Welt, um am Ende an den Widersprüchen der eigenen Planung zu scheitern und von den Helden menschlicher Unzulänglichkeit seines Amtes enthoben zu werden.[92]

---

90   »The City«, Regie: Ralph Steiner and Willard van Dyke, Text: Lewis Mumford, USA 1939. Der Film steht unter http://archive.org/details/CityTheP1939 (5.5.2012) zur Verfügung.
91   *Meikle*, Twentieth Century Limited, S. 200.
92   »Things To Come«, Regie: William Cameron Menzies, Drehbuch: H.G. Wells, Großbritannien 1936.

In den Visionen dieser »World of Tomorrow« teilt der Planer daher letztlich das idealisierte Wesen der Technik, auf die er sich stützt. Zwar kann er Fortschritt materialisieren und Lebensverbesserungen herbeiführen, aber das dahinter stehende transzendente Ideal wird nicht erreicht. Denn das Ideal wird, sobald es technisch-materiell angesteuert und damit zu einem Teil der verfügbaren Wirklichkeit wird, ambivalent. Darin entflieht auch die technische Planung des Lebens nicht den Bedingungen der Welt post lapsum.

Trylon and Perisphere waren gezielt als Wahrzeichen konzipiert worden, aber sie wurden darüber hinaus zu Symbolen der Weltausstellung und ihrer Ambitionen. Der Impuls, der von diesem Ensemble ausging, war so stark, dass man für die Weltausstellung des Jahres 1964 das Symbol wieder aufnahm, und an die Stelle der Perisphere die »Unisphere« setzte, eine Stahlgerüstkugel, die die Erde mit ihren Kontinenten darstellte.[93] Tatsächlich enthielt die Perisphere faktisch und symbolisch die Weltausstellung »in a nutshell«. Denn die »Democracity« war nur eine der zahlreichen Miniaturwelten, die die Besucher erwartete. Im Grunde war die »World's Fair« eine große Ansammlung von Welten im Kleinen. Die größten und laut Umfragen beliebtesten Welten waren die »Democracity« und noch mehr das »Futurama«, vom Designer Norman Bel Geddes für General Motors entworfen (s. u. 3.). Daneben aber lockte auch Ford seine Besucher mit dem »Cycle of Production« (Design: Walter Dorwin Teague), einer im Durchmesser 30 Meter und 10 Meter hohen Halbkugel, die sich drehte und auf ihrer Oberfläche 87 »Playmobil«-Szenen zeigte, in denen Rohmaterialien und Teile für Automobile gefertigt wurden (→ **Abb. 15**). Wiederum zeigt sich darin die letztlich auf die Produktion von Gemeinsinn zielende Ausrichtung der Ausstellung. Denn wenn der Besucher unter der Stahlskulptur Merkurs[94] das Gebäude betreten hatte, dominierte nicht mehr die gottgleiche Geschwindigkeit, ein zentrales Thema des populären Technikdiskurses in den 1920er und 1930er Jahren, sondern die nur gemeinsam zu gestaltende Welt.

Das Ensemble kann den Eindruck eines Altars nicht ganz verleugnen, obwohl nicht diese Installation, sondern ein bewegliches Wandgemälde

---

93   Erfolg und Bedeutung des Symbols wird nicht zuletzt an zeitgenössischen Karikaturen deutlich. So erschien u. a. ein Buch mit dem Titel »Trylongs and Perisites«, das dem Ausstellungsmuffel ein Wegweiser sein wollte, wie man sich vor der Ausstellung schützt. O'Leahy, Oley: Trylongs and Perisites. The World's Unfair Guests. Tells You How To Defend Yourself, New York: Greystone Press 1939. Auch Comics wie Superman warben mit dem Zentralsymbol.

94   Eine Anspielung auf den Ford Mercury, der neben dem Lincoln-Zephyr zu den teureren Modellen gehörte.

Abb. 15: Ford Cycle of Production (Walter Dorwin Teague)

im Ford-Building von Zeitgenossen als »altarpiece of science«[95] bezeichnet wurde (s. u. Abschnitt »Murals«). Die religiösen Assoziationen waren nicht zufällig, und dabei ging es nicht allein um die marktkonforme Überhöhung des Technischen. Vielmehr hatte für Henry Ford der Prozess der Produktion von Automobilen insofern selbst eine religiöse Komponente, als alles, was man dazu benötigte, der Erde entstammte. Wie fortgeschritten auch immer die Produktion sein mochte, sie musste als »schlechthin abhängig« von der Natur begriffen werden. Diesen Gedanken hatte Ford bereits auf der Weltausstellung in Chicago in ein Diorama fassen lassen, das eine verkleinerte Ausgabe des »Cycle of Production« darstellte. Diego Rivera hatte diese Grundintuition Fords in seine Fresken in Detroit übertragen (s. u. 3.). Auch Ford nutzte also eine Welt en miniature, um den Besuchern die großen Zusammenhänge der Produktion »ihrer« Automobile nahe zu bringen.

---

95   *Zim*, World, S. 188 f.

Natürlich hatte auch das Railroad Building eine Miniatureisenbahn, obwohl das Gebäude und das Gelände so gewaltige Dimensionen hatten, dass echte Lokomotiven »spielend« Platz gefunden hätten.[96] Man konnte einen Weltraumbahnhof als Modell bestaunen und die Hauptattraktion in der Ausstellung der Firma Consolidated Edison war »the world's largest diorama«[97], die »City of Lights«, ein Modell New Yorks. Etwa 70 Meter breit und 7 Meter hoch blickten die Zuschauer auf diese Welt nicht herab, sondern zu ihr empor. Dennoch gehörte auch dieses Ensemble zur Darstellung der Welt in Modellgröße, die den Menschen den Blick auf ihre Welt von außen ermöglichen sollte und damit Bewunderung und Akzeptanz der durch Technik und Wissenschaft heraufgeführten Veränderungen. Die mit bewegten U-Bahnen und Fahrstühlen versehene »City of Lights« entwickelte folgerichtig ihre größte Ausstrahlungskraft in der Nachtphase des 12minütigen Tageszyklus (→ Abb. 16).

Abb. 16: City of Lights

---

96 Daneben gab es wie in Chicago eine Show, die die Veränderung des Verkehrs in diesem Falle zur Musik von Kurt Weill als Theateraufführung inszenierte: »Railroads on Parade«. Vgl. Official Guide Book 1939, S. 203 f.

97 *Applebaum*, Fair, S. 49. Designer: Walter Dorwin Teague.

Abb. 17: Marine Transportation Building

Stärker als die Gebäude der Weltausstellung in Chicago, die den Besucher gleichsam zwangen, in die Moderne einzutreten, bot New York die Möglichkeit, ins Spielerische auszuweichen. Neben klar »modernen« Gebäuden wie dem Pavillon Brasiliens (Oscar Niemeyer) und den »streamlined« Architekturen wie dem General Motors Building (Albert Kahn) trugen eine Reihe von Gebäuden offen ihren Inhalt zur Schau.[98] Die National Cash Register Company stellte auf ihren Pavillon in Form einer Gewindemutter eine 13 Meter hohe Kasse (Design: Walter Dorwin Teague)[99], und das Marine Transportation Building erwartete die Besucher mit je einem Schiffsbug zu beiden Seiten des Eingangs (Ely Jacques Kahn/Muschenheim & Brounn)[100] (→ Abb. 17). Solche Extravaganzen führten dazu, dass schon zeitgenössische Kritiker die Modernität der Weltausstellung in Frage stellten. Aber auch dies muss aus der Perspektive einer »Modernitätsmission« als Strategie verstanden werden, die zu Bekehrenden einzubinden.

98   Einteilung nach *Santomasso, Eugene A.*: The Design of Reason: Architecture and Planning at the 1939/40 New York World's Fair, in: Harrison, Helen A. u. a. (Hg.): Dawn of an New Day: The New York World's Fair, 1939/40, Flushing, N.Y.: Queens Museum 1980, S. 29–55. Hier S. 34 ff.
99   *Zim*, World, S. 166 f.
100   A. a. O., S. 99.

Eine noch stärker symbolisch aufgeladene Gestaltung bot das Electric Utilities Building. Die gesamte Eingangsfront war als Wasserfall in Form eines Staudamms gebaut, an dem Wasser herunterlief, das sich über dem torartigen Eingang teilte. An der linken Hausseite konnten die Besucher dann sehen, warum das Land Staudämme benötigte: zur Stromerzeugung (→ Abb. 18). Das Gebäude war als solches eine politische Aussage. Denn kaum ein Thema der technischen Modernisierung wurde in den USA der dreißiger Jahre kontroverser diskutiert als der Bau von Staudämmen (s. u. 3.).

War die Weltausstellung in Chicago in vielen ihrer Elemente auf Überwältigung angelegt, so entführte New York die Menschen eher in eine Welt, welche die ihre zugleich war und nicht war, die mit zahlreichen animierten Motiven Bewegung signalisierte und die das himmlische Jerusalem auf die Erde zauberte. Lebte die »Century of Progress Exhibition« noch eher vom Schöpfungsmythos der Technik, dem Schicksal der Menschen, und einem abrahamitischen Aufbruchsmotiv, so war die »World of Tomorrow« ganz in der Eschatologie angekommen, freilich einer Variante der Lehre von den letzten Dingen, die für die Erfüllung der Prophezeiungen technisch-sozialer Natur ein Zwischenreich vorsieht. Wie dachte man in christlichen Kreisen über diese Verheißung?

Abb. 18: Electrical Utilities Building

Religion und Utopie

Die literarischen Niederschläge der »World of Tomorrow« in der religiö-sen und theologischen Presse waren spärlich. Dennoch zeigen die weni-gen Dokumente exemplarisch jene Facetten theologischer und kirchlicher Technikrezeption, die in den folgenden Kapiteln näher auszuführen sind.

Im Jahr vor der Eröffnung der Weltausstellung beschäftigte das *Chris-tian Century* allein die Frage, ob dort auch alles sittsam zuginge. »New York World's Fair Promises Clean Show« titelte das Magazin[101] und gab die Ver-sicherungen der Veranstalter wieder, dass so etwas wie der »fan dance« sich nicht wiederholen würde. Im Juli 1939 ging das *Christian Century* dann erstmals, wiederum in einem kleinen Editorial, auf das eigentliche Thema der Weltausstellung ein. »Trouble at the World of Tomorow«[102] fragte nach den Gründen für die unter der Erwartung gebliebene Besucherzahl. Das Land habe genug von Weltausstellungen. Das Gesetz vom abnehmenden Grenznutzen wirke auch hier. Darüber hinaus aber würde einer zunehmen-den Zahl von Menschen deutlich, dass die Weltausstellungen als Lösungen für die Probleme der Zeit nur immer noch mehr Technik anzubieten hätten. Mehr Telefone und Waschmaschinen würden die Menschen aber ebenso wenig glücklicher machen wie sicherere Straßenkreuzungen. Ohne Antwor-ten auf die wirklichen Fragen sei die Weltausstellung nur eine weitere Show.

Zunächst ist der Artikel ein Beispiel für die durchaus technikkritische Haltung im amerikanischen liberal-protestantischen Milieu der dreißiger Jahre. Das alles gab es nicht nur in Deutschland. Zum anderen aber wird hier jene Position deutlich, die sich gegen eine Eroberung der Weltverbesserung durch die Technik wehrt. Was immer die Technik bringe, das »eigentliche« Glück, Heil oder die Lösung der Probleme führe sie nicht herbei. Damit ist eben jene Bewegung gesetzt, die das Eigentliche vom Vorfindlichen immer weiter distanziert. Das Christentum grenzt sich von der Technik ab und schafft damit jene Distanz, die heute als nahezu naturgegeben wahrgenom-men wird. Damit verbindet sich bisweilen eine etwas verkürzte Sichtweise auf das tatsächlich Vorhandene. Am Beispiel des zitierten Textes: Sichere Straßenkreuzungen mögen nicht glücklich machen, aber derjenige, der auf ihr wegen eines Autounfalls nicht zu Tode kommt, wird sie zu schätzen wissen. Solange der Theologe sein Gemeindeglied zudem lieber im Got-tesdienst sieht, als es zu bestatten, ließe sich durchaus erwägen, ob der

---

101   Christian Century 55 (12.10.1938), Nr. 41, S. 1219.
102   Christian Century 56 (26.7.1939), Nr. 30, S. 916 f.

Verkehrssicherheit nicht doch auch eine religiös bedeutsame Dimension
anhaftet. Wenn man bedenkt, dass das *Christian Century* über die 1920er
Jahre hinweg ständig und berechtigt über die Verkehrstoten auf Amerikas
Straßen klagte (s. u. 3.), irritiert der Verweis auf das Ungenügen der technischen Errungenschaft, wenn sie denn zu haben ist.

Einen anderen Zugang fand Charles Banning in einer Predigt im *Expositor and Homiletic Review* über Hebräer 11,10. Zwar sah auch er in der Weltausstellung eine auf das Materielle gerichtete Veranstaltung und fragte dagegen: Was ist mit der Sünde, dem Leid und dem Hass?[103] Dennoch beschrieb
Banning auch Parallelen zwischen der Weltausstellung und dem Christentum. Die »World of Tomorrow« wolle die Sehnsucht nach einer besseren Welt
wecken. Die so entstandenen Bedürfnisse sollten dann durch Wissenschaft
und Technik befriedigt werden. In ähnlicher Weise habe das Jesus versucht,
indem er in den Menschen den Hunger nach Gerechtigkeit wachrief. So gäbe
es tatsächlich Entwicklungen, die in die richtige Richtung wiesen. Die ältere
Pädagoik zusammenfassend schreibt Banning: »Skill, not culture was the
end of education. Technocracy was the Moses that was to lead us out of the
wilderness and into the promised land.«[104] Dem gegenüber sei Erziehung nun
schülerorientiert. Dennoch sei die gegenwärtige Zeit mehr an »horse power«
denn an »divine power« interessiert.[105] Angesichts der Gefahren durch Krieg
und Faschismus, so legt Banning nahe, helfe nicht ein Mehr an Technik, sondern nur der Glaube an die zukünftige Stadt, die allein Gott bauen würde;
»A world without religion is like a tree without sap, an engine without
steam or a body without blood.« Und so wie man den Gefahren der Malaria
dadurch begegnet, dass man die Siedlungen in höher gelegenen Geländen
baut, so müsse auch die Welt von morgen um eben diese religiöse »Etage«
höher gebaut sein. Bei aller Wertschätzung für die Errungenschaften der
Moderne blieben auch für amerikanische Theologen viele Fragen offen. Die
Technik konnte in ihren Augen genau jene Hoffnungen nicht einlösen, die
sich auf Transzendentes richteten, und so wartete der Autor mit Abraham
»auf die Stadt, die einen festen Grund hat, deren Baumeister und Schöpfer
Gott ist« (Hebr. 11, 10).

Ein in mehrfacher Hinsicht beispielhafter Beitrag ist die Rundfunk-
ansprache eines Geschäftsmannes, der über 25 Jahre eine wöchentliche

---

103   *Banning, Charles F.*: The World of Tomorrow, in: Expositor & Homiletic Review 49 (1939),
      Nr. 7, S. 331–332. Hier S. 331.
104   Ebd.
105   A. a. O., S. 332.

Rundfunksendung bestritt. Erling C. Olsen war kein ausgebildeter Theologe, aber seine Predigt verbindet exemplarisch Elemente sowohl für einen liberalen als auch für einen eher evangelikalen Zugang zum Thema Technik. Olsen stellte der Weltausstellung »God's World of Tomorrow« entgegen.[106] Er hatte gar nichts gegen die Weltausstellung und die dort gezeigten technischen Innovationen einzuwenden, aber welche Wunder[107] der Mensch an sich auch hervorbringe, das Individuum würde sich dadurch nicht ändern. Der Einzelne wurde – trotz Niebuhrs »Moral Man and Immoral Society« (vgl. 4.) – nach wie vor als das zentrale Objekt christlichen Nachdenkens betrachtet. Auch sei die Welt der Technik keine wirklich andere Welt. »Man has built himself a world within God's world.«[108] Der Mensch hätte in der Technik nur die Kräfte entdeckt, die Gott in die Welt eingebaut hätte. Aus dieser inneren Abgeschlossenheit, so legte Olsen nahe, führe eben auch die Technik nicht heraus. Dabei sei die Welt dringend erneuerungsbedürftig. Olsen konnte in der innerweltlichen »World of Tomorrow«, wie sie die Weltausstellung präsentierte, keine realistische Prognose erkennen. Aufrüstung, Schuldenlasten, Chaos bestimmten seiner Meinung nach die Welt der Zukunft.

»God's World of Tomorrow« dagegen fand Olsen in der prophetischen Tradition. Olsen las Jesaja 62 als Verheißung der Rettung und Bekrönung Israels, der gegenüber die Juwelen, die Mrs. Roosevelt auf der Weltausstellung gesehen habe, armselig seien. Diese Welt, so Olsen, mit deutlich politischem Akzent, sei eine Welt ohne Antisemitismus.[109]

Jesaja 11 und 42 stellte Olsen als Verheißung an die Völker vor, dass sie mit Israel eins und der Rettung teilhaftig würden. Gegen die überall auf der Weltausstellung durchscheinende Botschaft, dass Armut technisch beendet werden könne, beharrte Olsen darauf, dass man allezeit Arme hätte. Alle menschlichen Versuche, Armut aufzuheben, seien vergebens. Nur »God's World of Tomorrow«, wie Micha 4, 1–4 sie ankündige, könne hier Abhilfe schaffen. Diesen Überbietungsgestus verdichtete Olsen am Ende seiner Ansprache noch einmal in zwei anschaulichen Bildern:

---

106 *Olsen, Erling C.*: God's World of Tomorrow, in: Bibliotheca Sacra 97 (1940), S.103–109.

107 »Wunder« war eine geläufige Vokabel in der Präsentation der Weltausstellung. So überschrieb Popular Mechanics seinen Artikel: »Wonders of the New York Fair« (*Leggett, Julian*: Wonders of the New York Fair, in: *Popular Mechanics* Magazine 71 (1939), Nr. 4, S.481–484, 149A–156A).

108 A.a.O., S.103.

109 A.a.O., S.105.

»Talk about a World's Fair rising out of a swamp!« Aber Jesaja sagt mehr:
»...the desert shall rejoice , and blossom as the rose.« (Jes 35, 1 ff.) »And talk
about parkways –« aber Jesaja sagt mehr: »And an [sic] highway shall be
there, and a way, and it shall be called The way of holiness ... « (Jes, 35, 8).[110]

Gemeinsam mit dem liberalen *Christian Century* vertritt Olsen exemplarisch jenen Überbietungsgestus, der in der Technik nur eine unvollkommene
Verbesserung der Welt wahrnimmt, und das »Eigentliche« weiterhin nur in
der Religion aufgehoben sieht. Im Fall Olsens wird daraus eine Art »Gegen-
Eschatologie«, die das Technische jedoch nicht als dämonisch auflädt, wie
dies in Deutschland zu der Zeit verbreitet war. Technik wird vielmehr als ein
von Gottes Schöpfung abhängiger und darin verbleibender Zusammenhang
begriffen. Technik ist insofern transzendent, als sie letztlich aus göttlichen
Ressourcen schöpft. In teleologischem Sinne ist sie jedoch nicht transzendent. Genau das aber behauptete die Weltausstellung von 1939 mit ihrer,
wenn auch stark verkürzten, Eschatologie.

Dagegen baute Olsen – nun anders als die Liberalen – eine an Bibelzitaten
orientierte Welt auf. Ihr Merkmal, und darin ist Olsens Predigt typisch für
die evangelikalen bzw. fundamentalistischen Äußerungen der Zeit, ist die
Bildassoziation. Technik wird als Gleichnis verstanden für einen nicht-technischen, christlichen Zusammenhang (der bisweilen allerdings auch wieder als Technik aufgefasst wird, dann aber als Gottes Technik (s. u. 4.). Eine
Weltausstellung aus dem Sumpf zu heben, ist wunderbar, aber Gott kann es
besser. Autobahnen sind hervorragend, aber Gott schlägt die eigentlichen
Schneisen. Auch wenn dieses Frömmigkeitsspektrum allenthalben und zu
Recht als modernitätskritisch bis modernisierungsresistent charakterisiert
wird (in den USA vor allem im Blick auf die Fragen der Evolutionstheorie), so
ermöglicht der bildhafte Zugang dieser »Theologie« doch eine unbefangene
Wahrnehmung der transzendenten Aspekte der Technik (s. u. 4.).

Jenseits des rein bildassoziativen Umgangs mit der Bibel lässt sich an
dieser Rundfunkrede jene Verschiebung religiöser Impulse in die Transzendenz beobachten, die sich wie ein cantus firmus durch die theologische
Technikrezeption des 20. Jahrhunderts hindurchzieht: Angesichts der –
wenn auch nur partiellen – Realisierung wünschenswerter Ziele, Lebens-
erleichterungen und Hoffnungen durch die Technik, wird weniger der Erfolg
wahrgenommen und bewertet, als das noch Ausstehende, der Abstand zum
vollkommenen Glück.

---

110   A. a. O., S. 109.

Murals – Die Moderne an die Wand gemalt

Eigentlich sollte kein Geringerer als Diego Rivera (1884–1957) den Pavillon von General Motors auf der Weltausstellung in Chicago mit Wandmalereien ausgestalten. Aber der Eklat im Rockefeller Center brachte das Projekt noch vor seinem Beginn an sein Ende. Rivera hatte den Auftrag, in der Lobby des heutigen RCA Buildings ein Wandgemälde zum Thema »Man at the Cross-roads Looking with Hope and High Vision to the Choosing of a New and Better Future« anzufertigen. Im Laufe der Arbeit daran fügte Rivera ein Portrait Lenins hinzu. Die Rockefellers ersuchten Rivera vergeblich, das Abbild der persona non grata zu entfernen, woraufhin Rivera der Auftrag entzogen und das Bild zerstört wurde.[111] Dieser Vorgang machte Rivera für General Motors unhaltbar. Stattdessen wurde Miklos Gaspar beauftragt, einen Zyklus von 40 Breitwandgemälden anzufertigen. Sie zeigten den Beitrag jedes Bundesstaates zur Produktion jener Automobile, deren Entstehung der Besucher gerade verfolgen konnte. Die Bandbreite reicht von der Darstellung ländlicher Regionen im Prozess der Industrialisierung über Industriestädte bis zur Interieurs von Fabrikhallen (→ Farbtafel 7–10).

Die von Miklos Gaspar (1885–1946) und Assistenten (Axel Linus 1885–1980; S. Wick; keine Lebensdaten verfügbar)[112] geschaffenen Bilder sind insgesamt konventionell gehalten. Von Interesse sind sie in unserem Kontext jedoch in mehrfacher Hinsicht. Erstens ist ihr Einsatz typisch für die Verwendung von Murals in den dreißiger Jahren. Noch bevor das von der Roosevelt Administration ins Leben gerufene Federal Art Project (FAP), und die Treasury Section of Fine Arts die öffentlichen Gebäude des Landes (vornehmlich Postämter) mit Wandmalereien überzogen, wurden hier die Intentionen sichtbar, mit denen die Moderne flächendeckend in Szene gesetzt wurde: Industrie wird dabei als Teil der Natur gedeutet. An ihr teilzuhaben, sie zu entwickeln,

---

111   Ob das Portrait Lenins wirklich der Auslöser für Riveras Entlassung war, stellte jüngst Leah Dickerman in Frage. *Dickerman, Leah:* Leftist Circuits, in: Dies./Indych-López, Anna: Diego Rivera. Murals for the Museum of Modern Art, New York, The Museum of Modern Art 2011, S. 10–47. Hier S. 40.

112   Die Murals (je 121 x 609 cm) wurden nach der Weltausstellung der Albert G. Lane Technical High School in Chicago geschenkt, in deren Besitz sie noch heute sind. Ich danke der Alumni Association der Schule für die Möglichkeit, die Murals zu sehen. Eine Beschreibung der Murals in: *Becker, Heather:* Art for the People. The Rediscovery and Preservation of Progressive and WPA-Era Murals in the Chicago Public Schools, 1904–1943, San Francisco: Chronicle Books 2002, S. 149 f. Einen umfassenden Führer zu diesen und anderen Murals in der Region Chicago bietet: *Gray, Mary Lackritz:* A Guide to Chicago's Murals, Chicago/London: University of Chicago Press 2001. Zu den State Murals s. dort S. 248 f.

stellt einen Beitrag zum Gesamtleben der Nation dar. Deutlich werden soll in allen Bildern der Beitrag der Einzelstaaten zum Gesamten, für das freilich nicht die Union, sondern in diesem Fall General Motors steht. So wie mittelalterliche und frühneuzeitliche Wandmalerei als »Bibel der Illiteraten« biblische Erzählungen und Dogmen bilderzählerisch aufbereiteten, so sollen die Murals bei General Motors und in den öffentlichen Aufträgen des New Deal den Menschen die industrielle Moderne überzeugend vor Augen führen. Dabei wird nicht die Technik als solche belehrend ins Bild gesetzt, wie dies etwa in den Wandgemälden des Deutschen Museums in München geschah.[113] Vielmehr wird die Einbettung der Technik in die Natur und die Arbeit des Menschen thematisiert. Die hinter dem tatsächlichen Grad an Industrialisierung dabei oft zurückbleibende Bildgestaltung ermöglicht dem Betrachter eine Akkomodation an die neuen Verhältnisse unter der Prämisse, dass er damit einen Beitrag zum großen Ganzen leistet. Die Wandgestaltung auf den Weltausstellungen war integrativer Bestandteil des missionarischen Impetus.[114]

Zweitens zeigen die Bilder Gaspars die enge Verzahnung dieser Kunst mit populären Bildmustern. So übernahm der Maler etwa für seine Darstellung der Industrie Ohios die Titelblattillustration der Novemberausgabe des *Scientific American* aus dem Jahr 1923 (→ Farbtafel 10 und 11). Aber auch die anderen Bilder lehnen sich stark an zeitgenössische Magazindarstellungen an (Beispiele siehe unten: 3.). Vergleicht man die Murals bei General Motors mit den in den Folgejahren entstandenen Murals im öffentlichen Raum, so zeigt sich ebenfalls eine große formale Übereinstimmung. Gaspar traf offenkundig den Geschmack der Kontrolleure der Treasury Section und des FAP. Denn die Bilder sollten dem Publikum gefallen und die Menschen positiv beeinflussen.[115]

---

113   *Mayring, Eva A.*: Die Gemälde des Deutschen Museums: Visualisierung und Inszenierung von Technik und Wissenschaft, in: Dies. (Hg.): Bilder der Technik, Industrie und Wissenschaft. Ein Bestandskatalog des Deutschen Museums, München: Deutsches Museum; Edition Minerva 2008, S. 28–43. Auch diese Bilder tragen selbstverständlich sinnstiftende Konnotationen.

114   Die Wochenzeitung der Weltausstellung betonte entsprechend, dass alle Murals tatsächlich »modern« seien – »Not a goddess, not a cornucopia, not a Greek hero.« *Pitney, A. de Ford*: The Modern World in Murals, in: World's Fair Weekly 1 (7.10.1933), S. 7–9. Hier S. 7.

115   Bevor die Entwürfe der geförderten Künstler zur Ausführung kamen, wurden sie geprüft. Zu den Murals in Postämtern unter dem Gesichtspunkt ihres Verhältnisses zum Publikumsgeschmack: *Marling, Karal Ann*: Wall-to-Wall America. A Cultural History of Post-Office Murals in the Great Depression, Minneapolis: University of Minnesota Press 1982 (Neuausgabe 2000).

Drittens sind Gaspars Bilder Beispiele für eine im Pastoralen verankerte Verhältnisbestimmung zwischen Mensch und Technik. Die Fabriken sind bei Gaspar kein Störfaktor der Natur. Die Menschen erscheinen gegenüber der Maschine relativ groß (→ Farbtafel 10 und 11), und die Bilder präsentieren ihren Gegenstand weitgehend ohne Pathos. Maschinen, Fabriken und Arbeiter werden weder euphorisch noch kritisch überhöht. Gaspars, Wicks und Linus' Arbeiten können daher als Folien dienen, vor denen die Inanspruchnahmen unterschiedlicher Transzendenzen und religiöser Elemente in den Bildern der Technik in den USA deutlich werden.

Einen ganz anderen Zugang zeigten Thomas Hart Bentons (1889–1975) Gemälde aus dem Zyklus »A Social History of the State of Indiana«.[116] Für den Pavillon des Bundesstaates hatte Benton ein 60 Meter langes und etwa dreieinhalb Meter hohes Wandgemälde geschaffen, das über Kopfhöhe die Wände des Hauptraumes umlief.[117] Hier wurde nicht harmonisierend alles in ein pastorales Licht getaucht. Vielmehr erkannte man, dass Industrie Rauch und Schmutz erzeugt, und dass Arbeit Mühe und Schweiß kostet. Auch Benton hatte das Ziel, die Menschen in die Moderne zu führen und auch er sah die industrielle Entwicklung als einzigen Weg dorthin, aber seine Hoffnungen auf ein Ende der Depression übersprangen nicht die Hindernisse auf diesem Weg.

Der Bildteil »Electric Power, Motor Cars, Steel« (→ Abb. 19) zeigt Arbeiter in einem eher düsteren Umfeld, deren Stimmung sich auf dem Gesicht des Handwerkers im Vordergrund spiegelt. In einer für Bentons Murals typischen Weise werden mehrere

Abb. 19: Thomas Hart Benton:
A Social History of the State of Indiana:
Electric Power, Motor Cars, Steel

---

116   Vgl. *Doss, Erika*: New Deal Politics and Regionalist Art: Thomas Hart Benton's A Social History of the State of Indiana, in: Prospects 17 (1992), S. 353–378; *Adams, Henry*: Thomas Hart Benton. An American Original, New York: Alfred A. Knopf 1989, S. 192–207; *Foster, Kathleen A./Brewer, Nanette/Contompasis, Margaret*: Thomas Hart Benton and the Indiana Murals, Bloomington: Indiana University Press 2000.

117   Der Fries wird heute im Auditorium der Indiana State University, Bloomington, aufbewahrt. Abbildungen sind zu finden unter: http://www.iub.edu/~iuam/online_modules/benton/ (26.5.2012)

Szenen ineinander geschoben. Auch wenn alle Arbeiter in verschiedene Richtungen blicken, arbeiten sie am gemeinsamen Wohl. Licht erhält die Szene links durch den glühenden Stahl, rechts oben durch einen Elektromotor, in der Mitte durch den stilisierten Blitz, Symbol der Elektriziät. Schließlich ist es ein Kraftwerk, das im Hintergrund unter einem düsteren Himmel im helleren Licht steht. Es sind die Technik und die Arbeit, die in eine bessere Zukunft führen.

Wiederum eine andere Darstellung der Industrie zeigte ein Mural im Pavillon von Michigan. Im Zentrum stand eine im Verhältnis übergroße, mythisch anmutende Figur eines muskulösen Mannes, der unter der Last eines geförderten Bodenschatzes gebeugt steht[118] (→ Abb. 20).

Abb. 20: Reginald O. Bennett: Michigan Industries, Mural

Zwei übergroße Zahnräder signalisieren das reibungslose Ineinandergreifen der Prozesse. Das Bild stellt jedoch nicht einfach eine Innenansicht von Industrieanlagen dar. Am oberen Bildrand erkennt man die Außenwelt mit Wolkenkratzern und einem Schiffsrumpf (rechts). Nicht nur die Fabrik, sondern die ganze Welt ist Technik. In ihrem Zentrum steht die Alternative von Mensch und Funktion. Neben der auftragsgemäßen Darstellung der Industrie des Staates Michigan macht der Maler sein Bild damit zu einer Darstellung der Technokratie. Die Technokratiebewegung in den USA hatte unmittelbar vor der Weltausstellung in Chicago um den Jahreswechsel 1932/33 einen Höhepunkt erreicht (s. unten 3.). Ihre Protagonisten vertraten die These, dass die Arbeitslosigkeit strukturell und nicht einfach konjunkturell bedingt war. Gleichzeitig ging es darum, der Technik anstelle

---

118   Eight Murals at the Michigan Exhibit, Century of Progress Exhibition, Chicago (Broschüre) [Ryerson and Burnham Libraries; Art at A Century of Progress Exposition: pamphlet and magazine articles. 606.1 C531a v.1 Dioramas, paintings and murals. Scrapbook, 808].

von Wirtschaft und Politik die Gestaltung des Gemeinwesens zu überlassen. Bennetts Bild markiert genau jenen Umschlag des Technischen vom Herrschaftsgewinn aus der Eroberung der Natur in die nun den Menschen erobernde Systemstruktur. In ihr kann der Mensch nur entweder als Teil des Räderwerks an der Maschine emsig funktionieren oder – nackt – scheitern, wie das Heer der Arbeitslosen im Jahr 1933.[119]

Nicht nur in Werbekontexten (für Firmen oder Bundesstaaten) wurden Murals verwendet.[120] Die Social Work Exhibit in der Hall of Social Science vertraute ebenso auf die Kraft der Wandmalerei. Zum Thema »Delinquence and Crime« zeigte ein Gemälde einen Jugendlichen, der nachdenklich den verschiedenen Einflüssen des Lebens ausgesetzt ist (→ **Abb. 21**). Das Bild folgt einer klassischen Einteilung religiöser Malerei, die eine himmlische und eine irdische Sphäre unterscheidet.

Abb. 21: Alfred J. Messner: Where there is no vision, the people perish, Mural

---

119   Ob der Maler mit dem Bild kritische Intentionen verfolgt, lässt sich nicht belegen. Die offizielle Broschüre lässt das selbstverständlich nicht erkennen. Unabhängig von der Wertung markiert Bennett aber die damals diskutierten Ambivalenzen. Vergleicht man das Bild insbesondere mit den Murals bei GM wird dies deutlich.

120   Zu den Murals in der Hall of Science s. o.

Im unteren Teil, in dem der Junge sitzt, bestimmen Tanz, Verführung, Autos, Whiskey, Kino und Geld die Welt. Die himmlische Welt wird in der Mitte beherrscht von einer Figur, die »social justice in a stable society« repräsentieren soll.[121] Zur Linken flankieren Fabrikschornsteine und Hochhäuser die Gerechtigkeit, zur Rechten eine Kirche und ein Tempel. Nicht Staat und Kirche garantieren daher das Heil, sondern Industrie und Kirche. Enger konnte man die Moderne nicht an den Garanten der Alten Ordnung, die Kirche heranrücken. Was möglicherweise nur als Markierung des lebensweltlichen Kontextes des Jungen gedacht war, gerät in dem Bild zu einer Apotheose der Technik.

Demgegenüber muss man die Wandmalerei der Lutheraner in der Hall of Religion wiederum als Überbietungsversuch des Christentums gegenüber der Technik verstehen. Zum einen zeigte man Martin Luther in eben der

Abb. 22 und 23: Murals in der Hall of Religion

---

121   Social Work Exhibit. Hall of Social Science, A Century of Progress, Chicago 1933, S. 11.
       [Ryerson and Burnham Libraries; Art at A Century of Progress Exposition: pamphlet and
       magazine articles. 606.1 C531a v.1 Dioramas, paintings and murals. Scrapbook, 808].

Pose auf der Weltkugel stehend (→ Abb. 22) wie der Geist Chicagos auf dem Ausstellungsplakat der Weltausstellung (→ Farbtafel 1). Zum anderen konnte man auf einem Bild über der Freiheitsstatue und Manhattan den wohlwollend herabblickenden Jesus sehen (→ Abb. 23). Alles das, was die Moderne ausmacht, wird gesegnet. Gleichwohl ist es die Fackel der Freiheitsstatue, die Jesus am Himmel erstrahlen lässt.[122]

Eine vollkommen religiös-mythologische Einbettung der Technik bot jedoch nicht eine Kirche, sondern das Gemälde im Pavillon der Johns-Manville Corporation. Der in Österreich geborene Leo Katz (1887–1982) hatte in Zusammenarbeit mit dem Architekten Ely Jacques Kahn (1884–1972) ein Gesamtkonzept von Gebäude und Innenausmalung entwickelt, das schon von außen an einen Rundtempel oder ein Mausoleum erinnerte. »Pause for rest in the cool, quiet Johns-Manville Building«, warb die Firma.[123] Innen war alles auf das Wandbild »Give us this Day Our Daily Light« bezogen (→ Abb. 24). Johns-Manville stellte damals Asbest her. Insofern ging es nicht um die Werbung für Elektrizität, sondern um eine Gesamtdeutung der Welt. Es ging um das Licht der Aufklärung, das die Figur im Zentrum des Bildes erflehte.[124]

Abb. 24: Leo Katz: Give Us this Day Our Daily Light, Mural

Im linken Feld »Cold« erscheinen die Schrecken der Kälte (→ Abb. 25). Ein Monster mit weißen Haaren reitet auf einem Schimmel. Dahinter bläst ein Windgott alles zu Eis. Nur eine Frau mit Kind und ein Eisbär widerstehen der Kälte. Rechts davon werden die Folgen der Hitze (Heat) dargestellt, mythisch in einem Drachen verkörpert. Rechts von der Mitte (→ Abb. 26) folgt die Schilderung der Qualen des Lärms (»Sound«) und außen schließlich

---

122   World Fair's Weekly 1 (18.6.1933). Nr. 8, (week ending June 24), S. 42 und 43.
123   Official Guide Book 1933, S. 172.
124   Abbildung und Informationen in: Give Us This Day Our Daily Light. A Mural by Leo Katz.
         On Exhibition in the Johns-Manville Building. A Century of Progress Exposition, Chicago.
         Illinois, U.S.A, 1933.

Abb. 25: Give Us This Day, Detail

Abb. 26: Give Us This Day, Detail

ein Feld »Motion«. Darin werden verschiedene Maschinen und Materialien dargestellt, die in der Firma des Auftraggebers zu finden waren. In der Mitte des Feldes jedoch thront ein robotergleiches Wesen, das dem Monster auf der linken Seite im Feld der Kälte korrespondiert.

Fächerförmig breitet sich das Licht von oben über die dunklen Bildfelder und dämmt die Dämonen ein. Johns-Manville stellt die Materialien her, die den Menschen vor Kälte, Hitze und Lärm schützen. Aber wenn all dies nicht mit Klugheit geschieht, steht am Ende des Prozesses der Befreiung des Menschen von den Kräften der Natur die Beherrschung durch die Maschine. Deshalb benötigt der Mensch nicht mehr das Gebet um Brot, sondern um die Erleuchtung, die dem Beter im Zentrum zuteilwird. Die Drohung durch den Roboter nötigt den Menschen zum Gebet um Hilfe. In welchem Maße dies im Blick auf das Produkt der Firma nötig war, sollte sich später herausstellen.

Wie eine Antwort auf das Bild von Katz mutet ein Wandbild von Rockwell Kent (1882–1971) auf der Weltausstellung in New York an (→ Farbtafel 24). »Man's Liberation Through Electricity« im Gebäude von General Electric handelte ebenfalls vom Weg aus der Umklammerung durch das Mythische zum strahlenden Licht der Aufklärung. Aber die Unterschiede, ja geradezu Gegensätze zu Katz's Entwurf markieren mehr als die Gemeinsamkeiten die veränderte Richtung der Mission im Jahre 1939.

In einer Nebelwolke eingehüllt und unter einem steinernen Rundbogen sieht man links die Menschen der »Vorzeit« mit »primitiven« Tätigkeiten wie Lesen, Beobachten, Alchemie und ekstatischem Tanzen beschäftigt. Dieser Szene korrespondiert auf der rechten Seite die moderne aufgeklärte Welt. Unter dem Bogen der weißen Leitungen bejubeln die Menschen vom Nebel befreit ihre Zukunft. In beiden Szenen hat eine Frau die dominante Führungsrolle inne. Während links jedoch jeder mit sich selbst beschäftigt scheint, sind die Arbeiter rechts eine Gemeinschaft, wie sie die Planer der Ausstellung den Menschen vermitteln wollten.

War bei Katz der Mensch noch in der Rolle des bang auf die Erleuchtung Wartenden, so zeigt Kent im Sinne der erfüllten Eschatologie der »World of Tomorrow« schon die göttliche Antwort: Aus der Michelangelo-Berührung der beiden Genien im Himmel wird den Menschen der strahlende Lichtkegel der Elektrizität geschenkt, in dessen Licht Arbeit und Zukunft die Welt schon verändert haben. Ganz im Sinne der Grundidee der Weltausstellung wird das Technische in das Soziale transformiert. Die elektrische Polarität der Ladungen wird in die geschlechtliche Polarität der Genien übersetzt, die sich wiederum in der Dualität des männlichen und der weiblichen Protagonistin im Lichtkegel spiegelt. Diese scheinen freilich in gut sozialistischer Einstellung weniger Augen für ihre gegenseitige Bezogenheit als für den kollektiven Fortschritt zu haben.[125] Ideengeschichtlich scheint die Darstellung der Genien in Spannung zu stehen zu so viel Aufklärung durch Technik. Allerdings hatte sich im zeitgenössischen Comic gerade eine Figur etabliert, die genau jene Form der Technisierung des Göttlichen zu ihrem zentralen Inhalt erhebt: der Superheld (s. dazu unten 3.). Insofern der rechte Genius seine Kraft aus der Hochspannungsleitung bezieht,[126] ist er zugleich eine Personifizierung der Leistungen der Firma General Electric.

Die im Hintergrund als Bergkette sichtbaren Pyramiden bilden ihre Form in der Lichtpyramide ab, durch die nun wieder im Hintergrund die Pyramide der Großstadt aus Wolkenkratzern sichtbar wird. Aus den Pyramiden der Toten haben Elektrizität und Gemeinsinn die Pyramide der Lebenden

---

125   Vgl. *Scholz, Sylka*: »Mein Gott ist tot, vielleicht lebt Deiner« – Liebe und Religion in Spielfilmen der 1950er Jahre, Vortrag TU Dresden, SFB 804, Teilprojekt O, 13. November 2010.

126   Worauf mich Frank Pawella (TU Dresden) ebenso aufmerksam machte wie auf das Marienmotiv, das sich in der Frau mit dem blauen Kleid in der rechten Bildhälfte verbirgt.

gemacht: das Neue Jerusalem. In der linken Bildmitte entsteigen die Arbeiter dem Graben wie Luca Signorellis Auferstehende im Dom von Orvieto ihren Gräbern. Die Sterne stehen nicht mehr nur am Himmel, sondern auch in den Fenstern der Wolkenkratzer der Stadt – Aufbrechen ins Gelobte Land! Kents Bildsprache war jedoch nicht, was andere »modern« nannten. Die Mischung aus Comic, sozialistischem Realismus und einem an William Blake angelehnten Symbolismus[127] entsprach nicht der Suche vieler Künstler nach einer Übersetzung des Technischen in die Kunst, wie sie mit der Abstraktion gegeben zu sein schien. Bereits auf der Weltausstellung in Chicago gab es abstraktere Murals. John W. Norton (1876–1934) hatte in der Hall of Science mit seinem »Tree of Knowledge« (s. oben) und dem Fries »History of Science« eine auf die Fläche reduzierte und mit Symbolen kombinierte Darstellung der Geschichte vorgeführt. Davenport Griffen (1894–1986) verlieh mit »Service

of the Machine to the needs of Man«, dem Technischen im umfassenden Sinne visuelle Gestalt[128] (→ Abb. 27).

Unter der Verantwortung von Stuart Davis im zuständigen Komitee wurden abstrakte Wandbilder auf der Weltausstellung in New York deutlicher gefördert als 1933 in Chicago.[129] Gleichwohl, so Jody Patterson, markiere die Weltausstellung 1939 eher das Ende als den Anfang des Versuchs, abstrakte Kunst als öffentliche Kunst zu etablieren.[130] Die Mehrheit der Wandmalereien in den 1930er Jahren war ohnehin nicht abstrakt.

Abb. 27: Davenport Griffen: Service of the Machine to the needs of Man, Mural

127   Zum Einfluss Blakes auf Kent vgl. u. a. *Traxel, David*: An American Saga. The Life and Times of Rockwell Kent, New York: Harper & Row 1980, S. 109 ff. Vgl. auch: *Wien, Jack Milgram*: Rockwell Kent: The Mythic and the Modern, New York: Hudson Hills Press 2005.

128   Die zeitgenössischen Reaktionen waren gemischt. Ablehnung aufgrund angeblicher emotionaler Unterbelichtung stand neben Bewunderung für das Experimentelle. Vgl. [Ryerson and Burnham Libraries; Century of Progress collection, 1920s–1980. Printed Material Series 1, Box 3 – 0018].

129   Vgl. *Patterson, Jody*: Modernism and Murals at the 1939 New York World's Fair, in: American Art 24 (2010), Nr. 2, S. 50–73. Dort auch Bildbeispiele.

130   A. a. O. S. 51.

Abb. 28: Henry Billings: Ford Industries, Mural

Die Krönung der Verbindung von Technik und Religion im Wandgemälde schuf Henry Billings (1901–1985) in seinem beweglichen Mural für den Ford-Pavillon (→ Abb. 28). Das 10 Meter hohe »Altarpiece of Science«, wie Zeitgenossen das Werk bezeichneten,[131] zeigte in seiner Mitte einen übergroßen

---

131   *Zim*, World, S.118.

V8 Motorblock und darunter zwei sich bewegende Zylinderkolben. Wie fast alle Installationen bei Ford bietet es ein fast enzyklopädisches Ensemble von Hinweisen und Darstellungen des Herstellungsprozesses von Automobilen. Bildet man das Mural tatsächlich auf klassische Altargemälde ab, lassen sich einige Parallelen ausmachen. Dort, wo in der Predella üblicherweise Szenen aus den Evangelien oder Heiligenlegenden zu sehen sind, werden bei Billings in Zahnrädern, dem zentralen Symbol der Technik als Weltordnung (s. unten 3.), einzelne Produktionsschritte dargestellt. Darüber »hängt« die Figur des Erlösers. Billings nimmt darüber hinaus zwei Symbole der Firma Ford auf, die auf künstlerische Darstellungen zurückgehen. In der Mitte über dem Motorblock sieht man eine Adaption von Charles Sheelers »Criss-Crossed Conveyors« (Original s. **Abb. 41**). Das Bild avancierte nach seiner Veröffentlichung 1928 zu einer Ikone der Industrie. Links und rechts daneben adaptiert Billings Elemente aus Diego Riveras Freskenzyklus im Detroit Institute of Arts (s. unten 3.). Rivera hatte Maschinen die Gestalt altamerikanischer Götter gegeben. Anders als in klassischen Kreuzigungsszenen stehen die Figuren links und rechts des Kreuzes (Maria und Johannes) nun aber nicht unterhalb des Erlösers, sondern scheinen ihn gleichsam zu tragen, was dem Produktionsprozess auch entspricht. »The Machine, the New Messiah« hatte Henry Ford einen Aufsatz im Jahre 1925 genannt. Genau jene Wahrnehmung gibt das Mural von Henry Billings 1939 wieder. Bereits drei Jahre zuvor hatte Charlie Chaplin dieses Evangelium entmythologisiert. Der Faszination, die von der Installation auf die Besucher offenbar ausging, tat das jedoch keinen Abbruch.

Die Weltausstellungen in den Vereinigten Staaten der dreißiger Jahre des vorigen Jahrhunderts waren Missionsveranstaltungen. Sie sollten den Menschen die Moderne schmackhaft machen, die Vorteile moderner Technik und Produktion in allen Köpfen verankern und den Glauben an den Kapitalismus inmitten einer seiner schwersten Krisen in Amerika erneuern. Insofern ging es um mehr als nur die für Weltausstellungen typische Förderung des Verkaufs. Robert Rydell hat die These vertreten, dass sie damit dazu beigetragen haben, die USA vor einem Zusammenbruch zu bewahren.[132] Die Medien solcher Mission waren weniger das Wort als vielmehr Bilder, visuelle Eindrücke und Vorführungen. Das Überbordende der äußeren Erscheinung der Gebäude, der Farben und der Lichter stand den Vorbildern der im engeren Sinne religiösen Mission, wie sie Sinclair Lewis für die 1920er

---

132 *Rydell*, Designing, S. 7. – Ders.: World, S. 11.

Jahre in »Elmar Gantry« literarisch nachgezeichnet hat, nicht nach. Aber auch inhaltlich und rituell nahmen die Missionsveranstaltungen auf die religiöse Tradition vielfältig Bezug. Mit der Begeisterung einer Erweckungsbewegung wurde in Chicago und New York der Glaube an die Möglichkeit einer neuen, modernen, besseren Welt gepredigt. Darin sichtbar wird eine Einwanderung der Repräsentation des Transzendenten aus der traditionell kirchlichen Religiosität in die technisch-industrielle Weltdeutung. Während Darstellungen der Technik das Transzendente direkt und konkret an die Technik anbinden, scheint die Theologie eher davon bestimmt zu sein, »ihre« Transzendenz von konkreten Weltbezügen zu abstrahieren. Diese Verlagerung erstens für die Darstellung der Technik und zweitens für die Theologie nachzuzeichnen, wird die Aufgabe der nächsten beiden Kapitel sein.

3. Technik-Transzendenzen – Religiöse Deutungen der Technik im Bild

Das folgende Kapitel soll den Transzendenzverweisen, mit denen Technik in den Jahren zwischen den Weltkriegen belegt wurde, systematisch nachgehen. Man kann dabei entweder von den einzelnen Techniken ausgehen oder anhand einer Systematik der Verweise vorgehen, die dann von einer bestimmten Idee des Transzendenten geleitet ist, wie sie in der Einleitung erläutert wurde. Im Folgenden werden beide Wege verbunden.

Ausgangspunkt sind jeweils konkrete Techniken, die in der damaligen Zeit diskutiert, dargestellt und darin mit Transzendenzverweisen versehen wurden. Ein solcher Zugang scheint mir aus zwei Gründen angezeigt zu sein: Zum einen folgt der Aufbau damit zumindest formal der Eigenlogik des Objekts, mit dem wir uns beschäftigen. Zum anderen wird erst in einem an der jeweiligen Technik orientierten Durchgang durch die Phänomene deutlich, dass Transzendenzverweise durchaus Anhalt am technischen Artefakt bzw. am Verfahren haben. Sie sind nicht beliebig. In symboltheoretische Begrifflichkeit gewendet: Sie haben Anteil an der Wirklichkeit, die sie repräsentieren (Paul Tillich).

Geordnet sind die Abschnitte jedoch entlang einer Systematik, die der Struktur eines sehr traditionellen Aufbaus bei der Behandlung des Transzendenten folgt. Damit verbindet sich selbstverständlich nicht etwa die These, dass die Transzendenzverweise für die Industrietechnik der Zwischenkriegszeit der Logik der altprotestantischen Orthodoxie folgen würden. Wohl aber wird, wenn man diese Struktur abschreitet, eines deutlich: Die Transzendenzverweise decken tatsächlich die meisten derjenigen Punkte ab, die Menschen im Abendland für ihren Weg zum Heil als bedeutsam erachtet haben. Transzendenzverweise vermitteln dabei zwischen einer vertrauten Vergangenheit, der technisch veränderten Gegenwart und der aus meist religiös gespeister Utopie und technischer Umsetzung zusammengesetzten

Zukunftserwartung. Technik wird dabei in der Zwischenkriegszeit nur selten, wie noch an der Wende zum 20. Jahrhundert, in der Werbung für Elektrizität als einfach göttlich dargestellt. Vielmehr wird sie als Mittler in Szene gesetzt. Sie kann Annäherungen schaffen. Zum Teil alte religiöse Versprechen aufgreifend, prophezeit sie, sich eines mühelosen Lebens zu nähern, ohne doch so naiv zu sein, es als vollständig erreichbar auszugeben. Automobile, Hochgeschwindigkeitszüge und Flugzeuge erhöhten die Mobilität in ungeahnter Weise. Der Gott Hermes bot sich dafür als Bild an. Niemand behauptete aber, dass Ford oder Boeing dem Menschen Ubiquität verliehen.

Jenseits konkreter Techniken gab es freilich eine Reihe von Transzendenzverweisen, die alle Repräsentationen unterlegten und auf die in der Darstellung einzelner Techniken zurückgegriffen wurde. Diese sollen zunächst erläutert werden.

Grundlagen

Wenn die Inanspruchnahme von Transzendenzvorstellungen in der Darstellung von Technik der Integration einer Technik (oder ihrer Protagonisten) in die Gesellschaft bzw. in die soziale Ordnung dient, dann muss diese Transzendenzausstattung sich in Übereinstimmung mit wesentlichen Grundelementen des gesellschaftlichen common sense befinden, sofern sie erfolgreich sein will. Dies gilt sowohl für die Befürwortung als auch für die Bestreitung des Einsatzes neuer Technologien. Das bezieht sich nicht notwendig auf alle Motive im Einzelnen, aber auf die Basis, auf der diese aufruhen. Für die Technik in den USA lassen sich drei Elemente nennen, die sich auf einen solchen Konsens beziehen und die in den verschiedensten Kontexten immer wieder begegnen: Fortschritt, Nation und das Licht der vernünftigen Offenbarung.

Fortschritt – Pilgerreisen und Geschichte

Dass die Technik im Bewusstsein der amerikanischen Kultur tief mit dem Fortschrittsgedanken verbunden ist, haben u. a. David Nye[1] und jüngst J. Adams Johns[2] hervorgehoben. Das Motiv des Fortschritts ist jedoch nicht nur Grundlage zahlreicher Darstellungen der Technik in den 1920er und 1930er Jahren, sondern selbst Thema der Darstellung. Dies zeigt, dass man sich zwar als allgemein anerkannte Ressource des Gemeinsinns auf ihn beziehen konnte. Gleichwohl musste die Technik stets erneut als Teil dieses allgemeinen Fortschritts ausgewiesen werden. Bereits nach dem Ersten Weltkrieg und mehr noch nachdem der Börsenkrach 1929 sich als Depression über die gesamte Wirtschaft und die Bevölkerung gelegt hatte, war es keineswegs mehr unumstritten, dass die Technik Garant eines Fortschrittes zum Besseren sei. Die Kopplung von Technik und Wirtschaft, die Technik immer wieder als bloßen Teil eines eigentlich ökonomischen Zusammenhangs erscheinen ließ, führte nun dazu, dass mit der Wirtschaft auch die Technik fragwürdig wurde. Der Historiker Charles Beard sah sich veranlasst, den technischen Fortschritt der Zeit gegen Gegner zu verteidigen, die in ihm eine Ideologie sähen.[3] Selbst Lewis Mumford, in den Dreißigern noch keineswegs der Technikskeptiker des »Mythos der Maschine«[4], beschrieb die Fortschrittsidee des 18. und 19. Jahrhunderts als eine eher selektive Wahrnehmung der Geschichte, der nie aufgefallen sei, dass die Straßen des 13. Jahrhunderts deutlich sauberer gewesen seien als die Gassen der Großstädte im 19. Jahrhundert.[5]

Charles Beards Fortschrittsbegriff, wie er ihn in einem 1933 herausgegebenen Sammelband entfaltete,[6] war unmittelbar an die Technik gebunden, verband damit aber zugleich eine Reihe ganz anderer Faktoren, die deutlich »weicheren« Charakters waren. So gehörten zu dem Fortschritt,

---

1   *Nye, David*: American Technological Sublime, Cambridge, Mass./London, England: MIT Press 1994, S. 32ff. Vgl. grundlegend: *Lasch, Christopher*: The True and Only Heaven. Progress and Its Critics, New York/London: W. W. Norton 1991.

2   *Johns, J. Adam*: The Assault on Progress. Technology and Time in American Literature, Tuscaloosa: University of Alabama Press 2008. Johns identifiziert jedoch zu schnell eine teleologische Ausrichtung des technischen Weltumgangs mit einer eschatologischen Perspektive.

3   *Beard, Charles A.*: Introduction, in: Bury, Progress, S. vii.

4   *Mumford, Lewis*: Mythos der Maschine. Kultur, Technik, Macht, Wien: Europa-Verlag 1974.

5   *Mumford, Lewis*: Technics and Civilization (1934), Chicago/London: University of Chicago Press 2010, S. 183.

6   *Beard, Charles A.*: The Idea of Progress, in: Ders. (Hg.): A Century of Progress, New York/London: Harper & Brothers 1933, S. 3–19.

den er verteidigen wollte, Optimismus und die Abwendung von starren religiösen Lebensorientierungen. Dazu diente ihm vor allem die Abgrenzung vom Mittelalter als der Epoche, die sich nur der Tradition verpflichtet gefühlt habe und durch die Orientierung am Dogma den Fortschritt per se blockiert habe. Demgegenüber sei der Anhänger des modernen Fortschritts optimistisch, zukunftsorientiert und empirisch gesinnt. Beards gesamte Argumentation wie auch die anderen Beiträge des Bandes zielten auf die Werbung für einen Fortschritt, der als technischer erneut im Bewusstsein der Leser verankert werden sollte. Die Kopplung von Fortschritt und Technik war keine neue Erfindung. Insbesondere die Eisenbahn hatte in zahlreichen Darstellungen des 19. Jahrhunderts als Fortschrittsmotor eine tragende Rolle gespielt.[7] Dennoch war die Stimmung der Zwischenkriegszeit in den USA keineswegs so ungebrochen technikeuphorisch, wie es aus deutscher Perspektive unterstellt werden könnte. Man kann das u. a. an den Jubiläumsausgaben einschlägiger Magazine der Zeit illustrieren. Stets waren sie geprägt von der Gegenüberstellung bzw. Abgrenzung von einer früheren Zeit. Das Jubiläum der Zeitschriften bot Gelegenheit, sich des Fortschritts zu vergewissern. Dabei waren sie nicht wie die Weltausstellung in Chicago am Fortschritt als Prozess orientiert, sondern an einer im Grunde traditionellen Gegenüberstellung des Alten und des Neuen. »Only by comparisons can the stupendous gains in human progress be measured«, schrieb das *World's Work* anlässlich seines dreißigjährigen Jubiläums 1930.[8] Auf dem Titelblatt wurden links und rechts eines Textblockes solche Vergleiche bildlich illustriert. Modernere Telefone, Automobile, Flugzeuge und Lampen waren für die Zeitschrift die Beispiele, an denen der Fortschritt sichtbar werden konnte. Ganz ähnlich sah es auch der *Engineering News Record*, der zu seinem 50. Geburtstag im Jahr 1924 noch das Radio zu den Errungenschaften hinzuzählte.[9] Dabei seien es weniger einzelne Erfindungen gewesen, die wie die Dampfmaschine im 19. Jahrhundert eine völlige Umwälzung mit

---

7   S. unten zu Eisenbahnen. Vgl. auch *Hills, Patricia*: Picturing Progress in the Era of Westward Expansion, in: *Truettner, William H.* (Hg.): The West as America. Reinterpreting Images of the Frontier, 1820–1920, Washington, D.C.: Smithsonian Institution Press 1991, S. 97–148, bes. S. 126–131. Zur Darstellung des Fortschritts in der Werbung der Zeit vgl. *Laird, Pamela Walker*: Advertising Progress. American Business and the Rise of Consumer Marketing (Studies in Industry and Society), Baltimore/London: Johns Hopkins University Press 1998.

8   World's Work 59 (1930), Nr. 11, Titel

9   *Anon.*: Form the Vantage Point of Fifty Years, in: Engineering News Record 92 (17. April. 1924), Nr. 16, S. 639 ff. Hier S. 639.

sich gebracht hätten. Die »omnipresence of machinery« habe vielmehr ein Größenwachstum befördert.[10]

Auch der *Scientific American* stellte in seiner Jubiläumsausgabe zum 75. Geburtstag des Magazins Techniken der Gegenwart den Verhältnissen gegenüber, wie sie 75 Jahre zuvor geherrscht hatten. Neben die bereits erwähnten Standards der Transportmittel traten hier noch die Telegrafie, die Schreibmaschine, die Nähmaschine, das Hochhaus und der Fahrstuhl.[11] Gemeinsam ist den ausgewählten Techniken, dass sie für jeden sichtbar die Welt bestimmten, wozu sie mehrheitlich aus der Perspektive der Nutzer dieser Techniken gezeigt wurden.[12]

Der Vergleich zweier Titelillustrationen des *Scientific American* aus den Jahren 1915 und 1920 scheint mir besonders aufschlussreich zu sein, um dieses Fortschrittsbild zu charakterisieren.

Das frühere Bild (→ Abb. 29) zeigt im Vordergrund zwei Herren des 19. Jahrhunderts, die auf eine Lokomotive mit der Jahreszahl 1845 blicken. Stolz präsentiert der eine der Männer durch seine Geste das Erreichte. Im Hintergrund sieht man einen breiten Fluss mit einem Dampfschiff. Das andere Ufer markiert den Horizont, über den der dunkle Rauch der Lokomotive zieht. Darüber, wo traditionellerweise die himmlischen Heerscharen versammelt sind, erhebt sich in zurückgenommener Farbintensität die etwas überhöht dargestellte Ansicht des Flusses in der Gegenwart des Jahres 1915. Moderne Eisenbahnen, große Passagierschiffe, und eine Wolkenkratzerstadt im Hintergrund signalisieren den Fortschritt. Was im Jahre 1845 nur als Vision am Himmel zu erahnen war, ist nun Wirklichkeit geworden.

Abb. 29: *Scientific American*, 1915

---

10   A. a. O., S. 640.
11   Scientific American 123 (2. Oktober 1920), Nr. 14, Innentitel.
12   Das Blatt meinte auch, dass Arbeiter heute die Maschine nicht mehr ablehnten, sondern im Gegenteil nur maschinengestützte Tätigkeiten annehmen würden.

Abb. 30: *Scientific American*, 1920

Ganz anders gestaltet der *Scientific American*, der nun im Untertitel »A Weekly Review of Progress in Industry, Science, Invention, Mechanics« heißt, sein Titelblatt fünf Jahre später zum 75. Geburtstag (→ Abb. 30). Das von Howard Brown (1878–1945), dem langjährig für die Cover verantwortlichen Künstler, gestaltete Titelblatt zeigt eine veränderte Welt aus einer veränderten Perspektive: Im Vordergrund steht ein durch Stock und Mütze als solcher ausgewiesener Pilger offenbar erschrocken vor der Realität der Gegenwart des Jahres 1920. Ein zerfetztes Hemd und das lange weiße Haar, das übergangslos den Bart umfasst, zeigen den langen, entbehrungsreichen Weg, den der Pilger zurückgelegt hat. Was den Mann erstaunt auf seinem Weg innehalten lässt, sind einige der Ikonen der Technik der 1920er Jahre: Am unteren Bildrand eine schwarze, große Lokomotive, darüber ein Stahlwerk mit Hochöfen und Schornsteinen. Wiederum eine Bildebene dahinter erhebt sich die Skyline New Yorks (noch im Beaux-Arts-Stil) über der im Himmel ein Zeppelin und ein Doppeldecker fliegen.

In beiden Bildern stehen die Betrachter der Szenerie, wie schon in den romantischen Landschaftsgemälden des 19. Jahrhunderts (bei C.D. Friedrich ebenso wie in der Hudson River School), stellvertretend für den Bildbetrachter, der in beiden Fällen Bewunderung zeigen soll. Die Zeit- und die Realitätsperspektive unterscheiden sich jedoch grundlegend. Während in dem Bild aus dem Jahr 1915 in klassischer Manier aus dem Vordergrund (d.i. die jeweils gegenwärtige Erzählperspektive) in die im Hintergrund im Dunst noch verschwommene Zukunft geblickt wird, wird 1920 diese Perspektive umgedreht. Scheinbar folgt das Bild dem gleichen Aufbau eines Betrachters im Vordergrund und der Vision im Hintergrund. 1920 ist der Hintergrund jedoch die Gegenwart und alles, was ihn scheinbar vernebelt, ist nicht der Dunst der Geschichte, sondern der Rauch der Schlote. Die Zukunft ist heute. Der Betrachter aber stammt aus der Vergangenheit, die sich in der Realität nicht mehr wiederfindet. Die veränderte Zeitperspektive zeigt sich darüber hinaus in der unterschiedlichen Dynamik und dem Richtungssinn der Bilder. Obwohl die Lokomotive von 1845 Rauch ausstößt, scheint sie stillzustehen. Die gegenläufigen Diagonalen im Bild – Rauch, Eisenbahngleise im Hintergrund, Schiffskörper – lenken den Blick in die Tiefe, aber lassen keine Bewegung im Bild erkennen. Ganz anders verfährt H. Brown 1920. Alles im Bild strebt nach rechts. Selbst die Doppeldecker sind in der Diagonale von links unten nach rechts oben ausgerichtet, so dass sie die Richtung des Zeppelins nicht stören. Der Rauch der Schornsteine weht nach rechts und der Pilger, der ebenfalls nach rechts zu gehen scheint, wird mit der Lokomotive, deren Farbe er teilt, nicht Schritt halten können. Ihre Geschwindigkeit lässt den Rauch zur horizontalen Linie werden.

Ich habe die Bilder deshalb so ausführlich beschrieben, weil sie exemplarisch die Transzendenzdimension und die Transzendenzverschiebungen illustrieren, die den hier behandelten Zeitraum charakterisieren. Bereits die Tatsache, dass der technische Fortschritt 1920 als Gegenstand einer Pilgerbeobachtung geschildert wird, zeichnet ihn gegenüber der Situation von 1915 aus. Nicht, dass das Bild von 1915 mit der himmlischen Welt weniger Transzendenz bereithalten würde, aber es ist eine gleichsam »selbstverständliche« Transzendenz. Der Ingenieur im Vordergrund zeigt zwar vordergründig auf den Zug des Jahres 1845, aber dem Betrachter kann es dennoch erscheinen, als würde seine Hand übergangslos auch die Stadt im Himmel aus sich entlassen. Das Bild von 1920 lebt dagegen von der Differenz. Eine explizit religiöse Ebene (der Pilger) wird der eigentlich profanen Gegenwart des Stahlwerks und der Stadt gegenübergestellt und macht sie erst dadurch zum Gegenstand religiöser Anschauung. Das Erreichte muss als solcherart heilig erst erkannt werden. »The materialized dream of seventy-five years of progress«, so die Bildunterschrift, transportiert eine Verunsicherung, die der religiösen Einbettung bedarf.

Die Doppelrichtung von impliziter Infragestellung und Transzendenzzuschreibung im technischen Fortschritt wird auch deutlich in dem schon erwähnten Jubiläumsheft der Zeitschrift *World's Work*. Der Journalist Mark Sullivan schrieb dort den Hauptartikel »Thirty Years of Progress«.[13] Was früher Gegenstand von Märchen wie 1001 Nacht gewesen ist, sei heute Wirklichkeit. Den Gipfel solcher Veränderung sah Sullivan im Fliegen. »That man should fly was as inconceivable as that water should run uphill. The

---

13   *Sullivan, Mark*: »Thirty years of progress«, in: World's Work 59 (1930), Nr. 11, S. 41–48.

apotheosis of impossibility«, »[t]he nonexistence of human flight was in the same category of faith as the existence of God.«[14] Sullivan zählte noch weitere der üblichen Neuerungen auf, ergänzte jedoch, dass all diese materiellen Fortschritte des Menschen ihn auch im immateriellen Sinne bereichert hätten. Gleichwohl distanziert sich Sullivan im nächsten Absatz von der Überschrift seines Artikels, den der Herausgeber zu verantworten habe. Zwar würde dem Fortschritt in Amerika allergrößte Verehrung gezollt, aber qualitatives Wachstum bringe er durchaus nicht immer. Viel mehr Dinge als früher seien »verboten«;[15] das Automobil zwinge zu neuen Reglementierungen und die neue Kommunikationstechnik löse nicht alle Probleme: »Magnifying the distance does not magnify the value of the message.«[16]

Nicht immer wird der Fortschritt als Gegensatz inszeniert. Er kann auch als positive Anknüpfung an die Geschichte gelesen werden, die dann freilich bisweilen wiederum in Abgrenzung von der Geschichte der anderen gedacht wird. Darauf beruhen Anspielungen an die Pilgrim Fathers oder die Gründerväter, sowie zahlreiche Anknüpfungen an die Native Americans. Die Werbung der Youngstown Sheet and Tube Company, »Without Steel We'd Have To Give America Back To The Indians«[17], ist dafür ebenso ein Beispiel wie Darstellungen der Eroberung des Westens als Paradigma des Transzendierens von Raum und Zeit durch die moderne Technik. Dabei begegnet in den 1930er Jahren auffallend häufig die Figur der heiligen Familie auf der Wanderschaft.

Ward Lockwood (1894–1963) zeigt in einem Mural, das sich im Gebäude der heutigen amerikanischen Umweltbehörde befindet,[18] eine Madonna mit Kind zwischen Soldaten, Indianern und Arbeitern (→ Abb. 31). Statt vor einer italienischen Landschaft der Renaissance spielt die sacra conversazione vor dem Hintergrund eines Zuges, dem obligaten Symbol der Eroberung des Raums.[19] Die Anlehnung an das klassische Bildmotiv macht alle Figuren zu Heiligen. Der Zweig in der Hand des Kindes symbolisiert einen nationalen Frieden, den es faktisch nicht gab. Noch stärker an den technischen Realitäten der damaligen Gegenwart orientiert ist ein Mural von Edgar

---

14   A.a.O., S.43.
15   A.a.O., S.45.
16   A.a.O., S.46.
17   *Iron Age* 143 (11. Mai. 1939), o.S.
18   Dazu: U.S. General Services Administration: Murals at Ariel Rios Federal Building, 1935–2006. (http://www.gsa.gov/graphics/pbs/Ariel_Rios_Brochure_Final2.pdf)(2.4.2013)
19   Vorbilder sind etwa Gemälde wie die Sacra Conversazione von Vittore Carpaccio (Musée du Petit Palais, Avignon). Ich danke Bruno Klein für diesen Hinweis.

Abb. 31: Ward Lockwood, Consolidation of the West, 1937, Mural

Britton (1901–1982) im Speisesaal einer Chicagoer High School (→ Abb. 32).
Vor einem Staudamm, Symbol der Urbarmachung des Landes, sieht man
eine Familie. Im Hintergrund der verödeten Landschaft erscheinen Hochöfen, eine Kirche und eine Stadt mit gezonten Hochhäusern. In der Figur der
heiligen Familie (auf Wanderschaft) nehmen beide Künstler das Motiv der
Flucht nach Ägypten auf. Bei Britton fungiert es als Schlussszene einer Reihe
von sechs Bildern, die die Menschheitsgeschichte von der Urzeit bis in die
unmittelbare Gegenwart der 1930er Jahre zeigen. Für viele Menschen insbesondere des mittleren Westens
war die Situation der Flucht
durch die anhaltende Dürre
und die Depression der dreißiger Jahre Realität geworden.
Appelliert Lockwood an den
Pioniergeist, so will Britton
die Schüler einer technischen
High-School an ihre Verantwortung erinnern, den Fortschritt der Menschheit über
die Dürre hinweg im Auge zu
behalten.

Durch die Einbettung in
die Fortschrittsidee wurde

Abb. 32: Edgar Britton: Our Day (Epochs in the
History of Mankind), 1936–1937, Mural

die Technik als die eigene Zeit grundsätzlich transzendierend vorgestellt, weil die Technik sowohl in ihren einzelnen Errungenschaften als auch als Ganze Teil hat an dem unaufhaltsamen Strom der Geschichte, der in der Fortschrittsvorstellung einen klaren Richtungssinn aufweist. So wie der christlichen Schöpfungslehre ist der aufklärerischen Fortschrittsidee dabei der positive Sinn eingeschrieben. Technik wird zum Motor, Garanten und Erfüllungsort des Weges zum Besseren.

America Today – Thomas Hart Benton und der Weg in die Moderne

Man kann »Fortschritt« als einen gesellschaftlich anerkannten und geteilten Wert betrachten und dennoch vor der Notwendigkeit stehen, die Menschen in der Gesellschaft an die jeweils neuen Bedingungen heranzuführen. Kunst und Religion können dabei entweder das Neue in den Mittelpunkt rücken, das Alte imaginär oder tatsächlich bewahren oder beides zu vermitteln versuchen. In der Kunst der Zwischenkriegszeit in den USA stehen für diese Möglichkeiten bestimmte Richtungen. Während der sogenannte Precisionism (Charles Sheeler, Charles Demuth u. a.) in Form und Inhalt die neue Welt der Industrie ins Bild setzt, gilt der Regionalism (John Steuart Curry, Grant Wood u. a.) als konservativ an der ländlichen Kultur des Mittleren Westens festhaltend. Zu den Regionalisten wird auch Thomas Hart Benton (1889–1975) gerechnet, obwohl er in vielen Werken gerade keine ländlichen Idyllen präsentiert.

In einem Zyklus von Wandgemälden, die Benton 1930–31 für das neue Gebäude der New School for Social Research anfertigte, erzählt und deutet Benton vielmehr gerade den Weg der Vereinigten Staaten aus einem Agrarland in eine technische, von der Großstadt dominierte Gesellschaft. Benton verstand seine Kunst dezidiert als öffentliche Kunst, die den Menschen verständlich sein sollte. Daher bietet sie sich an dieser Stelle als Beispiel dafür an, wie das Thema des technischen Fortschrittes jenseits von Magazinen in einer sozial engagierten Kunst für eine Einrichtung der Erwachsenenbildung behandelt werden konnte.

Der Zyklus »America Today« wurde für einen Konferenzraum geschaffen, dessen Wände er fast vollständig ausfüllte.[20] Betrat man den Raum, blickte

---

20   1984 wurden die Bilder (Tempera auf Leinwand) aus dem Gebäude entfernt und bis 2012 in der AXA Gallery ausgestellt. Im Herbst 2012 wurde der Zyklus dem Metropolitan Museum of Art geschenkt, das ihn z. Zt. nicht zeigt. Auf der Website des Museums findet man jedoch Abbildungen und eine virtuelle Rekonstruktion des ursprünglichen Raums in der New School. Vgl. http://www.youtube.com/watch?v=1rnLfX_mSUI (21. 7. 2013).

man zunächst auf die »Instruments of Power«, die neben einem Flugzeug und einer Lokomotive, u. a. einen Verbrennungsmotor und einen Strommast zeigen. Damit fasste Benton sowohl die Energiequellen als auch ihre Nutzung in der Verkehrstechnik als alltagsgegenwärtige Umsetzung der Kraft zusammen.

Die linke und die rechte Wand des Raumes wurden von je drei Bildern bedeckt, die gegen den Uhrzeigersinn die Entwicklung des Landes vom »Deep South« mit Baumwollpflückern und Sklavenarbeit bis zum »City Building« mit Hafenanlagen und Wolkenkratzern darstellten. Anhand der Tafeln »Midwest« und »Changing West« (→ Farbtafel 12 und 13) lassen sich Bildaufbau und Intention exemplarisch verdeutlichen.[21] Die rechte Bildhälfte von »Midwest« wird von einer Szene bestimmt, die Holzfäller bei der Arbeit zeigt. Hier beginnt nicht nur die Urbarmachung des Landes, sondern es wird auch ein wichtiger Rohstoff gewonnen. Gleich in dieser Bildhälfte wird mit dem unmittelbaren Nebeneinander von Pferdefuhrwerk und Eisenbahn die Differenz zwischen traditioneller und industrieller Technik markiert. Die Eisenbahn zieht sich dabei, wie Henry Adams bemerkt hat, als Symbol durch alle Gemälde des Zyklus.[22] Am Übergang zur linken Bildhälfte sieht man einen einzelnen Farmer Mais ernten. Über ihm entfaltet sich dann jedoch ein Panorama industrieller Agrarproduktion. Fords »Model T«, ein Mähdrescher und ein Getreidesilo zeigen die technische Entwicklung. In der Mitte wird das Bild durch eine Leiste geteilt, die mitten im Bild aufhört. Benton hat dieses Gliederungsprinzip als an Grafiken des 19. Jahrhunderts angelehnt bezeichnet.[23] Freilich macht Benton daraus eine inhaltliche Aussage. Die schon im Mittelalter geübte Praxis, mehrere Szenen in ein Bild zu fassen, entwickelt Benton zu einem zeitlichen Beziehungsgeflecht. Während die Bilderzählung an den Stellen des Bildes ohne trennende Leiste übergangslos weiterläuft, trennt die Leiste scharf verschiedene Szenen, die keine Vermittlung zu erlauben scheinen. Dies wird durch einen Perspektivwechsel noch verstärkt, der in diesem Fall die Holzfäller in Aufsicht von dem Getreidespeicher in steiler Untersicht trennt. Hinzu kommt noch der Hell-Dunkel-Kontrast in den Böden. Benton gelingt es damit, zugleich Kontinuität und

---

21 Ausführliche Darstellungen und Interpretationen des Zyklus bei: *Braun, Emily/Branchick, Thomas:* Thomas Hart Benton. The America Today Murals, New York: The Equitable 1985; *Doss, Erika:* Benton, S. 67–88; *Adams,* Thomas Hart Benton, S. 156–175.
22 *Adams,* Thomas Hart Benton, S. 161.
23 Vor allem den Illustrationen von Thomas Nast in Harper's Weekly. Vgl. *Braun,* Thomas Hart Benton, S. 19.

Brüche in der Zeitwahrnehmung aufzugreifen, ohne das eine gegen das andere auszuspielen. Dieses Prinzip setzt sich in den anderen Bildern des Zyklus fort und wird auch am Übergang zwischen den einzelnen Tafeln angewendet. In der unteren Hälfte von »Midwest« und »Changing West« sieht man eine Platte, die sich wie eine Tür nach links öffnet. Von dort schiebt sich eine Maschine in die geöffnete Pforte. Damit wird ein Übergang geschaffen, in die ansonsten so ganz anders gestaltete Welt der nächsten Tafel. Nicht zufällig dürfte am Fuße der Tür, auf der Schwelle, eine Schlange lauern. Die Welt des »Changing West« ist eine vom Öl dominierte Welt. Fördertürme, eine Rauchsäule, die Andeutung einer Stadt im Niemandsland machen die Landschaft zu einer ebenso boomenden wie zerstörten Umgebung. Wieder grenzt eine Leiste Szenen ab, diesmal in horizontaler Linie. In vertikaler Richtung übernimmt eine dicke Rauchsäule eine ähnliche Funktion.[24] Und auch hier werden Kontinuitäten und Brüche thematisiert. In der rechten oberen Ecke sieht man einen Cowboy auf seinem Pferd. Aber diese Welt ist verloren und so findet sich der Cowboy dort, wo traditionellerweise das Himmelsregister seinen Ort hat. Aber als ob Benton sich solche Träumereien sogleich wieder verbieten wolle, findet man links von der Rauchsäule die tatsächlichen Bewohner des »richtigen« Himmels mit ihrem Lärm, der die Stille der weiten Landschaft vergessen lässt.

Benton zeigt die Wandlungen der Welt, ohne sie zu feiern oder zu beklagen. Als Ursache dieser Wandlungen wird die Technik ausgemacht, zu der Benton eine »aesthetic of historical progress«[25] suchte. »His understanding of modernism centered on its capacity to reconcile, through energetic and open-ended forms«.[26] Benton führt die Betrachter in die Moderne, indem er Übergänge schafft, ohne Brüche zu verdecken. Wie Emily Brown, Erika Doss und Karal-Ann Marling herausgearbeitet haben, war Benton vom »Progressive Liberalism« seiner politisch tätigen Vorfahren geprägt. Benton glaubte an die integrierende Kraft der Technik. Dies wird besonders deutlich, wenn man sich die letzte Tafel der Reihe »City Building« ansieht (→ Farbtafel 14). Wieder wird durch die Kombination von Aufsicht und starker Untersicht eine zeitliche Differenz markiert, hier zwischen dem Prozess des Bauens links und den fertigen Produkten (Wolkenkratzern und Schiffen) rechts und im Hintergrund. Indem Benton einen African-American am linken

---

24   Vgl. *Marling, Karal Ann*: Thomas Hart Benton's Boomtown: Regionalism Redefined, in: Prospects 6 (1981), S. 73–137. Hier S. 84 f.
25   *Marling*, a. a. O., S. 89.
26   *Doss, Erika*: New Deal Politics, S. 358.

Bildrand dominant platziert, nimmt er nicht nur die erste Tafel auf der gegenüberliegenden Seite des Raumes auf, wo im »Deep South« ebenfalls ein African-American zu sehen ist. Vielmehr wird in einer 1930 durchaus unüblichen Weise die Integration der Bevölkerung beschworen. Entgegen einer konservativen Selbststilisierung in späteren Jahren und dem Eindruck, den ein heftiger Streit mit dem linksgerichteten Stuart Davis hinterließ, lässt sich Bentons Kunst der 1930er Jahre nicht einfach als sentimentale Heimatmalerei verstehen.[27] Vielmehr stellt sie den Versuch einer Deutung der Moderne dar, die durch die formale Gestaltung der Brüche und Perspektivenwechsel eine Transzendierung durch einen historischen Tiefenblick erzeugt. Genau damit übernimmt Benton eine Aufgabe, deren Bearbeitung man sich auch von der Theologie hätte wünschen können.[28]

Technik als Erbauer der Nation – Fundamentalartikel

Technikwahrnehmung vollzieht sich nicht isoliert, sondern sie steht im engen Zusammenhang mit der jeweiligen Position zum Gemeinwesen. »Who Serves Progress Serves America!« verkündete eine doppelseitige Anzeige von General Motors in der *Saturday Evening Post* 1934.[29] Ein Bild der Nordhälfte eines Globus zeigte das Gebiet der USA mit den wichtigsten Eisenbahnlinien von Chicago an die Westküste. Daneben sah man die Photographie einer modernen Diesellokomotive von General Motors. Fortschritt erscheint hier als das Bindeglied zwischen der Nation und der Technik. Denn wer fortschrittliche Technik entwickelt, der tut etwas für Amerika – so wie die Dieselloks von General Motors.

Anders als in Deutschland ist die moderne Technik in den USA sehr früh zu einem Teil des nationalen Bewusstseins geworden.[30] Technik und Nation

---

27   Zur Differenz zwischen dem Image Bentons und seinen Bildern vgl. auch *Marling*, a. a. O., S. 91. Während Lloyd Goodrich, späterer Direktor des Whitney Museum of American Art, die Bilder 1931 wegen ihrer Vitalität und ihres Realismus lobte, urteilte Milton Brown 1955, dass Bentons Ruhm in keinem Verhältnis zu seiner Qualität als Künstler stünde. *Goodrich, Lloyd*: The Murals of the New School, in: The Arts 17 (1931), S. 398–403.442.444; *Brown, Milton W.*: American Painting from the Armory Show to the Depression, Princeton: Princeton University Press 1955, S. 192.

28   Immerhin druckte The Homiletic Review 1932 die Tafel »Steel« aus dem Zyklus zu einem Gebet »A Toiler's Prayer« ab. Vgl. The Homiletic Review 104 (1932), Nr. 3, S. 174.

29   Saturday Evening Post (24. Juli 1934), o. S.

30   John Kasson hat die Verbindung von Technik und Nation in den USA des 18. und 19. Jahrhunderts nachgezeichnet. *Kasson, John F.*: Civilizing the Machine. Technology and Republican Values in America, 1776–1900, (1976), New York: Hill and Wang 1999.

Abb. 33: *Scientific American*, 1916

erscheinen dabei als wechselseitig aufeinander bezogen. Technik trägt zur Bildung und zum Erfolg der Nation bei. Umgekehrt beflügelt die Nation die Technik. So ließ der *Scientific American* einen Arbeiter in einer Epiphanie die Heilige Stadt hinter der Silhouette der Freiheitsstatue schauen (→ **Abb. 33**).[31]

Dass die Technikwahrnehmung in den USA in viel stärkerem Umfang als in Deutschland an die Identifikation von Technik und nationalem Wohlbefinden gekoppelt ist, ist vielen Beobachtern aufgefallen. In seinem Buch »The American Leviathan. The Republic in the Machine Age«, einer Analyse des politischen Apparats der Vereinigten Staaten, wählte Charles Beard die Technik als Fokus und fragte nach den Bedingungen, unter denen politisches Handeln im Zeitalter einer umfassenden Technisierung stünden. »The social environment of that Government has been revolutionized by steam, electricity, machinery, and science.«[32] Technik, so wollte Beard zeigen, vermehrt gerade durch die Probleme, die sie schafft, die Notwendigkeit demokratischer Strukturen.

Erscheint die Freiheitsstatue bei Gerrit Beneker noch gleichsam visionär als Bote einer transzendenten Welt, so erhebt Reginald Marsh (1898–1954) sie zwanzig Jahre später zur realen Schutzgöttin der Nation (→ **Abb. 34**). In einem Feld der Deckenfresken im Alexander Hamilton U.S. Custom House in New York[33] sieht man eine der wenigen Rückendarstellungen der Freiheitsstatue.

---

31   *Scientific American* (4. März 1916), Titel. Das Blatt stammt von dem Industriemaler Gerrit Beneker. Vgl. *Gerrit A. Beneker (1862–1934). Painter of American Industry*, Vose Galleries, Boston o.J. Eine literarische Quelle für diese Verbindung stellt auch die Technikgeschichte von Roger Burlingame dar, der diese 1938 dezidiert als Geschichte der USA schreibt. Vgl. *Burlingame, Roger*: March of the Iron Man. A Social History of Union Through Invention, New York: Grosset & Dunlap 1938.

32   *Beard, Charles A./Beard, William*: The American Leviathan. The Republic in the Machine Age, New York: Macmillan 1931, S. 4.

33   Das Gebäude am Battery Park beherbergt heute das National Museum of the American Indian. Marsh fertigte die Ausmalung der Rotunde im Gebäude im Auftrag der WPA 1937 an.

Abb. 34: Reginald Marsh: The Harbour, The Skyline and the Statue of Liberty, 1937

Den Arm mit der Fackel segnend über den Hafen und die Skyline von New York haltend, werden sowohl der einlaufende Passagierdampfer (die »Washington«) – neben Auto, Eisenbahn und Flugzeug das vierte Transportmittel, das der Zeit als fortschrittliches Verkehrsmittel galt – als auch die moderne Großstadt unter den Segen der Nation gestellt.

Nicht weniger eng wird die Beziehung zwischen der Nation und der Technik am 1936 fertiggestellten Boulder Dam in Colorado in Szene gesetzt.[34] Eine Gedenktafel für die beim Bau gestorbenen Arbeiter wird flankiert von zwei »Figures of the Republic«, zwei muskulösen Menschengestalten, deren Arme mit Flügeln versehen sind. Laut Auskunft des Künstlers, Oskar Hansen (1892–1971), sollen diese Flügel den Gestalten die Kraft des Adlers verleihen.[35] Die Anspielung auf das Wappentier der USA »heiligt« zugleich den Tod der Arbeiter als Opfer für die Nation und den Damm als nationales Projekt.[36]

---

34   Zu Staudämmen und ihren Transzendenzbezügen siehe unten.

35   Vgl. http://www.usbr.gov/lc/hooverdam/History/essays/artwork.html (26.3.2013). (Dort auch eine Abbildung).

36   Als Projekte der Bundesregierung waren die großen Staudammprojekte der 30er Jahre aus politischen und wirtschaftlichen Gründen nicht unumstritten. Vgl. *Hiltzik, Michael*: Colossus. Hoover Dam and the Making of the American Century, New York: Free Press 2010.

Die Kopplung von Technik und Nation begegnet selbst in ironischer Brechung noch, wie in einem Gemälde von Charles Demuth (1883–1935) deutlich wird (→ Farbtafel 15):[37] Das Bild zeigt die Ecke eines Fabrikgebäudes in leichter Untersicht. Auf dem Dach wird ein Wassertank sichtbar, im Hintergrund ein Schornstein. Im Vordergrund sieht man einen Betonmast und eine Ampel. In der Farbwahl bildet Demuth die Farben des Sternenbanners nach. Unten ist das Gebäude rosa, in der Mitte weiß, im oberen Teil dann rot-braun. Überwölbt wird es von einem strahlendblauen Himmel. Demuth gab dem Bild den Titel » ... And the Home of the Brave«.[38] Es handelt sich dabei um die Schlusszeile des Liedes, das 1931 zur amerikanischen Nationalhymne erklärt wurde. Demuth gab seinen Bildern aus Lancaster, Pennsylvania, verschiedentlich symbolische Titel.[39] Am berühmtesten ist »My Egypt« (1927)[40], das einen Getreidespeicher durch den Titel des Bildes in Bezug zu antiken Tempeln setzt.

Im Fall des hier zur Diskussion stehenden Bildes gibt der Titel dem Bild eine doppeldeutige Botschaft. Auf der einen Seite sieht man gerade das Sternenbanner nicht, und das »Land der Tapferen« wird wenig heroisch als Straßenecke mit Fabrik vorgestellt. Auf der anderen Seite wird die Fabrik als der Ort der Tapferkeit geadelt bzw. geheiligt. Im Blick auf die heroische Geschichte wird die Fabrik zum eigentlichen Ort der Transzendenz, der als symbolischer Ort Technik und Nation als Lebensordnung verkörpert.[41]

Dass umgekehrt die Industrie durchaus ein dieser Kopplung entsprechendes Selbstverständnis hatte, lässt sich an einer Grußadresse ablesen, die die Stahlzeitschrift *The Iron Age* an Präsident Franklin D. Roosevelt zur Wahl 1933 auf ihrer Titelseite sandte:

»Our industry salutes you, president Franklin D. Roosevelt. ... May you go forward boldly and unafraid, answerable only to God and your Country

---

37   Zu Charles Demuth einführend: *Haskell, Barbara*: Charles Demuth. (Whitney Museum of American Art 1987), New York: Harry N. Abrams 1987.

38   Charles Demuth: »... And the Home of the Brave« (1931), Art Institute of Chicago, Chicago, Ill.

39   David Gebhard weist darauf hin, dass Demuth von einem Hang zum Verbergen geprägt war. *Gebhard, David/Plous, Phyllis*: Charles Demuth. The Mechanical Encrusted in the Living. An Exhibition organized by David Gedhard [sic] and Phyllis Plous, Santa Barbara: University of California 1971, S. 11.

40   Whitney Museum of American Art, New York.

41   Wenn man die Lebensgeschichte Demuths stärker zur Interpretation heranzieht und die Bilder aus Lancaster vor dem Hintergrund seines durch seine Diabetes erzwungenen Aufenthaltes in seinem Elternhaus liest (vgl. *Haskell*, Demuth, S.195), könnte man das Bild als eine Darstellung des Ortes des der Krankheit tapfer Widerstehenden deuten. Auch dann bleibt die Fabrik gleichwohl der symbolische Ort, der Technik, Nation und Individuum verbindet.

(sic), aided by prayers and the support of a united people. And may you lead us back to the narrow road of humbleness, probity and hope, which alone will lead us to moral and material progress.«[42]

Neben der zeitlichen Dimension sorgte die Verbindung zum Gedanken der Nation für die Einbettung der Technik in den je gegenwärtigen Lebenszusammenhang. Gleichzeitig werden in der Vorstellung der Nation sowohl der Einzelne als auch die verschiedenen am technischen Prozess Beteiligten in der größeren Einheit transzendiert. Damit wird der Gemeinsinn der Akteure aufgerufen. Zahlreiche Industriefilme der 30er Jahre transportierten diesen Gedanken in der Darstellung etwa der Stahl- oder Autoindustrie und deren Beschäftigten (s. unten).[43]

Das, so könnte man einwenden, gilt in gleicher Weise auch für die europäischen Kulturen, und insbesondere für Deutschland in der ersten Hälfte des 20. Jahrhunderts. Allerdings ist der amerikanische Nationalgedanke nicht an die europäischen Vorstellungen einer Volkseinheit gebunden, sondern versteht sich als eine Einheit der Idee bzw. der Werte, wobei die Freiheit im Zentrum steht. Daher eignet sich die Freiheitsstatue so gut für eine Repräsentation dieses Nationalgedankens. Während in den USA Technikdarstellungen im 20. Jahrhundert daher offensiv mit der Bedeutung der Technik für die Nation werben konnten, rekurrierten Technikdarstellungen in Deutschland vor 1933 weit weniger auf diesen Aspekt. In den 30er Jahren geht die tatsächlich auch hier beherrschende Industrialisierung dann mit einer Ideologie des traditionell Agrarischen einher. Demgegenüber zeigen insbesondere die Wandmalereien, mit denen in den dreißiger Jahren Postämter und andere öffentliche Gebäude der USA im Rahmen des »Federal Art Projects« ausgestattet wurden (s. das Beispiel von W. Lockwood oben), dass die Verbindung zwischen Technik und Agrarkultur und Nation wesentlicher Bestandteil der Bemühungen um eine Integration der Technik in die Gesellschaft waren.[44]

---

42   To Our New President, in: The Iron Age 131 (9. März 1933), Titel.
43   Z. B. »Steel – A Symphony« (1936); From Dawn to Sunset (1937) [Prelinger Archives].
44   Zu den Murals in US-amerikanischen Postämtern grundlegend: *Marling, Karal Ann*: Wall-to-Wall America. A Cultural History of Post-Office Murals in the Great Depression, Minneapolis: University of Minnesota Press 1982 (Neuausgabe 2000).

Licht – Offenbarungstechnik

Zusätzlich zu den behandelten Motiven der Transzendenzzuschreibung, die als nicht-religiöse Transzendenz gedacht werden können,[45] existierte ein weiteres Transzendenzmotiv, das unabhängig von bestimmten Techniken einsetzbar war: das Licht. Im Zusammenhang mit den Weltausstellungen war bereits von der Lichtdramaturgie die Rede, die den Zuschauern die Ausstellung und ihre Objekte insbesondere nachts zum Erhabenen werden lassen sollten (siehe oben Kap. 2).

Zahlreiche Industriedarstellungen wurden durch den Einfall des Lichts als Gegenstände entweder göttlicher Offenbarung oder doch zumindest göttlichen Wohlgefallens ausgewiesen. Die Werkshalle einer Reifenfabrik wird durch die einfallenden Sonnenstrahlen in ein mystisches Licht getaucht (→ Abb. 35). Eine Werbung der Firma Goodrich lässt ihren Reifen angelehnt an Bildkonventionen frommer Traktate in einem Lichtkegel vom Himmel rollen (→ Abb. 36).

Abb. 35: Anzeige, 1930er Jahre   Abb. 36: Anzeige für Goodrich Silvertown Tires (Jose Arentz)

---

45   Obwohl sie z. T. wie in der Vision der Freiheitsstatute auf dem Titelbild des Scientific American mit religiösen Anspielungen einhergeht.

Roland Marchand hat in seinem Klassiker zur Werbung der Zwischenkriegszeit darauf hingewiesen, dass Lichteinfall nicht notwendig eine Transzendierung signalisieren soll, sondern schlicht, wie ein Scheinwerfer, die
Aufmerksamkeit lenken soll.[46] Betrachtet man eine Werbung wie diejenige der Firma Goodrich, dann trifft das sicher zu, obwohl auch diesem Bild
zahlreiche Transzendenzanspielungen innewohnen: Hoch über Metropolis
»thront« der Reifen, der sogar ein Flugzeug unter sich lässt. Das Licht von
oben kann nur ein Himmlisches sein. Das Motiv entstammt Bildern von
betenden Heiligen, der Verkündigung oder der Taufe Jesu. Es geht nicht
nur um Aufmerksamkeit. Vielmehr leben solche Bilder von der impliziten
Übertragung des Gedankens »Dies ist mein lieber Sohn« (Mt 3,17) auf ihren
Gegenstand. Die Ikonographie des Lichteinfalls in den Technikdarstellungen der Zwischenkriegszeit verweist stereotyp auf einen Offenbarungscode.

Dabei muss das Licht gar nicht unbedingt »senkrecht von oben« ein-
fallen. Die Firma Republic Steel warb in einer Kampagne u. a. mit einem Bild,
das eine Halle mit Siemens-Martin-Öfen und Arbeitern zeigte (→ Farbtafel 16).
Der Lichtstrahl aus dem Ofen ist dabei so beeindruckend, dass sogar die
Arbeiter in Ehrfurcht zu verharren scheinen. Das entspricht zwar nicht der
Realität des Arbeitsprozesses in der Stahlindustrie, dient aber, indem die
Arbeiter stellvertretend für den Betrachter die von ihm erwartete Emo-
tion zum Ausdruck bringen, der intendierten Aufladung des Prozesses mit
einer Transzendenz, als wäre der heiße Stahl nicht von dieser Welt. Das
Bild nimmt dazu die Tradition des Hirtenbildes auf, in dem die Hirten vor
dem Verkündigungsengel zunächst zurückschrecken, bevor der Engel sein
»Fürchtet euch nicht« mit der Ankündigung der Geburt des Heils verbindet.

Wie derselbe Prozess auch deutlich nüchterner dargestellt werden kann,
zeigt ein Gemälde von Fritz Jacobsen aus dem Jahr 1928 (→ Farbtafel 17). In
einer nahezu einheitlichen Farbigkeit, die den Lichtkontrast zwischen dem
heißen Stahl und der Umgebung deutlich zurücknimmt, wird dem Vorgang weder Emotionalität noch Transzendenz beigelegt. Zu diesem »Realismus« tragen auch die maßstabsgetreu als kleine Figuren eingefügten
Menschengestalten bei. Hinzu kommt eine für die Industriedarstellung
in Deutschland typische Perspektive: Bilder nehmen vorzugsweise den
Gesamtprozess in einer Totalen in den Blick anstelle einer dramatisieren-
den Halbtotalen oder gar Nahsicht. Dadurch wird der dokumentarische

---

46   *Marchand Roland*: Advertising the Amercian Dream. Making Way for Modernity, 1920–
     1940, Berkeley/Los Angeles/London: University of California Press 1985, S. 279.

Charakter des Bildes betont. Dieser Grundzug ist bei einem Gemälde wie dem von Fritz Jacobsen, das für das Deutsche Museum in München gemalt wurde, aus seiner Funktion heraus einsichtig. Aber er prägt darüber hinaus auch weite Teile anderweitiger Bildproduktion[47] sowie die Technikdarstellung in deutschen Zeitschriften der Zeit.[48] Darüber hinaus werden selbst Publikationen wie Franz Kollmanns »Schönheit der Technik« von Aufnahmen geprägt, die jede Betonung ästhetischer Transzendierung vermissen lassen.[49]

Dass Technik in den USA in der Zwischenkriegszeit dagegen durch Lichtstrahlen in den Bereich des Sakralen gerückt wurde, ist auch vor dem Hintergrund der Erleuchtung der Welt durch die Elektrizität zu sehen.[50] In den 1930ern war Amerika noch sehr ungleichmäßig elektrifiziert. So betrug die Zahl der Haushalte mit Stromanschluss auf dem Land im Mittleren Westen nur etwa 10 %. General Electric zeigte dazu passend ein junges Farmerehepaar in seiner Haustür stehend, während draußen eine Stromleitung gebaut wurde (→ Abb. 37). Als ob der bald verfügbare elektrische Strom die Welt als Ganze erhellen würde, legten die Lichtverhältnisse allerdings eher die Ankunft von Außerirdischen nahe.[51] Das Überbordende des Lichts schafft eine neue Weltordnung. Das ist – jenseits der Geschäftsinteressen von General Electric – ja auch tatsächlich der Fall gewesen.

Ganz anders setzt Hans Baluschek (1870–1935) eine Familie mit Kind in Bezug zum Licht der technischen Kultur. Sein Gemälde »Zukunft« (1920)[52] wird 1924 von der Zeitung »Sichel und Hammer« als Titelbild verwendet (→ Abb. 38).[53] Baluscheks Familie steht beziehungslos neben dem Strahlenkranz künstlichen Lichts aus der Fabrik. Die Lichtstrahlen, eigentlich horizontale Umkehrung der Strahlen einer Sonne, erhellen weder die Familie, noch nehmen die Menschen davon überhaupt Notiz. Dieses Licht strahlt

---

47   Eine umfangreiche Sammlung von Industriegemälden bildet die Eckhart G. Grohman Collection der Milwaukee School of Engineering in Milwaukee. Vgl. *Türk, Klaus*: Mensch und Arbeit. 400 Jahre Geschichte der Arbeit in der Bildenden Kunst. Die Eckhart G. Grohmann Collection an der Milwaukee School of Engineering. Milwaukee, WI: MSOE Press 2003.

48   Typisch für diesen Zugang: *Gerhardt, Paul*: Die AEG, in: Westermanns Monatshefte 74 (Januar 1930), Bd. 147, Heft 881, S. 493–500; *Schmitz, Georg*: Arbeit ist Leben. Ein Gang durch die Werke der Siemens & Halske A.G. mit dem Radierer Franz Graf, in: Westermanns Monatshefte 68 (August 1924) Bd. 136, Heft 816, S. 593–597.

49   *Kollmann, Franz*: Schönheit der Technik, München: Langen 1928.

50   Dazu ausführlich: *Nye, David*: Electrifying America. Social Meanings of a New Technology, 1880–1940, Cambridge, Mass./London, England: MIT Press 1990.

51   Abbildung in *Nye*, a. a. O., S. 336.

52   Märkisches Museum, Berlin.

53   Zu Baluschek: Hans Baluschek 1870–1935, Berlin: Staatliche Kunsthalle Berlin 1991. Abbildung dort S. 109.

Abb. 37: General Electric   Abb. 38: Hans Baluschek: Zukunft

nicht für die Arbeiter. Baluscheks Bild ist ein Beispiel für die verbreitete
Thematisierung der Technik im Kontext der Sozialkritik im Deutschland
der 1920er Jahre. Selbstverständlich werden die Aussagen der beiden Bilder
durch die jeweilige Funktion bestimmt: hier Arbeiterzeitung, dort Firmen-
photographie. Bei Baluschek werden die »Produzenten« des Lichts gezeigt,
während das Bild von General Electric die Menschen als Nutznießer der
Technik portraitiert. Aber gerade in dieser Polarität gegensätzlicher Bild-
funktionen wird die Breite unterschiedlicher Wahrnehmungen des Lichts
und seiner Offenbarungsqualität deutlich. Zeigt die Photographie von
General Electric die zu entwickelnde Welt vor dem Hauseingang und die
Menschen als Hoffnungsbild, so ließe sich Baluscheks Bild mit dem Satz
zusammenfassen: »Die Botschaft hör' ich wohl. Allein mir fehlt der Glaube.«
    Auch in den USA war die Elektrifizierung der Welt nicht unumstritten.
Dennoch dominiert selbst in einem sozialkritischen Magazin wie der Survey
ein positiver Transzendenzbezug. Die *Survey* stellte in ihrer Oktoberausgabe
des Jahres 1929 auf ihrem Titelbild einen Menschen dar, der schöpfergleich
mit einer Handbewegung eine Glühbirne anschaltet und damit der Logik
des Bildes zufolge das Wort »Es werde Licht« in die Tat umsetzt (→ Abb. 39).[54]

---

54   The Survey 63 (1. Oktober 1929).

Abb. 39: *The Survey*, 1929

Damit, so die Aussage des Bildes, wird die Glühbirne zur Sonne, die sowohl die Stadt zur Linken als auch die Fabrik zur Rechten mit Energie versorgt. Das Heft veröffentlichte zwei Artikel zum Thema. Im ersten zeichnete Waldemar Kaempffert, Direktor des Museum of Science and Industry in Chicago die Geschichte der Glühbirne nach.[55] Im zweiten Beitrag beschrieb Martha Bensley Bruère unter dem Titel »The Dark Fringe of Light«, was sie als Zwang zur Nutzung elektrischer Geräte empfand, gegen den zu wehren sie ihre Leser ermuntern wollte.[56]

Die Frage, was das gute und wahre Licht in der Welt erzeugt, hat die Entwicklung der Elektrizität seit dem Ende des 19. Jahrhunderts begleitet.[57] Peter Blume fasste die Frage 1931 in ein Bild, in dem das Problem der Integration der Technik in die Welt explizit thematisiert wird (→ Abb. 40).

Im Vordergrund zentral sieht man eine Installation auf einem Podest, die von einer durch Glühbirnen erleuchteten Kugel bekrönt wird. Zu Füßen des Gebildes befindet sich eine Menschengruppe, die unterschiedlichen emotionalen Anteil an dem Gebilde nimmt. Links und rechts am Bildrand erscheinen eine Kirche und ein offenes Nutzgebäude. In der Landschaft im Hintergrund erscheint links eine Fabrik, rechts eine dürre Agrarlandschaft.

Blume kombinierte in seinen Bildern oft Eindrücke, die an ganz verschiedenen Orten entstanden sind.[58] So sah Blume die Architekturelemente in der Mittelsäule in einem Raum des Metropolitan Museum, während die Lichtkugel an der Spitze auf einen Leuchtturm auf Cape Cod zurückgeht.[59]

---

55   *Kaempffert, Waldemar*: The Light of Edison's Lamp, in: The Survey 63 (1. Oktober 1929), S. 13–16.
56   *Bruère, Martha Bensley*: The Dark Fringe of Light, in: The Survey 63 (1. Oktober 1929), S. 17–20.
57   Vgl. *Nye*, Electrifying America.
58   *Trapp, Frank Anderson*: Peter Blume, New York: Rizzoli 1987, S. 49.
59   A. a. O., S. 54 ff.

Der Aufbau des Bildes und die Figurengruppe um die Installation nehmen
Elemente der Ikonographie der Kreuzigungsszene auf. Frank Trapp bemerkt,
dass zwei unterschiedliche Lichtquellen und Sichtweisen aufeinander
treffen,[60] die sich jedoch m.E. vielfältig durchdringen. Während die sit-
zende Frau zur Rechten und der Mann mit der Brille interessiert nach oben
blicken, sind die Frau zur Linken und der Mann, der gestützt werden muss,
von Trauer bzw. Wut gekennzeichnet. Liest man die Kirche und den Back-
steinbau als Repräsentanten eines Gegensatzes, dann stellt das Bild die
Frage, wer das »Licht der Welt« ist: Christus oder die Elektrizität. Nun könnte
man tatsächlich die Gefühle der beiden emotional aufgewühlten Personen
als Trauer über den Verlust der Bedeutung Christi in der Welt lesen, da die
Kirche im Dunkeln liegt, während die rechte Bildhälfte scheinbar erleuchtet

Abb. 40: Peter Blume: Light of the World, 1932

---

60   A.a.O., S.56: »Two worlds are contrasted: One that seeks hope in the sentimental revela-
      tion of a divine presence; and one that aspires to the promise of human ingenuity and
      invention.« Mir scheint das Bild komplexer zu sein.

wird. Dagegen spricht jedoch sowohl die Tatsache, dass nicht etwa ein Bild Christi am Kreuz hängt, sondern die Leuchtkugel ein leeres Kreuz bekrönt. Hinzu kommt, dass die Landschaft hinter der Kirche grün ist, während auf der anderen Seite Dürre zu herrschen scheint. Tatsächlich könnte sich die Lichtkugel an die Stelle des Kopfes Christi gesetzt haben, was dem gängigen Ersetzungsgedanken entsprechen würde. Es könnte sich aber auch um eine Deutung des Kreuzes handeln, derzufolge die Lichtkugel heute das umsetzt, was Christus einst im Wort vom Licht verheißen hatte. Was das bedeutet, kommentieren sowohl die Menschen als auch die Landschaft im Hintergrund mit unterschiedlichen Wertungen.

Ebenso wie im Mural von Leo Katz auf der Chicagoer Weltausstellung (s. oben, Kap. 2) »Give us this day our daily light« wird die technisch vermittelte Erleuchtung der Welt in einen explizit religiösen Rahmen gestellt. Was in zahlreichen Abbildungen der Werbung und der Publikumsmagazine implizit bleibt, wird in den Bildern von Katz und Blume explizit. Die Frage, ob und wie Technik als angemessener Teil der Lebenswirklichkeit zu verstehen ist, wird über Transzendenzverweise »diskutiert«.

Götter

Die Maschine – Götter, alt und neu

Sowohl in zeitgenössischen Selbstbeschreibungen als auch in der historischen Rückschau gelten die Jahre zwischen 1918 und 1941 in den USA als das »Machine Age«. Tatsächlich bildete die Maschine den inhaltlichen Kern der Auseinandersetzungen um die Technik in dieser Zeit. Sie war Realität und Symbol zugleich. Das zeigt sich nicht zuletzt am weit gefassten Wortgebrauch und daran, dass die Maschine zur Metapher wurde. Häuser wurden ebenso zu »Machines for Living«[61] wie die Organisation von Unternehmen und Verwaltungen als »Maschine« bezeichnet werden konnten. Maschinen aller Art von Landmaschinen über Industrieanlagen bis zu Automobilen bevölkerten die Titelseiten von Bildmagazinen, und Kunstausstellungen befassten sich mit der »Machine Art«. Allein New York sah zwischen 1927 und 1934 drei Ausstellungen, die diesem Thema gewidmet waren. Zahlreiche

---

61   *Mumford, Lewis*: Machines for Living, in: Fortune 7 (1933), Nr. 2, S. 78–80.82.84.87 f.

Bücher griffen das Thema auf, die bekanntesten waren von Stuart Chase und Lewis Mumford verfasst worden.[62]

Zwei Themen bestimmten die öffentliche Diskussion. Zum einen ging es um das Problem der Kontinuität bzw. Diskontinuität der modernen Maschinen zur Technik der Vergangenheit. Dabei ist eine Erfahrung aus gegenwärtigen Technikdiskursen, dass eine Kontinuität immer dann behauptet wird, wenn eine Technik verteidigt werden soll, während der alarmierte Ruf der Novität stets eine technikkritische Haltung verrät, nicht ohne Weiteres auf die USA übertragbar. Zwar findet sich die Konstruktion einer historischen Kontinuität erwartbar in technikaffinen Beiträgen wie in *Popular Mechanics*. So stellte etwa der Beitrag »The First Machine-Age« eine Ausstellung zur antiken Technik vor und stützte die Kontinuitätsthese auf die Möglichkeit, in aller Technik sechs Elementartechniken zu finden.[63] »Thus even primitive man proved the superior power of brain over brawn and paved the way for the machine age of today.«[64] In seiner Apologie der Maschine konnte der Philosoph George Boas keinen Unterschied zwischen alten Werkzeugen und neuen Maschinen ausmachen, der über die ästhetische Anmutung hinausging.[65] Aber auch Beiträge, die von einer Diskontinuität ausgingen, wie Silas Bents Artikel zur Geschichte der Technik in *The World's Work* 1929, priesen die Leistungen der Maschinen gerade aufgrund ihrer Neuheit.[66] Und selbst ein skeptischer Autor wie der Schriftsteller Waldo Frank sah in der neuen Qualität des Maschinellen die Aufgabe, zu einer neuen Metaphysik durchzudringen.[67] Dass sowohl die Behauptung einer Kontinuität mit der Vergangenheit als auch die Abgrenzung von ihr im Interesse einer Beförderung des Neuen stehen konnten, lässt sich auch an den beiden einleitenden Texten des Katalogs zur Ausstellung »Machine Art« im Museum of Modern Art 1934 illustrieren. Während der Direktor des Museums, Alfred H. Barr Jr., seinen Beitrag mit Zitaten von Platon und Thomas von Aquin begann, die zeigen sollten, dass Barrs Vorstellungen von Schönheit äußerst legitime Vorfahren hätten, setzte der Kurator der Ausstellung, Philip Johnson, auf eine

---

62   *Chase, Stuart*: Men and Machines, New York: Macmillan 1929; *Mumford, Lewis*: Technics and Civilization (1934), Chicago/London: University of Chicago Press 2010.

63   Hebel, schiefe Ebene, Rad, Rolle, Welle und Schraube.

64   Anonym: The First Machine Age, in: Popular Mechanics 66 (Juli 1936), Nr. 1, S. 58–61.

65   *Boas, George*: In Defense of Machines, in: Harper's Monthly Magazine 165 (Juni–November 1932), S. 93–99. Hier S. 94.

66   *Bent, Silas*: The Story of the Machine, in: The World's Work 58 (Juni 1929), S. 40–47.126.

67   *Frank, Waldo*: The Machine and Metaphysics, in: The New Republic (18. November 1925), S. 330 f.

Geschichte, die gerade die Loslösung der modernen Ästhetik von den überladen ornamentalen Entwürfen des 19. Jahrhunderts deutlich machte.[68]

Der Begriff des »Machine Age« verweist auf die Wahrnehmung der Zeitgenossen, dass ihre Zeit wesentlich durch die Maschine geprägt sei. Wie dieser Einfluss auf die Menschen, ihre Lebenswelt und die Kultur zu bewerten sei, war das zweite Thema, das die Diskussion bestimmte, und diese Frage wurde insbesondere in der Kunst unter direktem Rückgriff auf religiöse Begriffe thematisiert.[69] »The Machine Is The Religious Expression Of Today«, urteilte Jane Heap, Herausgeberin des Little Review und Organisatorin der »Machine-Age Exposition« 1927.[70] Es war die erste der drei bekannten Ausstellungen in New York, die sich dem Thema in den 20er und 30er Jahren widmeten.[71] Heap wandte sich mit der Formel dezidiert gegen jene, die die Maschine als den »incubus that is threatening our ›spiritual‹ life« sahen.[72] Demgegenüber wollte sie mit der Ausstellung zeigen, dass man in der Darstellung und Gestaltung der »Machine« das erblickt, was frühere Generationen in der Religion fanden. Fünf Jahre später sollten die New Yorker noch direkter auf diese Kontinuität hingewiesen werden: In einer Ausstellung des Museum of Modern Art wurden Wandmalereien

---

68 Machine Art [Ausstellungskatalog], New York: The Museum of Modern Art 1934. Darin: Alfred H. Barr Jr.: Foreword (o. S.). Johnson, Philip: History of Machine Art (o. S.).

69 Aber auch der Journalist Garet Garrett wählte in seiner monographischen Auseinandersetzung mit dem »Machine Age« einen religiösen Deutungsrahmen. Die Beziehung zwischen der Maschine und dem Menschen ließ sich nach Garrett als tragischer Teil der Schöpfungsrelation zwischen Gott, Mensch und Maschine verstehen. Technik verkörpere die Suche nach dem Paradies, zeitige aber gerade in ihrer Durchsetzung negative Folgen, insofern Menschen nun noch härter arbeiteten als zuvor (21). Da wir aber den Prozess der Schöpfung nicht begriffen, stünden wir vor dem Problem, mit der Maschine leben zu müssen, ohne zu wissen, was wir getan hätten (92). Innerhalb dieses Deutungsrahmens setzte sich Garrett freilich sehr nüchtern mit den ökonomischen Zwängen auseinander, die im internationalen Wettbewerb zu den Arbeitsbedingungen und ökonomischen Härten der Zeit führten. Vgl. *Garrett, Garet:* Ouroboros, or the Mechanical Extension of Mankind, London: Kegan Paul [et al.]/New York: E. P. Dutton 1926.

70 *Heap, Jane:* Machine-Age Exposition, in: The Little Review (Spring 1925), S. 22–24. Hier S. 22; Vgl. auch den Katalog zur Ausstellung: Machine-Age Exposition. Ausst.kat., New York 1927. Darin vertrat auch der italienische Futurist Enrico Prampolini die These, dass die Maschine »the new mystical deity which weaves the legends and histories of the contemporary human drama« sei. *Prampolini, Enrico:* The Aesthetic of the Machine and Mechanical Introspection in Art, in: a. a. O., S. 9–10 f. Hier S. 10.

71 Die beiden anderen Projekte waren die Ausstellung »Murals of American Painters and Photographers« im Jahr 1932 und die oben erwähnte Ausstellung »Machine Art« von 1934, ebenfalls im MoMA. Zur Bedeutung der Ausstellungen vgl. *Wilson, Kristina:* The Modern Eye. Stieglitz, MoMA, and the Art of the Exhibtion, 1925–1934, New Haven/London: Yale University Press 2009.

72 *Heap*, Machine-Age, S. 22.

gezeigt, auf denen amerikanische Künstler die moderne Maschinenwelt in Form von Triptycha darstellten.[73]

Der Beitrag des Malers und Photographen Charles Sheeler (1883–1965) zeigte in der Mitte eine Photomontage aus mehreren Bildern, die Sheeler 1927 im Auftrag der Fordwerke in der neuen Produktionsstätte in Dearborn aufgenommen hatte (→ Abb. 41). Die Basis stellte das Bild »Criss-Crossed-Conveyors« dar, das durch die Veröffentlichung in zahlreichen Zeitschriften der Zeit zu einer Art Ikone der Industrie geworden war. Sheeler teilte nach einem oft zitierten Wort die Auffassung Jane Heaps von der Technik als religiösem Ausdruck.[74] Unabhängig von expliziten Intentionen des Künstlers greift das

Abb. 41: Charles Sheeler: Industry, Photomural, 1932

73 Das Museum hatte 69 Künstler eingeladen sich zu beteiligen. Die Aufgabe bestand darin, in einem Wandgemälde die Welt der USA nach dem Krieg darzustellen. Die ganz überwiegende Zahl der Künstler wählte die Technik als Thema. Die Ergebnisse erinnern in vielen Fällen auch über die Form des Triptychons hinaus an Altargemälde. Ausstellungskatalog »Murals of American Painters and Photographers«, New York: The Museum of Modern Art 1932.

74 »[I]t may be true, as has been said, that our factories are our substitute for religious expression.« Zit. nach: *Brock, Charles*: Charles Sheeler. Across Media (Cat. Exhibition National Gallery of Art 2006), Berkeley/Los Angeles/London: University of California Press 2006, S. 89. Die Authentizität der Äußerung, die ursprünglich von Constanze Rourke in ihrer Biographie Sheelers (1938) wiedergegeben wurde, ist bereits 1991 von Karen Lucic in Zweifel gezogen worden. Vgl. *Lucic, Karen*: Charles Sheeler and the Cult of the Machine, Cambridge, Mass: Harvard UP 1991, S. 143. Anm. 6; Rourke, Constanze: Charles Sheeler. Artist in the American Tradition, New York: Harcourt, Brace & Co. 1938, S. 130 (Dort aber nicht eindeutig als direktes Zitat Sheelers).

Bild offenkundig auf christliche Darstellungskonventionen zurück. Dabei steht die durch die Einbettung in das Triptychon unterstrichene Bedeutung der gekreuzten Förderbänder als Kreuz gegen die bekannte positive Faszination, die Sheeler mit der Industrie verband.[75]

Ganz anders, aber noch stärker auf traditionelle Topoi zurückgreifend, hatte zehn Jahre zuvor der Photograph Paul Strand (1890–1976) in einer Auseinandersetzung mit dem Thema religiöse Begrifflichkeiten benutzt. Wissenschaftler und Ingenieure hätten eine neue Trinität geschaffen: »God the Machine, Materialistic Empiricism the Son, and Science the Holy Ghost.«[76] Strands trinitarische Zuschreibung war eindeutig kritisch gemeint. Eigentlich ginge es um eine Dogmatisierung des wissenschaftlich-technischen Weltzugangs, der die Künste faktisch aus der Reihe der legitimen Weltbildner ausgeschlossen habe. Gegenüber dieser aus der Vergangenheit überkommenden Hierarchisierung wollte Strand deutlich machen, dass der moderne Photograph durch die Benutzung der Kamera die Trennung zwischen Technik und Kunst hinter sich lasse.

Die Identifikation der Maschine mit dem Absoluten war allgegenwärtig.[77] Selbst John Dewey schrieb: »The machine is the authentically embodied Logos of modern life and the import of this fact is not diminished by any amount of dislike to it.«[78] Bedenkt man diese Wahrnehmung und Deutung der Maschine, erweisen sich Darstellungen wie die Anzeige der Firma Remington als Teil einer allgemeinen Wahrnehmung (→ Abb. 42).

---

75   Soweit ich sehe, ist diese Frage in der Literatur noch nicht diskutiert worden. Einzig Mark Rawlinson bemerkt die »symbolic shape of the cross«. *Rawlinson, Mark*: Charles Sheeler. Modernism, Precisionism and the Borders of Abstraction, London/New York: I. B. Tauris 2007, S. 146.

76   *Strand, Paul*: Photography and the New God, in: Trachtenberg, Alan (Hg.): Classic Essays on Photography, New Haven, Conn. 1980, S. 144–151. Ursprünglich in: Broom 3 (1922), S. 252–258.

77   Jennifer J. Marshall hat darauf hingewiesen, dass die Ausstellung »Machine Art« die präsentierten Maschinenteile und Alltagsgegenstände als Realisierungen absoluter Formen verstand und darin platonisch gedacht war. Vgl. *Marshall, Jennifer Jane*: Machine Art. 1934, Chicago/London: University of Chicago Press 2012, Kap. 2, S. 55–87. Insofern wurde die Gleichsetzung des Absoluten mit der Maschine hier auch auf die Produkte übertragen. Über eine ästhetische Transzendenzzuschreibung wurden damit sowohl die Gegenstände als »ewig« gültig legitimiert, als auch umgekehrt die Ideen von Schönheit modifiziert. Diesem Gestus folgten auch die Photographien etwa Margaret Bourke-White von Produkten der Massenfertigung wie Schuhen und Löffeln. Vgl. z. B. Margaret Bourke-White: Delman Shoes, 1933 und International Silver, 1933. Abb. in: *Corwin, Sharon/May, Jessica/Weissman, Terri*: American Modern. Documentary Photography By Abbott, Evans, and Bourke-White, Berkeley/Los Angeles: University of California Press 2010, S. 144–145.

78   *Dewey, John*: Philosophy, in: Beard, Charles A. (Hg.): Whither Mankind. A Panorama of Modern Civilization, New York/London/Toronto: Longmans, Green and Co. 1928, S. 313–331. Hier S. 317.

Abb. 42 Anzeige für Remington Rand, 1930er Jahre

Die verschiedenen Büroschränke und -maschinen bilden einen Hochaltar vergleichbar dem »Altarpiece of Science« der Fordwerke auf der Weltausstellung in New York (s. Kap. 2). Die wahren Befreier, so das Bild, sind die Büromaschinen. In einem anderen Kontext könnte dasselbe Bild auch an den Moloch in Fritz Langs »Metropolis« erinnern. Hier jedoch wird die dem Betrachter nahegelegte Haltung der Referenz eindeutig positiv konnotiert als Weg zur Emanzipation.

Solche, trotz aller Anspielungen, noch abstrakte Form der Religiosität als Verehrung wurde etwa auch in Bildern der Photographin Margaret Bourke-White (1904–1971) erkennbar. In Hydro-Generators, Niagara Falls Power Company (1928) werden Generatoren gezeigt, die durch Spiegelung der Oberflächen, Form und Dreizahl in einer ästhetischen Transzendierung aus dem Maschinellen in den Bereich einer Schöpfungskraft erhoben werden.[79] Ungeachtet der Wendung der Photographie zum Realismus war

79   Bild unter: http://www.bonhams.com/auctions/14799/lot/479/ (19.6.2013).

diese Ästhetisierung des Technischen verbreitet (Paul Strand, Imogen Cunningham) und auch in Deutschland anzutreffen (vor allem Albert Renger-Patzsch).

Direkter erschien die Verbindung zwischen der Maschine und dem Göttlichen in zahlreichen Werbungen, die tatsächlich einen Gott ins Bild setzten. So ließ Ernest H. Baker in einer Illustration für die American Telephone & Telegraph Company (AT&T) Hermes zwei Welthalbkugeln halten, zwischen denen AT&T die Verbindung herstellte (→ Abb. 43).[80] Indem Hermes symbolisch repräsentiert, was AT&T technisch leistet, wird die technische Errungenschaft als Realisierung des Mythischen inszeniert. Hermes begegnete oft und in verschiedenen Kontexten. Räder wurden mit Hermesflügeln dargestellt[81], Ford ließ über dem Eingang seines Pavillons auf der Weltausstellung 1939 eine riesige Hermesstatue die Besucher im Tempel der Geschwindigkeit willkommen heißen, und die *Survey* ließ auf einem Titelbild 1931 Hermes stellvertretend für die gesamte Industrie in der Pose des

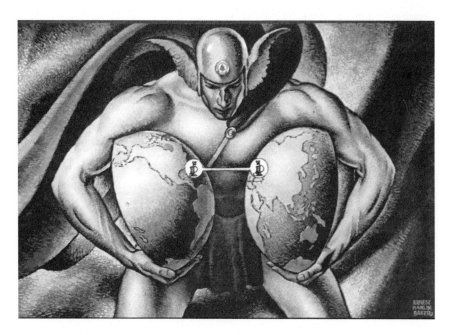

Abb. 43: Anzeige, 1930er Jahre (Ernest H. Baker)

---

80   Ernest Hemlin Baker: Aquarell für die American Telephone & Telegraph Company (AT&T).
81   Arthur Covey: Anzeige für die Norton Company.

Abb. 44: Anzeige, 1930er Jahre

Rodinschen Denkers seine Mission (in der Great Depression) überdenken.[82]

Die Beispiele zeigen die wechselseitige Durchdringung des Technischen und des Göttlichen. Einerseits wird die Technik vergöttlicht, andererseits das Göttliche technisiert. Dieser Verbindung entsprach eine äußerliche Vergöttlichung des Menschen, wenn er als Repräsentant einer Technik oder einer Firma dargestellt wurde. So zeigte ein Eisenwarenhersteller hinter der Kulisse einer Wolkenkratzersilhouette einen Riesen, der mit einem Maulschlüssel die Krone eines Hochhauses »festzog« (→ Abb. 44).[83] Die übergroße Menschengestalt symbolisiert die technische Kraft, die tatsächlich als

---

82   Survey Graphic (Februar 1931), Titel.
83   Anzeige für die Russel, Burdsall & Ward Bolt & Nut Company.

allmächtig verstanden werden will. Denn sie ist die Antwort auf die Frage, was die Welt im Innersten zusammenhält: »The world is held together with Bolts, Nuts and Rivets«, stellt der Untertext des Bildes fest.

In vielen Variationen begegnete daneben das Bild des heldenhaften Arbeiters, der in schwindelnder Höhe Wolkenkratzer oder andere Stahlbauten montiert (s. unten). Blickt man auf den Schnittpunkt zwischen der Zuschreibung des Göttlichen an die Technik und einer Technisierung des Göttlichen, so gelangt man zu einer bis heute nachwirkenden Erfindung der Kultur der dreißiger Jahre: dem Superhelden. Deren bekannteste Exponenten, Superman und Batman, verkörpern dabei je eigene »Inkarnationen« des technisierten Göttlichen. Beiden stehen übermenschliche Kräfte zur Verfügung, die sie technisch-naturwissenschaftlichen Zusammenhängen verdanken. Während Superman seine Superkräfte der Tatsache verdankt, dass er von einem viel größeren Planeten als der Erde kommt, so nimmt Batman bar jeder wunderartigen Kraft irdisch-technische Hilfsmittel in Anspruch.

Superman und Batman lösen alle denkbaren Probleme von Zugunglücken (→ Abb. 46) über Naturkatastrophen bis zum Problem der öffentlichen Ordnung.[84] Als technisierte Erlöser partizipieren sie jedoch gleichwohl an der alten christologischen Frage nach dem inneren Verhältnis der zwei Naturen von Gott und Mensch, in diesem Fall der immanent-technischen und der transzendent-ideellen Natur. Das wird gerade an diesen beiden Gestalten deutlich, weil sie entgegengesetzte Möglichkeiten verkörpern. Superman ist aufgrund seiner außerirdischen Qualitäten für alles Irdische unverwundbar. Das, was er dennoch in seiner bürgerlichen Identität als der tollpatschige Provinzreporter Clark Kent erdulden muss, ist Schein. In Wahrheit ist er der Held (→ Abb. 45). In traditionellen Termini erfüllt das den Tatbestand einer doketischen Häresie. Batman dagegen verdankt seine Überlegenheit hartem Training und ausgefeilter Technik. Er ist nur Mensch und dazu noch ein sehr reicher, also nicht minder »häretisch«. Die Abbildung klassischer christologischer Schemata auf die Figur des Superhelden zeigt, dass man auch auf dem Feld der Technik die Vermittlungsprobleme des Transzendenten mit dem Immanenten nicht umgehen kann. Gleichzeitig wird aber auch deutlich, dass die Frage der Vermittlung des Transzendenten und des Immanenten durch die Technik nicht etwa abgeschafft, sondern neu gestellt wird. Darauf gab die Popularkultur eine Antwort. Ben Saunders hat

---

84   Zur religiösen Dimension der Figur des Superhelden vgl. *Saunders, Ben*: Do The Gods Wear Capes? Spirituality, Fantasy, and Superheros, London/New York: Continuum 2011.

Abb. 45: *Superman*, 1942   Abb. 46: *Action Comics*, 1939
(Fred Ray)   (Joe Shuster)

jüngst darauf hingewiesen, dass die Superhelden der dreißiger Jahre nicht einfach Ausdruck einer naiven Sehnsucht nach Erlösergestalten seien. Vielmehr verkörperten sie die Widersprüche der Moderne zwischen Technik und Heil, Säkularisierung und der bleibenden Notwendigkeit einer Idee des Guten.[85]

Ganz anders wurde die Grundfrage nach dem Verhältnis des Menschen zum Göttlichen in der durch die moderne Technik veränderten Welt in Europa gestellt. Der belgische (in der Schweiz lebende) Künstler Frans Masereel schuf in seinem Buch »Das Werk« aus dem Jahr 1928, zehn Jahre vor Supermans Geburt, eine Bilderzählung zur Inkarnation der Technik.[86] Das »Werk« war eine lebendig gewordene Riesengestalt, die ihrem »Schöpfer« buchstäblich über den Kopf wuchs und beim Gang durch die miniaturhafte Welt sowohl rettend als auch zerstörerisch wirkte, Gott aus dem Himmel zerrte und am Ende beim Griff nach den Sternen allein zurückblieb (→ Abb. 47 und 48).

---

85   A. a. O., S. 143.
86   *Masereel, Frans*: Das Werk. 60 Holzschnitte, München: Kurt Wolff 1928.

Abb. 47 und 48: Frans Masereel: Das Werk, 1928

Obwohl die Grenze zwischen der sogenannten Hoch- und der Popularkultur inzwischen gemeinhin als fließender angesehen wird als früher,[87]
wird man bei einem Vergleich von Masereels »Werk« mit einem DC-Comic
wie *Superman* die unterschiedlichen Entstehungsbedingungen und Ziel-
gruppen berücksichtigen müssen. Dennoch zeigen sich hier exemplarisch
unterschiedliche kulturelle Verarbeitungen des Verhältnisses von Technik
und Transzendenz. Während das »Werk« den Menschen in die Position des
Schöpfers versetzt, dessen Geschöpf (die Technik) aber sowohl ihn selbst
als auch Gott ablöst und damit, so Hans Reisiger in der Einleitung zu Masereels Buch, zum »Dämon des Genies«[88] wird, lässt Superman oberflächlich
betrachtet die metaphysische Ordnung der Welt unangetastet. Gleichwohl
übernimmt er alle Funktionen, die Gott für das innerweltliche Geschick
des Menschen, z. B. in erbetener Hilfeleistung einst hatte. Stellt Masereels
Werk die Verkörperung einer absoluten Konkurrenz zwischen menschlicher
Technik und göttlicher Weltordnung dar, so vermittelt Superman am Ort der
fiktiven Stadt Metropolis (sc. New York) die Probleme der Großstadt durch

87   *Johnston, Patricia*: Introduction. A Critical review of Visual Culture Studies, in: Johnston,
      Patricia (Hg.): Seeing High & Low. Representing Social Conflict in American Visual Culture,
      Berkeley/Los Angeles/London: University of California Press 2006, S. 1–24.
88   *Reisiger, Hans*: Einleitung, in: Masereel, Frans: Das Werk. 60 Holzschnitte, München: Kurt
      Wolff 1928, S. 3–26. Hier S. 10.

die Verbindung von Technik und Transzendenz. Nicht nur der Selbstwahrnehmung der Zeit zwischen den Weltkriegen in Deutschland, sondern auch der deutschen Theologie damals wie heute liegt die Weltdeutung Masereels näher. »Frommer« in des Wortes eigentlicher Bedeutung ist sicherlich »Superman«. Denn er verweigert sich jedem Fatalismus mit der Hoffnung auf die Durchsetzung individueller wie kollektiver Rettung.

Fabrik und Rad – Die Weltmaschine

Die Wahrnehmung der Maschine als Gott (oder dessen Äquivalent) in der Zwischenkriegszeit verdankt sich einem zentralen Attribut des Göttlichen: der Macht. Das zeigt sich zum einen an der in den Debatten stereotyp wiederkehrenden Frage danach, ob die Maschine »Master or Slave« sei (s. unten). Zum anderen wird die Maschine als das behandelt, was Rudolf Bultmann treffend »die Alles bestimmende Wirklichkeit« nannte.[89] Stuart Chase begann sein Buch »Men and Machines« 1929 mit einer Aufzählung derjenigen Momente im Tagesablauf, in denen er mit Maschinen konfrontiert war.[90] Die darin zu Tage tretende Allgegenwart des Technischen bildete den Entdeckungszusammenhang für denjenigen Kontext, der eigentlich im Zentrum des Problems der Macht stand: Die Fabrik. Während die Technisierung des Alltags »die« Technik als solche zum Gegenstand kultureller Reflexion machte, entzündete sich die Frage nach Macht und Ohnmacht des Menschen gegenüber der Maschine an der industriellen Produktion. Wenn Waldo Frank 1932 in der New Republic betont, dass die Maschine gerade nicht das Ganze sei, für das Henry Ford sie halte, dann bestätigt er damit indirekt die Wahrnehmung von Apologeten wie Kritikern.[91] In Gestalt der modernen Fabrik erschien die Maschine als Weltmaschine, wie es auch das Frontispiz zu »Men and Machines« von Stuart Chase auswies (→ Abb. 1, Einleitung).

In Darstellungen wie in der Realität füllt die Fabrik einen immer größeren Teil der Welt. Positiv gewendet und mit einem entsprechenden Absolutheitshinweis versehen, warb die Austin Company in verschiedenen Anzeigen mit der Idee, dass die Fabrik das Ganze sei (→ Abb. 49).

---

89 *Bultmann, Rudolf*: Welchen Sinn hat es, von Gott zu reden? In: Ders.: Glauben und Verstehen Bd. 1, Tübingen: J.C.B. Mohr 1933, 9. Auflage 1993, S. 26–37. Hier S. 26.
90 *Chase, Stuart*: Man and Machines, S. 1ff.
91 *Frank, Waldo*: Ford and the Machine, in: The New Republic, 18. 5. 1932, S. 23–24. Hier S. 23.

Abb. 49: Anzeige, 1930er Jahre

Das Bild zeigt eine Fabrik als Welt in sich. Die Botschaft der Anzeige ist, dass der Bau einer solchen Anlage in einer Hand liegen sollte. Das Signet oberhalb des Bildes unterstreicht dies mit der Doppeldeutigkeit des Buchstabenpiktogramms. Eigentlich handelt es sich um ein A und ein M (für »Austin Method«). Als Bild erscheinen die Buchstaben jedoch als das Alpha und Omega, das die Firma beansprucht zu sein. Wie eine Taube schwebt sie im Licht der aufgehenden Sonne über der Welt.

Das Industriebild des 19. Jahrhunderts ging aus dem Landschaftsbild hervor. Anfangs noch klein im Hintergrund positioniert, schoben sich Fabriken, Rauch und Schornsteine im Laufe des Jahrhunderts stetig weiter in den Bildvordergrund.[92] Das Bild der Austin Company folgt dann einem Bildtypus,

92   Nachvollziehen lässt sich diese Entwicklung für die amerikanische Malerei u. a. an den Bildbeispielen in: *Douzema, Marianne*: American Realism and the Industrial Age, Cleveland: The Cleveland Museum of Art 1980, oder in: *Jones, Barbara L.*: Born of Fire. The Valley of Work. Industrial Scenes of Southwestern Pennsylvania, Greensburg, PA: Westmoreland Museum of American Art 2006. Für den europäischen Kontext: *Beneke, Sabine/Ottomeyer, Hans*: Die zweite Schöpfung. Bilder der industriellen Welt vom 18. Jahrhundert bis in die Gegenwart, Berlin: Deutsches Historisches Museum 2002; *LVR-Industriemuseum/Schleper, Thomas* (Hg.): Feuerländer – Regions of Vulcan. Malerei um Kohle und Stahl, Münster: Aschendorff 2010.

der Fabriken als Firmenrepräsentation aus der Vogelperspektive zeigte und die umgebende Landschaft nur noch als Rand erscheinen ließ.[93] Nicht das Dorf, die Stadt oder die Straße bilden den Lebensraum der Menschen wie einst bei den Niederländern. Die Welt des Menschen ist die Fabrik.

Bilder aus den 1920er und 1930er Jahren gehen darüber noch einen Schritt hinaus. Elsie Driggs (1898–1992) zeigt in »Pittsburgh« Leitungen, Schornsteine und Rauch, der sich mit dem Himmel zu einem einheitlichen Gemisch verbindet (→ **Abb. 50**).[94] Die Fabrik wird in diesem Bild nicht nur von innen gesehen. Vielmehr füllt die Fabrik den gesamten Wahrnehmungsraum aus.

Abb. 50: Elsie Driggs: Pittsburgh, 1927

---

93   *Wagner, Monika*: Die neue Welt der Dampfmaschine. Industriebilder des 19. Jahrhunderts, in: Friedel, Helmut (Hg.): Kunst und Technik in den 20er Jahren. Neue Sachlichkeit und Gegenständlicher Konstruktivismus, München: Städtische Galerie im Lenbachhaus 1980, S. 12–29. Hier S. 17 f.

94   Zu Driggs: *Kimmerle, Constance*: Elsie Driggs. The Quick and the Classical, (James A. Michener Art Museum, Bucks County, Pennsylvania 2008), Philadelphia: University of Pennsylvania Press 2008.

Sie ist Welt geworden. Aus der Perspektive der Gegenwart wirkt das Bild dabei wie ein düsteres endzeitliches Szenario. Driggs jedoch war seit Kindertagen von der Industrielandschaft Pittsburghs fasziniert.[95] Es handelt sich also nicht um ein kritisches Bild.

Schornsteine und Rohre werden von Driggs in einer Nahsicht gezeigt, die man mit bloßem Auge nicht erreichen könnte. Dadurch werden die Objekte als Gegenstände so in den Blick des Betrachters gerückt, wie es üblicherweise im Stillleben oder im Portrait geschieht. Die Fabrik soll wahrgenommen werden als das, was bislang nur »natürliche« Dinge konstituieren konnten: Das Leben der Welt. Gleichzeitig soll die Fabrik als schön wahrgenommen werden. Lässt sich für die Werbung jede Form der Ästhetisierung als dem Zwecke dienlich und folglich ideologiekritisch interpretieren, so ist dasselbe Phänomen bei Künstlern wie Elsie Driggs oder Charles Sheeler anders zu beurteilen. Ihnen ging es darum, die ästhetische Qualität der realen Welt gegen eine romantische Verklärung stark zu machen, die Schönheit und Vollkommenheit nur in vermeintlich vortechnischen Vergangenheiten suchte (s.u. zu Charles Sheeler). Freilich wurden die Werke dieser und anderer Künstler durchaus vereinnahmt, um für eine visuelle Akkomodation der Gesellschaft und eine Integration der Industrietechnik zu sorgen.[96]

Was in den Bildern der Industrie als Verwandlung der Fabrik aus der Manufaktur zum Weltganzen erscheint, hatte seine reale Entsprechung in den Entwicklungen der Zeit, für die damals wie heute exemplarisch die Ford-Werke stehen. Hatte Henry Ford 1904 die Produktionsstätte an der Piquette Avenue in Detroit errichtet, so zog er bereits 1910 nach Highland Park um. Hier wurde 1913 die Fließbandproduktion in großem Stil zur Herstellung des »Model T«[97] eingeführt, für die Ford sowohl berühmt wie berüchtigt werden sollte. Mit der Fabrik in Highland Park verband sich das Prinzip, den gesamten Produktionsprozess als eine gerichtete Bewegung zu gestalten. Der Höhepunkt der Entwicklung wurde dann ab 1928 mit der Umstellung

---

95   *Kimmerle*, a. a. O., S. 31; Driggs: »I told myself I wasn't supposed to find a factory beautiful, but I did.« (ebd.). Während Driggs die strengen Formen der Anlagen mit der Kunst Piero della Francescas in Verbindung brachte, übertrug sie die Technik bei der Darstellung des Rauches von einer Kopie, die sie von Hans Memlings Portrait der Maria Portinari (Baroncelli) (Metropolitan Museum of Art, New York), namentlich des Schleiers, angefertigt hatte. Vgl. *Folk, Thomas C.*: Remembering Elsie, in: Kimmerle, a. a. O., S. 127–133. Hier S. 129.

96   Vgl. *Smith, Terry*: Making the Modern. Industry, Art, and Design in America, Chicago/London: University of Chicago Press 1993, S. 135.

97   *Casey, Robert*: The Model T. A Centennial History, Baltimore/London: Johns Hopkins University Press 2008.

der Produktion auf das Model A in der 1917 begonnenen Fabrik »River Rouge«
in Dearborn erreicht.

Das damals größte Industriegelände der Welt sollte die gesamte Produktion von den Rohstoffen bis zum fertigen Auto in einer Fabrik vereinen.
»With this empire, Ford was fulfilling his dreams of the totally self-sufficient
plant.«[98] River Rouge war tatsächlich eine Welt in sich, in der die Maschine
als »Alles bestimmende Wirklichkeit« Realität geworden war.[99] Die Zeitschrift *Industrial Management*, die wie andere Zeitschriften das Wunder
von Detroit ausführlich kommentierte, brachte schon 1922 eine Artikelserie
zu River Rouge heraus, an der nach Auskunft der Herausgeber niemand vor-
beigehen könne.[100] Zu Beginn wurde das Unternehmen in den größtmög-
lichen Rahmen gestellt: »The sparkling water of a great inland sea lapping
playfully upon white sand which meets the foot of red hued cliffs, dotted
here and there with grey rock outcroppings and crowned with forests of
spruce, hickory and pine. A primeval scene created by the hand of God. A
smooth white roadway winding ribbon-like between the hills; traversed by
a speeding motor car. A modern scene created by the hand of man. Centuries upon centuries apart are these two pictures – the ancient cliffs and the
modern motor car. Steam and power from the water, glass from the sand,
ore and coal from the cliffs, limestone from the gray rocks and lumber from
the trees - and thus the motor car and tractor. Henry Ford has brought the
hand of God and the hand of Man closer together at River Rouge than they
have been brought in any other industrial undertaking.«[101]

Sowohl die allgemeine Bewunderung als auch Henry Fords Ideologie
wiedergebend, wird hier gleichsam der natürlich-theologische Rahmen

---

98   *Biggs, Lindy*: The Rational Factory. Architecture, Technology, and Work in America's Age of
     Mass Production, Baltimore/London: Johns Hopkins University Press 1996, S. 151. Zur tech-
     nik- und wirtschaftshistorischen Dimension vgl. *Hounshell, David A.*: Form the American
     System to Mass Production, 1800–1932. The Development of Manufacturing Technology in
     the United States, Baltimore/London: Johns Hopkins University Press 1984, Kap. 6 und 7.
     Zu den architektonischen Aspekten und zum Zusammenhang zwischen moderner Pro-
     duktionsweise und den visuellen Repräsentationen vgl. die hervorragende Studie von
     Smith, Terry: Making The Modern. Industry, Art, and Design in America, Chicago/London:
     University of Chicago Press 1993.
99   Einen Eindruck der Fabrik vermittelt der Film »Harvest of the Years« (1937) [Prelinger
     Archives]. http://archive.org/details/HarvestOfThe (19. 6. 2013).
100 Edit.: What Ford is Doing and How He Does it. An Editorial Announcement of First Impor-
     tance, in: Industrial Management 44 (September 1922) Nr.3, S. 129–130. Hier S. 130.
101 *Van Deventer, John H.*: Ford Principle and Practice at River Rouge. I. Links in a Complete
     Industrial Chain, in: Industrial Management 44 (September 1922), Nr.3, S. 131–137. Hier.
     S. 131.

aufgespannt, der River Rouge als Inkarnation bzw. industrietechnische Umsetzung des göttlichen Schaffensprozesses vom natürlichen Rohstoff zum »natürlichen« Automobil ausweist. Diese Anbindung des Produktionsprozesses an die Bodenschätze bestimmte auch die Darstellung der Firma auf den Weltausstellungen (s. oben Kap. 2). Insofern lag es nahe, einen Text Henry Fords mit dem Titel: »Machinery, The New Messiah« zu versehen.[102] Auch wenn auf diese Wendung in dem Beitrag überhaupt nicht Bezug genommen wird (und sie insofern eher redaktionell sein wird), gibt sie doch treffend wieder, welche Vorstellungen Ford mit der Maschinisierung der Welt verband, nachdem er die USA bereits flächendeckend mit dem Model T versorgt hatte. River Rouge wurde zum Mekka der Industriebesichtigung.[103] Das Modell Ford weckte sogar in Deutschland eine Begeisterungswelle.[104]

Da Henry Ford, in den Worten Charles Shindos, die Technik des 20. Jahrhunderts mit den Werten des 19. Jahrhunderts verband,[105] erstreckte sich die Gestaltung der Fabrik als das Ganze der Welt auch auf die Arbeiter und ihren Lebenswandel. Der berühmte »5 $-Day« war mit einer umfassenden Sozialkontrolle verbunden.[106] Mitarbeiter des Unternehmens prüften in den Wohnungen der Arbeiter, ob die Familie auch anständig lebte und sich von daher für die fünf Dollar Lohn pro Tag qualifizierte.

American Landscape – Charles Sheeler und die Struktur der Moderne

Die Produktionsstätte »River Rouge«, die noch heute in modernisierter Gestalt in Betrieb ist, wurde Wallfahrtsort und Symbol fortgeschrittener Fertigungstechnik. Dazu trugen in nicht geringem Maß die Bilder von Charles Sheeler von dem Areal in Dearborn bei. Die Werbeagentur N. W.

---

102 *Ford, Henry*: Machinery, The New Messiah, in: The Forum 7 (März 1928), S. 259–364. Es handelt sich dabei um die autorisierte Zusammenfassung eines Interviews mit Fay Leone Faurote.

103 Vgl. *Nye*, Sublime, S. 130 f.

104 *Hughes, Thomas P.*: Die Erfindung Amerikas. Der technologische Aufstieg der USA seit 1870, München: Beck 1991, S. 287–297. Fords Bücher erschienen auch in deutscher Übersetzung: *Ford, Henry*: Mein Leben und Werk, unter Mitarbeit von Samuel Crowther, 14. Aufl., Leipzig: Paul List o.J. [1923]. Ders.: Und trotzdem Vorwärts, unter Mitwirkung von Samuel Crowther, Leipzig: Paul List 1930.

105 *Shindo, Charles J.*: 1927 and the Rise of Modern America, Lawrence: The University Press of Kansas 2010, S. 22.

106 Einen Vorläufer hatte solche Praxis im Saarländer Unternehmer Karl Stumm in der zweiten Hälfte des 19. Jahrhunderts. Vgl. *Greschat, Martin*: Das Zeitalter der industriellen Revolution. Das Christentum vor der Moderne (Christentum und Gesellschaft, 11), Stuttgart: Kohlhammer 1980, S. 143.

Ayer and Sons hatte Charles Sheeler 1928 den Auftrag erteilt, für Ford eine
Serie von Photographien anzufertigen.[107] Die bekannteste dieser Photographien ist »Criss-Cross Conveyors«, das zwei gekreuzte Förderbänder vor dem
Hintergrund des Kraftwerks von River Rouge zeigt. Neben Wiedergaben
in der Firmenzeitschrift Fords wurde das Bild u. a. in der *Vanity Fair* mit
der beziehungsreichen Unterschrift »By Their Works Ye Shall Know Them«
abgedruckt.[108] Wahrscheinlich wurde es auch auf der Ausstellung »Film und
Foto« des Deutschen Werkbundes 1929 in Stuttgart gezeigt.[109] Für das oben
erwähnte Triptychon (→ **Abb. 41**) stellt Sheeler eine Photomontage aus den
Criss-Crossed Conveyors und zwei weiteren Bildern her,[110] die durch eine
geteilte Aufnahme einer »Stamping Press« flankiert wurde. Miles Orvell hat
darauf hingewiesen, dass Sheeler in diesem Werk den industriellen Prozess
nicht nur inhaltlich, sondern auch formal abbildet. Indem das Photo der
Presse in zwei Teile zerlegt wird, im Mittelteil aber drei Bilder bzw. Prozesse
ineinander geschoben werden, entsteht jenes Zugleich von analytischer
Zerlegung und Rekombination von Teilen und Prozessen, das die moderne
Industrieproduktion ausmacht.[111]

Es ist diese formale Umsetzung der Moderne, die Sheeler in unserem
Zusammenhang interessant macht. Stärker noch als seine Photographien
machen Sheelers Gemälde von River Rouge das deutlich. »American Landscape« (1930) ist eines von drei Bildern, die Sheeler nach seinen Photographien
malte (→ **Farbtafel 18**).[112] Es fehlt in keiner amerikanischen Kunstgeschichte

---

107   Eine Wiedergabe der Photographien, soweit sie erhalten sind, bietet: *Cummings, Frederick
J./Jacob, Mary Jane/Downs, Linda*: The Rouge. The Image of Industry in the Art of Charles
Sheeler and Diego Rivera, Detroit: Detroit Institute of Arts 1978. Zum Vergleich: *Bryan,
Ford S.*: Rouge. Pictured in its Prime, Dearborn, Michigan: Ford Books o.J. [ca. 2003], der
Bilder anderer Photographen wiedergibt. Zu Ford und Sheeler vgl. auch *Smith*, Making the
Modern, S. 93–135.
108   *Vanity Fair* 29 (Februar 1928), S. 62. Auch in: *Jolas, Eugene*: The Industrial Mythos, in: *transition* Nr. 18 (November 1929), S. 123 ff; The World's Work 58 (März 1929), S. 66.
109   Vgl. *Brock, Charles*: Charles Sheeler. Across Media (Ausstellungskatalog National Gallery
of Art 2006), Berkeley/Los Angeles/London: University of California Press 2006, S. 77. Es
gibt eine Photographie des Kraftwerks Mitte in Dresden von Albert Renger-Patzsch, die
sehr an Sheelers Bild erinnert. Abbildung in: *Dalbajewa, Birgit* (Hg.): Neue Sachlichkeit in
Dresden (Ausstellungskatalog SKD Dresden 2011), Dresden: Sandstein 2011, S. 29.
110   »Power House No.1« und »Pulverizer Building«.
111   *Orvell, Miles*: Inspired by Science and the Modern: Precisionism and American Culture,
in: Stavitsky, Gail et al.: Precisionism in America, 1915–1941: Reordering Reality, New York:
Harry N. Abrams/Montclair Art Museum, NJ 1995, S. 52–59. Hier S. 57.
112   American Landscape (Museum of Modern Art, New York). Die beiden anderen sind: Classic
Landscape, 1931 (National Gallery of Art, Washington, D.C.) und River Rouge Plant, 1932
(Whitney Museum of American Art, New York).

und ist ein Paradebeispiel für den »Precisionism«.[113] Im Prinzip stellt »American Landscape« eine Ausschnittvergößerung aus dem Photo »Canal with Salvage Ship« dar.[114] Man sieht einen Kanal, Teile der Zementanlage, ein Silo, einen Schornstein, einen Kran und einen Zug. In der Lücke zwischen dem Zug rechts und einzelnen Wagons links, bewegt sich ein Mensch. Bis in die neuere Forschung hinein ist das Fehlen von Menschen auf diesen Bildern immer wieder als Ausblendung verstanden worden.[115] Aber auf solchen Anlagen waren damals wie heute tatsächlich keine Heere von Arbeitern unterwegs. Der Titel des Bildes weist es als Landschaftsgemälde aus. Tatsächlich entspricht es in seinem Aufbau exakt niederländischen Landschaftsdarstellungen des 17. Jahrhunderts: Ein diagonaler Flusslauf trennt den Betrachter vom gegenüber liegenden Ufer, auf dem ein Ort mit Kirche oder technischen Gebäuden wie Windmühlen[116] zu sehen ist. Der Fluss wird bei Sheeler zum Kanal, der Kirchturm zum Schornstein. Mit dem Silo links im Hintergrund und dem Zug nimmt Sheeler, obwohl in der Realität präsent, zugleich Symbole des technischen Fortschritts in der amerikanischen Kunst auf. »American Landscape« zeigt wie Elsie Driggs' »Pittsburgh« die Fabrik als Welt von innen. Hatten Industriebilder der zweiten Hälfte des 19, Jahrhunderts die Fabrik mit Fluss noch als Teil der Welt von außen gezeigt, so verlegt Sheeler den Blick nach innen. Gleichzeitig will er diese Welt als Landschaft sehen. Technik wird Natur, die ihre Schönheit, so Sheeler, gerade der Tatsache verdankt, dass sie nicht intendiert ist.[117] Kunst soll die Maschine nicht mehr ornamental verzieren, sondern ihre Strukturen sichtbar machen.[118]

Die neuere Forschung tendiert im Gegensatz zu älteren Auffassungen

---

113   Auch dieses Bild erschien kurz nach seiner Fertigstellung in mehreren Zeitschriften: The Survey 65 (1. Februar 1932), S. 469; Fortune 3 (1931) Nr. 3, S. 57.

114   Ford Plant, River Rouge, Canal with Salvage Ship, 1927, (The Lane Collection, Boston). Abbildung in *Brock*, Sheeler, S. 102. Zum Verhältnis der Prezisionisten zur Photographie vgl. *Tsujimoto, Karen*: Images of America. Precisionist Painting and Modern Photography, Seattle/London: University of Washington Press 1982.

115   Vgl. *Lucic, Karen*: Charles Sheeler and the Cult of the Machine, Cambridge, Mass.: Harvard University Press 1991, S. 95.

116   Z. B. Jacob van Ruisdael: De molen bij Wijk bij Duurstede, ca. 1678, Rijksmuseum, Amsterdam.

117   Vgl. Section of the Ford Plant at Dearborn, Michigan – by Charles Sheeler, in: Fortune 3 (1931), Nr. 3, S. 57.

118   Vgl. *Orvell*, a. a. O., S. 53. Carol Troyen und Erica Hirshler finden gleichwohl eine Differenz zwischen dem Gemachten und dem Natürlichen, insofern Sheeler der Architektur mit einem Bleistift scharfe Konturen verleihe, während die natürlichen Dinge einer weicheren Textur folgten. Vgl. *Troyen, Carol/Hirschler, Erica E.*: Charles Sheeler. Paintings and Drawings, Boston: Museum of Fine Arts 1987, S. 118.

dazu, Sheelers Werken auch kritische Absichten zu attestieren.[119] Das aber widerspricht den Äußerungen des Künstlers. Meines Erachtens ist dieses wie andere Industriebilder Sheelers aus der Zeit als deskriptive Annäherung an die Verwandlung der Tradition in eine neue Ordnung zu sehen, die sich tatsächlich einer vordergründigen und schnellen Wertung entziehen wollen.[120]

Wie in den »Criss-Crossed Conveyors« schiebt sich die Industrietechnik in »American Landscape« als weltgestaltend über alte Formen der Weltwahrnehmung, ohne deren Verlust zu beklagen. So wie dort die Förderbänder und Schornsteine strukturell den Strebebögen der Kathedrale von Chartres korrespondieren, die Sheeler ein Jahr später aufnahm,[121] so hier das Fabrikgelände als gebaute Umgebung der natürlichen Landschaft. Diese aber war in der amerikanischen Landschaftsmalerei des 19. Jahrhunderts als der Ort der Präsenz des Heiligen in der Welt verstanden worden.

Ebenfalls im Rückgriff auf Konventionen der niederländischen Malerei des 17. Jahrhunderts, im Ergebnis aber ganz anders thematisiert Franz Radziwill (1895–1983) das Verhältnis von Technik und Natur. Das der »Neuen Sachlichkeit« zuzurechnende Bild »Dorfeingang / Ende eines Arbeitstages« von 1928 zeigt die Maschine als Eindringling (→ Farbtafel 19).[122] Radziwill lehnt sich nicht allein im Bildaufbau, sondern auch in der Behandlung der Oberflächen und Farben unterhalb des Himmels an die klassische Bildtradition an. Im Hof eines Bauernhauses steht eine Dampfmaschine, wie sie zum Betreiben eine Dreschmaschine verwendet wurde.[123] Die Mauer umschließt die »Maschine im Garten« (Leo Marx), während die Menschen starren Blickes an der Mauer lehnen, als ob sie ein Ungeheuer bewachten. Im Hintergrund würde ein Gartentor auf eine Wiese führen, wenn es nicht verschlossen wäre. Auf dem Meer treffen sich Segelschiffe und ein Dampfer als Repräsentanten der Vormoderne und der Moderne. In einem Brief aus dem Jahr 1928 schrieb Radziwill: Chemnitz habe »einen riesigen Eindruck

---

119   Am weitesten in diese Richtung argumentiert Rawlinson, der Sheeler in Auseinandersetzung mit Adorno und Benjamin als subversiven Teil der »Kulturindustrie« interpretieren möchte. Vgl. *Rawlinson*, Sheeler, S. 128–163.

120   So schon Wolfgang Born, der in Sheeler eher einen Analytiker der »technocratic landscape« sah. Vgl. *Born, Wolfgang*: American Landscape Painting. An Interpretation (1948), Nachdruck Westport, Conn.: Greenwood Press 1970, S. 211.

121   Vgl. *Troyen, Carol*: Photography, Painting, and Charles Sheeler's View of New York, in: Art Bulletin 86 (Dezember 2004), Nr. 4, S. 731–749. Hier S. 737.

122   Franz Radziwill: Dorfeingang/Ende eines Arbeitstages, 1928 (Museum Ostdeutsche Galerie, Regensburg).

123   Vgl. Landesmuseum Oldenburg (Hg.): Franz Radziwill. Mythos Technik, Oldenburg: Isensee 2000, S. 30.

von industrieller Arbeit hinterlassen und [ich] habe diese Bewegung zuletzt gerne in mir gehört.«[124] Dennoch setzt sich in Radziwills Gemälde der drohende Unterton eines Kampfes zwischen Technik und Natur durch. Spätestens, wenn der Blick nach oben in den Himmel wandert, wird die Brüchigkeit der Wirklichkeit offenbar. Die ländliche Farbigkeit mir ihren Erdtönen weicht grellen Rot- und dunklen Grautönen. Zwei Flugzeuge fliegen an zerrissenen Wolken vorbei scheinbar in ein schwarzes Loch. Wird die Erde scheinbar von »Neuer Sachlichkeit« geprägt, herrscht am Himmel allenfalls ein »Magischer Realismus.« Auch Radziwill nutzt mit einer Anbindung an die Vergangenheit und dem zerrissenen Himmel Transzendenzverweise. Auch in seinem Bild wird die Frage nach der Integration der Technik in die Ordnung der Natur und der Gesellschaft gestellt. Aber es gibt keine positive Vermittlung. Technik dringt in die Natur und das Leben der Menschen ein und zerstört sie ebenso wie die Möglichkeiten einer einheitlichen Bildgestaltung. Zwischen Faszination und Schrecken hin- und hergerissen kann diese Kunst die neuen Techniken nicht integrieren. Sie spiegelt vielmehr den Eindruck der Instabilität des Technischen wie des Sozialen. Zur Heilung beider hoffte Radziwill auf den Nationalsozialismus.[125] Aber Integration ist im 20. Jahrhundert auf der Basis letztlich unübersetzter Bilder niederländischer Kulturräume früherer Jahrhunderte nicht zu haben.

Kehren wir von hier aus noch einmal zu Sheeler zurück. Anders als Radziwill transformiert Sheeler das Landschaftsbild und schafft damit eine Verbindung zwischen Vergangenheit und Gegenwart. Weder wird das Alte romantisch beschworen, noch wird das Neue isoliert ins Bild gesetzt wie etwa in den Maschinenbildern von Francis Picabia oder Max Ernst.[126] Vergangenheit und Gegenwart werden vielmehr unter einer modernen Perspektive wahrgenommen. Ebenso wenig wie die Kathedrale von Chartres stellte Sheeler River Rouge in einer Gesamtansicht dar, weil Einzelansichten seiner Meinung nach einen umfassenderen Eindruck vermittelten.[127] Hierin wie in der Entstehung seiner Bilder folgt Sheeler einem spezifisch modernen Produktionsverfahren. In der Photographie wird die Wahrnehmung auf

---

124   Brief an Wilhelm Niemeyer vom 9. Februar 1928. Zit. nach: *Firmenich, Andrea* (Hg.): Franz Radziwill. »Das größte Wunder ist die Wirklichkeit« (Ausstellungskatalog Kunsthalle Emden 1995), Köln: Wienand 1995, S. 53.

125   *Gerster, Ulrich*: Zwischen Avantgarde und Rückwendung. Die Malerei Franz Radziwills von 1933 bis 1945, in: Firmenich, a. a. O., S. 30–37.

126   Francis Picabia: Here, This Is Stieglitz Here, 1915 (Metropolitan Museum of Art, New York); Max Ernst: Petite machine, 1919–20, (Peggy Guggenheim Collection, Venedig).

127   Vgl. *Troyen*, Photography, S. 737.

eine zweidimensionale Ebene gebracht, die Gesamtansicht zerlegt, um dann im Gemälde wieder zu einem Ganzen zusammengesetzt zu werden. Darin entspricht Sheeler Walter Benjamins Analyse des Kunstwerks »im Zeitalter seiner technischen Reproduzierbarkeit«. Aber Sheeler versucht nicht, diese Entstehung vergessen zu machen. Im Gegenteil: Sein Kunstwerk gibt sich als tatsächlich einmaliges doch in hohem Maße reproduzierbar. Entsprechend seinem Ziel, die Malerei nicht zwischen den Gegenstand und seinen Betrachter treten zu lassen, hält Sheeler den Unterschied zwischen einem Photo und dem Original verschwindend gering.[128] Der technisch-mechanische Ursprung des Bildes wird so auf die Sinnebene übertragen. Technik ist in diesen Bildern nicht nur inhaltlich, sondern auch formal omnipräsent. In diesem Sinne macht Sheeler die Struktur der Moderne sichtbar. Diese Struktur ist genauso transzendent wie vormals die Landschaft, und die Strukturen der Fabrik sind ebenso Symbol des Transzendenten wie das Strebewerk einer Kathedrale. Die »Criss-Crossed Conveyors« sind in diesem Sinne eine moderne Himmelsmechanik, die sich selbst als Montage durchsichtig macht.

Die Maschine kann zum Bild des Göttlichen werden, weil sie die Wahrnehmung des Lebens sowie der Welt als Ganze bestimmt. Diesem Makrokosmos entspricht auf der Ebene des Mikrokosmos ein Bauteil, das die Maschine bis ins Kleinste prägt: das Rad. Räder gehören zur allfälligen Symbolik, wo es um die Maschine geht. Das Rad ist ihr Geheimnis und Symbol zugleich. Der Katalog der »Machine Art« Ausstellung machte es 1934 in Form eines Kugellagers zum Titelhelden (→ Abb. 51) und der *Scientific American* zeigte im gleichen Jahr zur Frage »Has Man Betrayed The Machine?« eine Photographie Margaret Bourke-Whites, auf der riesige Zahnräder in einer Maschinenbaufabrik symbolisch die Maschine an sich repräsentierten (→ Abb. 52). Insbesondere das stereotyp bis heute immer wieder reproduzierte Motiv des überdimensionalen Rades, zu dem der Mensch nur hinzutritt, um die Größe des Rades zu veranschaulichen, zeigt den symbolischen Gehalt des Objekts. Ganzheit und Vollkommenheit der Maschine werden mit dem Rad in einem einzigen Bild verdichtet. Das Zahnrad verkörpert darüber hinaus den Zusammenhang der Dinge. Es zeigt, was die Welt im Innersten zusammenhält, indem es den Mechanismus scheinbar offenlegt, in der Mikrogestalt eines Uhrwerks ebenso wie als Metapher für die Wissenschaft und

---

128   Diese Ununterscheidbarkeit ist an »Classic Landscape« (National Gallery of Art, Washington D.C.) noch deutlicher wahrzunehmen als an »American Landscape«.

Technik an sich.[129] Damit wird es aber gleichzeitig zum Angriffspunkt der Kritik. Als Charlie Chaplin in »Modern Times« in das Innere der Maschine gezogen wird, gerät er zwangsläufig zwischen die Zahnräder. Dieses Bild ist wiederum selbst zur Ikone des Verdachts geworden, dass der Mensch im Räderwerk eigentlich keinen Ort mehr habe. George Bellows (1882–1925) lässt in einer Buchillustration Christus nicht zum Kreuz, sondern zu einem Rad treiben (→ Abb. 53). Noch deutlicher wird das Motiv in einer Grafik des tschechischen Malers František Kupka: Civilisation, in der ein Arbeiter an einem Zahnrad gekreuzigt wird (→ Abb. 54).[130]

Fabrik und Rad konstituieren die Weltmaschine und schaffen damit eine Ordnung sui generis. Das ist diesseits und jenseits des Atlantiks communis opinio. Die Frage, um die gerungen wird, ist, wer oder was diese Maschine steuert. Die Wahrnehmung, dass die »Maschine« nur im Rahmen eines überpersonalen Prozesses zu verstehen sei, führte dazu, dass über

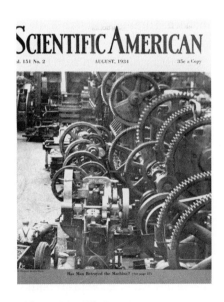

Abb. 51: Ausstellungskatalog
Machine Art, MoMA, 1934 (Josef Albers)

Abb. 52: *Scientific American*, 1934
(Margaret Bourke-White)

---

129   *Gerald Murphy*: Clock, 1925 (Dallas Museum of Art). Das Everyday Engineering Magazine wählte als Emblematon vier ineinander greifende Zahnräder, die für die Wissenschaft, Mechanik, Elektrizität und Chemie standen.

130   Abb. in: *Bertsch, Christoph*: Der gekreuzigte Arbeiter. Anmerkungen zu einem vernachlässigten Bildtypus der Zwischenkriegszeit, in: Türk, Klaus (Hg.): Arbeit und Industrie in der bildenden Kunst. Beiträge eines interdisziplinären Symposiums, Stuttgart: Franz Steiner 1997, S. 40–49. Abb. S. 42.

Abb. 53: George Bellows: Abb. 54: František Kupka:
Christ of the Wheel, 1923   Civilisation, 1925

die Maschine auch im Rahmen einer Symbolik des Göttlichen debattiert wurde – in den USA prominenter unter positiven Vorzeichen, in Deutschland eher unter negativen.

Mythen

Im Jahr 1923 forderte Paul Tillich: »Es kann und muss einen Mythos der Technik geben und darum auch eine kultische Weihe der technischen Produktion, wie es beide im Handwerk gab.«[131] Angesichts der zahlreichen religiösen wie nicht-religiösen Transzendenzverweise in der Diskussion um die Industrietechnik, die bis hierher schon deutlich wurden, lässt sich vermuten, dass es dazu auch einen Mythos oder zumindest mythische Elemente geben müsse.[132]

---

131 *Tillich, Paul*: Grundlinien des religiösen Sozialismus (1923), in: Ders.: Gesammelte Werke, Bd. II, Stuttgart: Evangelisches Verlagswerk 1962, S. 91–119. Hier S. 107.
132 Es kann und soll hier nicht auf die umfangreiche kulturwissenschaftliche wie philosophische Diskussion zum Mythenbegriff eingegangen werden. Es handelt sich bei den im Folgenden zu behandelnden Phänomenen auch nicht um geschlossene Mythen, sondern analog zu den Transzendenzverweisen um bestimmte Kontextualisierungen der Gegenstände, die diese unter Verwendung historischer, ästhetischer oder traditionell religiöser Motive in einen mythischen, d.h. in der Regel narrativen oder kultischen Rahmen stellen.

Solche Elemente findet man vor allem in der Darstellung der Stahlindustrie wie in den Debatten um Staudämme. Geht es bei der Stahlherstellung um die Frage nach der Geburt der Gesellschaft und der Schöpfung im Jetzt, so warf der Bau riesiger Staudämme und die damit einhergehende Veränderung der Steuerung von Natur und Gesellschaft die Frage auf, ob man mit der gewonnenen Energie das Paradies erreiche, oder es nicht vielmehr verspiele.

Stahlkochen – Schöpfung und Geburt

Die Eisenbearbeitung und das dazu notwendige Feuer wurden schon in der Antike in einen mythischen Rahmen gestellt.[133] Für das 18. Jahrhundert hat Werner Busch gezeigt, dass die Darstellungen von Schmiedewerkstätten den Bildern der Geburt Jesu folgen.[134] Zu den übertragenen Motiven gehörten u. a. das ehedem von Jesus, nun aber vom Eisen ausgehende Licht, das die Szene erhellt, die meist männlichen und(!) weiblichen Betrachter

Abb. 55: Joseph Wright of Derby:
The Iron Forge, 1772

Abb. 56: Anzeigenmotiv für die Ford
Motor Company, 1930er Jahre

---

133   Eine umfangreiche Sammlung von Kunstwerken zur Stahlindustrie bietet der Katalog zur Ausstellung »Feuerländer« im LVR-Industriemuseum, Oberhausen: *LVR-Industriemuseum/ Schleper, Thomas* (Hg.): Feuerländer – Regions of Vulcan. Malerei um Kohle und Stahl, Münster: Aschendorff 2010. Zur Geschichte der Stahlindustrie in den USA: *Misa, Thomas J.*: A Nation of Steel. The Making of Modern America, 1865–1925, Baltimore/London: Johns Hopkins University Press 1995.

134   *Busch, Werner*: Joseph Wright of Derby. Das Experiment mit der Luftpumpe. Eine Heilige Allianz zwischen Wissenschaft und Religion, Frankfurt am Main: Fischer Taschenbuch 1986, S. 32 ff. Busch weist daraufhin, dass bereits Francis Klingender auf diesen Zusammenhang hingewiesen habe, ohne ihm jedoch systematisch nachzugehen. Vgl. *Klingender, Francis D.*: Kunst und industrielle Revolution, Dresden: Verlag der Kunst 1974, S. 60. (urspr. engl.: Art and the Industrial Revolution, London: Evelyn, Adams & Mackay 1968).

Abb. 57: Diego Rivera: Entwurf für die Nordwand »Automobilindustrie«, 1932

der Szene und die Situation in einem stallartigen Gebäude (→ Abb. 55). Im 19. Jahrhundert griff u. a. John Ferguson Weir (1841–1926) das Motiv in seinen beiden monumentalen Gemälden »The Gun Foundry« (1864–66)[135] und »Forging the Shaft« (1874–77) auf.[136] Nostalgisierend begegnet das Motiv dann in einer Werbung der Ford Company (→ Abb. 56).

Eine der tatsächlich modernisierten Varianten des Themas wurde bereits oben im Abschnitt über das Licht (→ Farbtafel 16) vorgestellt.

Das Geburtsmotiv wird gleichsam noch direkter in den Blick genommen, wenn Stahlgießpfannen in dem Moment gezeigt werden, in dem der heiße Stahl aus ihnen herausfließt (→ Farbtafel 20), oder ein Bessemer Konverter Funken sprüht (→ Farbtafel 21). In einer Vorzeichnung zu seinen berühmten Fresken im Detroit Institute of Arts hat Diego Rivera genau dieses Motiv wiederum in den Kontext der christlichen Tradition gestellt und als Teil eines »Altargemäldes« als Geburtsszene ausgewiesen (→ Abb. 57).

Links und rechts der Mitte sind Heilige (sc. Arbeiter) zu sehen, während in der Mitte, dort wo üblicherweise die Geburt Jesu dargestellt wird, die Geburt des Stahls zu sehen gewesen wäre. Rivera hat schließlich eine andere Gliederung seines Freskos gewählt, aber der Entwurf belegt die »Semantik« der Stahlgießpfanne.[137]

135   Putnam County Historical Society, Cold Spring, NY.
136   Metropolitan Museum of Art, New York. Zu den beiden Gemälden ausführlich: *Fahlman, Betsy*: John Ferguson Weir. The Labor of Art, Newark: University of Delaware Press/London: Associated University Presses 1997, Kap. 3 und 4.
137   Vgl. zu den Fresken: *Downs, Linda Bank*: Diego Rivera. The Detroit Industry Murals, Detroit: Detroit Institute of Arts/New York/London: W.W. Norton & Co. 1999.

Abb. 58: Thomasstahlwerk in
Technik für alle, 1923

Selbst unter den Bedingungen der nüchternen Darstellung des Technischen in deutschen Zeitschriften findet sich das Motiv der Geburt, in diesem Fall aus einer höhlenartigen Konstruktion, wieder (→ Abb. 58).

Selbstverständlich entlässt der Stahlherstellungsprozess keine Individuen. Eher lassen Reihen von Gussblöcken an die repetitive Herstellung von Robotern in gegenwärtigen Darstellungen denken. Dennoch bleibt ein Rest von Individualität. Sämtliche Darstellungen der Arbeit im Stahlwerk orientieren sich ikonographisch letztlich an Handwerksbildern, nie an dem für die industrielle Revolution typischen Bildmotiv der in die Tiefen des Bildraums sich immer wiederholenden gleichen Maschine. Dies entspricht dem Selbstverständnis des Stahlwerkers, wie Filme der Zeit es – zu Werbezwecken – konstruieren,[138] wie es aber auch in Interviews mit ehemaligen Stahlarbeitern deutlich wird.[139] Im Stahlwerk findet eine Schöpfung statt. Aber der Vorgang reicht weit über das am Ende der Produktion stehende Blech oder anderes hinaus. Denn der Stahl ist »nation builder« und zugleich »backbone of our civilization and progress.«[140] In Filmen wie in populären Magazinen wurde die lange Geschichte der Eisenbearbeitung gezeigt und immer wieder darauf hingewiesen, dass der Stahl die »basis upon which our civilization has been built« sei.[141] Und man kam der Tillichschen Forderung nach einem Mythos der Technik schon recht nah, wenn man aus Arbeitsprozessen rituelle Vorgänge machte und sie so beschrieb: »Like men who have laboriously prepared, and have waited their turn, and

---

138   Z.B. »Steel – A Symphony of Industry« (USA 1936), American Iron and Steel Institute (http://archive.org/details/SteelASy1936) (9.4.2013). »The Drama of Steel« (USA 1946), U.S. Department of the Interior (http://archive.org/details/gov.archives.arc.12505) (9.4.2013).
139   Born of Fire. How Pittsburgh Built a Nation. The human story of steel as told through art, song and history, DVD, Greensburg, Pa: Westmoreland Museum of American Art 2006.
140   »Drama of Steel« (s. o.)
141   The Steel of the Future, in: Popular Mechanics 65 (Mai 1936), Nr. 5, Coloroto (o.S.).

now bear offerings to Mars and Vulcan, in orderly procession they emerge from all reaches, all the dim recesses of this big arena. They pass, like votaries on the way to some mysterious rite. At the gathering point where their paths converge, where the steel trolleys end, they pause while each in his turn thrusts his red-hot burden into the hungry maw of a mechanical monster ...«[142] In kaum einem anderen Bereich der Technik liegen die Faszination gegenüber dem technischen Geschehen und die skeptische Frage nach der Situation des Menschen, der daran arbeitet, so dicht beieinander wie in der Stahlindustrie. Bereits John Fitch begann sein Werk »The Steel Workers«, eine umfangreiche Sozialstudie, die Teil der berühmten Pittsburgh Survey war, im Jahre 1910 mit den Worten:

»There is a glamour about the making of steel. The very size of things – the immensity of the tools, the scale of production – grips the mind with an overwhelming sense of power ... Bessemer converters dazzle the eye with their leaping flames ... These are things that cast a spell over the visitor in these workshops of Vulcan ... you must go again and yet again before it is borne in upon you that there is a human problem in steel production.«[143]

In der Literatur wurde auf diese Schattenseiten der Stahlindustrie jenseits ursprungsmythologischer Verklärung hingewiesen. In Carl Sandburgs Gedicht »Smoke and Steel« (1920) heißt es:

A bar of steel — it is only
Smoke at the heart of it, smoke and the blood of a man.
A runner of fire ran in it, ran out, ran somewhere else,
And left — smoke and the blood of a man
And the finished steel, chilled and blue.
So fire runs in, runs out, runs somewhere else again,
And the bar of steel is a gun, a wheel, a nail, a shovel,
A rudder under the sea, a steering-gear in the sky;
And always dark in the heart and through it,
Smoke and the blood of a man.
Pittsburgh, Youngstown, Gary — they make their steel with men.

---

142   *Wilhelm, Donald*: The New Story of Ancient Wrought Iron, in: The World's Work (Februar 1930), S. 19–28. Hier S. 19.

143   *Fitch, John A.*: The Steel Workers (1910), repr. with an introduction by Roy Lubove, Pittsburgh, Pa: University of Pittsburgh Press 1989, S. 3.

In the blood of men and the ink of chimneys
The smoke nights write their oaths:
Smoke into steel and blood into steel;
Homestead, Braddock, Birmingham, they make their steel with men.
Smoke and blood is the mix of steel. [144]

Zwischen 1892 und 1937 war es den Unternehmern gelungen, die Branche frei von gewerkschaftlicher Organisation und Einfluss zu halten. Die immer wieder aufflammenden Streiks wurden z.T. brutal niedergeschlagen. Noch schwerwiegender als schlechte Arbeitsbedingungen aber war der Verlust des Arbeitsplatzes.[145] Unter besseren Arbeitsbedingungen und gewerkschaftlich veränderten Machtverhältnissen, wie sie sich nach 1945 entwickelten, passte jedenfalls die Zuschreibung der Schöpfung als Transzendenz der Stahlherstellung durchaus zum Selbstverständnis der dort Arbeitenden. Wer Stahl aus den Pfannen hat fließen und die Öfen, in denen der Stahl vor der Verarbeitung wieder erhitzt wird, sich hat öffnen sehen, wird sich noch heute kaum des Eindrucks entziehen können, dass es hier tatsächlich um Grundlegendes geht. Das Verhältnis von Technik und ihrer Wahrnehmung sowie der Arbeitssituation und deren Wahrnehmung ist jedenfalls komplexer, als dass die Schwerindustrie nur Opfer der »Dämonie der Technik« hervorbringe. Die oben beschriebenen Transzendenzzuschreibungen in der Stahlindustrie verdanken sich bis auf die künstlerische Adaption bei Diego Rivera alle apologetischen Kontexten. Insofern kann man sie als Ideologie verstehen. Dass man aber mit ihnen werben konnte, zeigt, dass die jeweiligen Konnotationen als angemessen, zur Sache passend wahrgenommen wurden. Ansonsten wären sie lächerlich erschienen. Der Mythos von der Geburt der Zivilisation aus Eisen und Stahl sowie vom Stahlarbeiter als dessen immer neu tätigem Geburtshelfer hat die Zeit geprägt. Gleichzeitig hat die dunkle Seite der Industrie, die faktische Ausbeutung der Menschen bis an die Grenzen des Lebens und die militante Niederschlagung der Streiks die Haltung der Kirchen zur Arbeiterschaft und darauf folgend zur Industrietechnik nachhaltig beeinflusst.[146]

---

144   *Sandburg, Carl*: Smoke and Steel (1920), in: Ders.: Complete Poems, New York: Harcourt, Brace & World 1950, S. 151–156. Hier S. 152.

145   Ein Film der New York University aus dem Jahr 1940 zeigt dies in fast »neorealistischer« Manier: »Valley Town«, Regie: Willard van Dyke, USA 1940. (http://archive.org/details/ ValleyTo1940) (9.4.2013).

146   Vgl. *May, Henry F.*: Protestant Churches and Industrial America, New York: Harper & Brothers 1949, S. 91 ff.

Staudämme – Ein Garten Eden und das Ende der Unschuld

Kaum eine Technik war mit so vielen Kontroversen auf unterschiedlichen Ebenen verbunden wie der Bau von Staudämmen. Von den einen als Heilsbauwerke gepriesen, die die Trockenzonen im Südwesten in ein fruchtbares gelobtes Land verwandelten, wurden die Staudämme von den anderen als Sünde verdammt, die nicht nur die Natur, sondern auch die politische Ordnung zerstörten.

Bereits im Jahre 1905 hatte der Journalist William E. Smythe in einem Plädoyer für eine großangelegte Bewässerungsstrategie trockener Landesteile u. a. das Tal des Salt Lake in Utah mit dem Heiligen Land verglichen, um damit auszudrücken, welche Verheißung seiner Meinung nach auf diesem Land ruhe.[147] Smythe beschloss sein Buch mit einem Abschnitt »Man's Partnership With God«, in dem die Bewässerung des Landes als eine Kooperation zwischen Gott und Mensch gedeutet wurde. »Irrigation, for example, is a religious rite. Such a prayer for rain is intelligent, scientific, worthy of man's divinity.«[148] Solche euphorischen Bewertungen blieben nicht unwidersprochen.

Bereits im Jahr 1911 kündete ein Titelbild des *Scientific American* von den Kämpfen um die Bauwerke, die für Bewässerung und die Stromerzeugung benötigt wurden. Das Bild zeigte den Roosevelt Dam, der im gleichen Jahr fertiggestellt wurde (→ **Farbtafel 22**). Der Damm wird dabei jedoch nicht in der üblichen Weise, d.h. frontal und eher aus der Untersicht dargestellt. Vielmehr lenkt der Künstler den Blick über den im linken unteren Bildrand nur ausschnittweise sichtbaren Damm hinweg auf den dahinter liegenden Stausee und die Berge im Hintergrund. Die Sonne geht im Westen unter und taucht den See in ein rotes Abendlicht.[149] Mit dieser Bildperspektive wird die Aufmerksamkeit vom Damm als einem für damalige Verhältnisse großen Bauwerk fort und auf den Zweck, die Bewässerung, gerichtet. Der Damm wird zu einem Teil der naturverändernden Aktivität des Menschen, die aus der Wüste, die den Damm umgibt, einen Garten entstehen lässt. Dabei nimmt das Bild Bezug auf ein Gemälde des Malers Frederic Edwin Church

---

147 *Smythe, William E.*: The Conquest of Arid America (1899), revised edition, New York: Macmillan 1905. Zit. nach der Ausgabe: Young People's Missionary Movement of the United States 1905, S.54. (Hinweis und Abbildung der Karte auch bei *Nye, David*: America as Second Creation. Technology and Narratives of New Beginnings, Cambridge/London: MIT 2003, S.224.)

148 A.a.O., S.330.

149 Das entspricht nicht der tatsächlichen Himmelsrichtung. Der Blick des Bildes ist eher nach Norden gerichtet.

aus dem Jahr 1860, »Twilight in the Wilderness« (→ Farbtafel 24). Den See in Churchs Bild umgeben zwar Wälder, aber auch hier wird die Landschaft durch die untergehende Sonne vom Horizont her in ein »Zwielicht« getaucht. Church, einem Vertreter der sogenannten Hudson River School, ging es u. a. darum, die Natur als Ort der Transzendenz gegenüber der beginnenden Veränderung durch die technische Zivilisation stark zu machen. Insofern zerstört die Zivilisation bei Church den Garten Eden.[150] Im Bild des *Scientific American* dagegen wird der Verheißung Ausdruck verliehen, dass die Technik der Fruchtbarkeit gerade den Weg ebnet und die Wüste verwandelt. Dem eigentlich technischen Zusammenhang wird in der Bildgestaltung eine transzendente Würde zugesprochen, indem der Autor sich auf eben jene Tradition der amerikanischen Landschaftsmalerei bezieht, die die (amerikanische) Natur zum Ort der Manifestation des Heiligen erklärt hatte. Gleichzeitig spricht das Bild jedoch noch eine weitere Ebene an: Churchs Bild lässt sich nämlich, ähnlich wie Bilder etwa von Caspar David Friedrich, auch als politische Aussagen lesen. Danach wäre »Twilight in the Widerness« eine in die Natur verlegte Darstellung der am Horizont drohenden Gefahr des Bürgerkriegs, der bekanntlich ein Jahr nach Entstehung des Bildes ausbrach.[151] Wenn das Bild des Roosevelt Dam auch auf diese Ebene in Churchs Naturbild Bezug nimmt, dann bringt es auch die Auseinandersetzungen ins Bild, die um den Bau von Staudämmen geführt wurden. Zu den Konflikten um die moderne Technik gehörte, wie Leo Marx in seinem Klasssiker »The Machine in the Garden«[152] gezeigt hat, bereits im 19. Jahrhundert die Frage nach den Eingriffen in die Natur. Staudämme mussten schon aufgrund ihrer Größe dieses Problem erneut aufwerfen. Anders als die Befürworter behaupteten, schufen Staudämme in den Augen ihrer Gegner nicht etwa das Paradies, sondern untergruben es. Bereits 1916 war der National Park Service gegründet worden. Ganz in diesem Sinne warb die *Survey* 1929

---

150   Thomas Cole, der Begründer der Schule, hat dieses Motiv in einer Darstellung der Vertreibung aus dem Paradies als Übergang von der fruchtbaren Waldlandschaft in eine Wüste zu einem expliziten Bildthema gemacht. Thomas Cole: The Expulsion from the Garden of Eden, 1828, Museum of Fine Arts, Boston.

151   Vgl. etwa: *Pohl, Frances K.*: Framing America. A Social History of American Art, London: Thames & Hudson 2002, S. 150 unter Berufung auf *Kelly, Franklin*: Frederic Edwin Church and the National Landscape, Washington D.C./London: Smithsonian Instituttion Press 1988. Zu Church vgl. auch *Howat, John K.*: Frederic Church, New Haven/London: Yale University Press 2005, der jedoch auf einer biographischen und kunsttechnischen Interpretationsebene bleibt.

152   *Marx, Leo*: The Machine in the Garden. Technology and the Pastoral Ideal in America (1964), Oxford et al.: Oxford University Press 2000.

dafür, die Cumberland Falls in Kentucky zu erhalten und nicht durch einen Staudamm zu zerstören.[153]

Eine in der damaligen Diskussion größere Rolle spielten allerdings politische Ordnungsprobleme: Waren solche Großprojekte gegenüber kleineren Einzelinitiativen mit einer Kultur vereinbar, die Initiativen auf individueller Ebene tendenziell bevorzugte? Zerstörte nicht der 1902 gegründete U.S. Reclamation Service als Bundeseinrichtung[154] die lokale Struktur? Wie würde sich das Verhältnis von Großgrundbesitzern und kleinen Farmern durch die Großprojekte verändern?[155] Massive Konflikte um die Kontrolle über Land und Wasser sowie spätere Möglichkeiten, Strom zu verkaufen, entstanden. So bestimmte 1937 die Diskussion um die Tennessee Valley Authority bis in das Christian Century hinein die Frage, ob sich die Machtinteressen lokaler Stromproduzenten gegen die Bundesregierung (und das Versprechen der TVA, billigen Strom zu erzeugen) würden durchsetzen können oder nicht. Tatsächlich waren die Konsequenzen der großen Staudämme für die Umwelt wie für die kleinen Farmer, um derentwillen die Projekte vermeintlich initiiert worden waren, eher negativ. Von vergiftetem Wasser bis zu einer Konzentration in der Landwirtschaft reichten die Nebenfolgen.[156]

Schließlich wurden auch die Rechte von Native Americans verletzt, was ein Titelbild des *Scientific American* aus dem Jahr 1920 ideologisch in eine Versöhnung umzudeuten versucht (→ **Abb. 59**): Unterhalb des Long Lake Dam in Washington sitzen zwei Weiße auf einem Felsen. Ein Native American weist stolz auf den Damm als wäre es seine oder doch zumindest eine gemeinsame Arbeit, die hier geschaffen wurde. Das Motiv der einträchtigen Naturbeobachtung, wie es in der Landschaftsmalerei des 19. Jahrhunderts begegnet, aufnehmend, suggeriert das Bild sowohl eine Integration der Technik in die Natur als auch eine gesellschaftliche Integration. Das Erhabene des Damms wird als ästhetische Transzendenz zum Integrationsfaktor auf mehreren Ebenen. Mag der Mensch auch aus dem Paradies vertrieben

---

153 *Wallace, Tom*: Caught in the Power Net, in: The Survey 62 (1. Juli 1929), Nr. 7, S. 389–394.416 f. Das Titelbild von Frederick Weygold zeigte einen Hirsch am Fuße des Wasserfalls.

154 Ab 1907 Bureau of Reclamation.

155 Eine zeitgenössische Darstellung in: *Parsons, Floyd W.*: Putting Our Waters To Work, in: The World's Work 42 (Juli 1921), S. 249–263. Zur Geschichte der Staudämme (aus der Sicht des Bureau of Reclamation): *Billington, David P./Jackson, Donald C./Melosi, Martin V.*: The History of Large Federal Dams: Planung, Design, and Construction, Denver: U.S. Department of the Interior 2005.

156 Vgl. dazu ausführlich: *Nye, David*: America as Second Creation. Technology and Narratives of New Beginnings, Cambridge/London: MIT 2003, Kap. 10: Water Monopoly: Federal Irrigation and Factories in the Field.

Abb. 59: *Scientific American*, 1934

worden sein, so wird es hier in neuer Form wieder hergestellt.

In den dreißiger Jahren rückten in den Darstellungen zum einen die Bauwerke als solche stärker in den Mittelpunkt der Aufmerksamkeit, zum anderen die Arbeiter, die sie schufen. Insofern die Dämme auch Teil des Arbeitsbeschaffungsprogramms des New Deal waren, lag das auch nahe. Sowohl im Architektonischen als auch im Politischen ging es nun um Größe. Konsequent erschienen auf den Titelseiten die Betonmassen großer Dämme.[157] So trug schon das berühmte Titelbild der ersten Ausgabe des Publikumsmagazins *Life* von *Time*-Herausgeber Henry Luce 1936 eine Photographie Margarte Bourke-Whites vom Fort Peck Damm in Montana.[158] Und ein Magazin zeigte zu einem Beitrag, der den Lesern die Grandiosität des Boulder Dam (Hoover Dam) nahe bringen sollte, Aquarelle, die den Damm in enger Anlehnung an ägyptische Tempelanlagen und die Phantasien mancher Filme vom Bau der Pyramiden erscheinen ließen (→ **Abb. 60**).[159] Man beachte die lange Schlange von Arbeitern und die Abwesenheit jedes Baufahrzeugs. Boulder Dam wurde hier wie der Bau der Pyramiden als nationale Gesamtleistung inszeniert.

Das Fresko von Edgar Britton »Our Day« in Chicago, das oben im Zusammenhang mit dem Fortschrittsmotiv bereits erwähnt wurde (oben → **Abb. 32**), erweist sich nun als ein Kommentar zur Diskussion um die religöse Qualität

157   Vgl. zum Beispiel Grafiken von Hugh Ferriss, abgebild. in: *Wilson, Richard Guy/Pilgrim, Dianne H./Tahjian, Dickran*: The Machine Age in America. 1918–1941, New York: Brooklyn Museum und Harry N Abrams 1986, S. 112 f. sowie Roland Wank, a. a. O., S. 116; *Hard, William*: Superpower – Master or Servant? In: The World's Work 60 (Juni 1931), S. 60–65 (Abb. S. 60).

158   *Life*, 23. November 1936. Bild: http://life.time.com/history/life-magazine-first-ever-coverstory-building-the-fort-peck-dam-1936/ (19.4.2013); Photographie: http://www.metmuseum.org/toah/works-of-art/1987.1100.25. (19.4.2013).

159   Vgl. Filme des Bureau of Reclamation, z. B.: http://archive.org/details/Boulder_Dam_The_Pictorial_Record_of_Mans_Conquest_of_the_Colorado (19.4.2013).

Abb. 60: Boulder Dam (Stanley Wood), Ausschnitt

der Dämme: Denn die heilige Familie gewinnt vor dem Hintergrund des Staudamms auf ihrer Wanderschaft Ruhe und die Hoffnung, ein neues Zuhause zu finden. Die Stadt ist fern und der Weg führt durch die Wüste, die durch den Staudamm in einen Garten verwandelt werden kann. Im Streit um die Frage, was Schöpfung und was Fall an der Technik sei, bezogen die Darstellungen des öffentlich geförderten Kunstprogramms aus den 1930er Jahren eindeutig Position zugunsten der Schöpfung, eine Linie, die jedenfalls das *Christian Century* rückhaltlos unterstützte.[160]

Heilsmechanik

In der Metapher der Maschine als »neuer Gott« verbarg sich die Frage, ob und wie Technik die Lebensbedingungen des Einzelnen wie der Gesellschaft als Ganzer positiv verbessern würde und vielleicht sogar zum Heil beitragen könnte. Auf der einen Seite des Spektrums möglicher Antworten standen die Technokraten, die das Funktionsprinzip der Maschine zum

---

160 *Lilienthal, David E.*: The TVA Points Ahead, in: Christian Century 53 (7. Oktober 1936), S. 1318–1319. Lilienthal gehörte zur Leitung der TVA.

Organisationsprinzip aller Lebensbereiche machen wollten und damit u. a. die Religion im herkömmlichen Sinne überflüssig zu machen hofften. »[R]eligion, always sensitive to the needs of contemporary society, might very well turn from the inculcation of resignation to the encouragement of joy.«[161] Auf der anderen Seite standen jene Kritiker, die wie Charlie Chaplin in »Modern Times« die Maschine als unpersönliches Unterdrückungsinstrument betrachteten. Die Maschine als Arbeitswerkzeug kann nicht unabhängig vom Menschen betrachtet und dargestellt werden. Daher tritt nun der Mensch als Bildgegenstand neben die Maschine. Transzendenzzuschreibungen im Blick auf den Menschen als Arbeiter, Ingenieur oder Manager unterscheiden sich dabei zwischen den USA und Deutschland im Blick auf ihre Wertigkeit: Während Bilder des Technik-Menschen in den USA eher dort Transzendenzmotive aufweisen, wo es um positive Konnotationen geht, werden Transzendenzverweise in Deutschland da aufgeboten, wo die Darstellung negative Aspekte des menschlichen Lebens im Industriezeitalter aufgreift.

Mit der Einführung der Fließbandproduktion im Ford-Werk in Highland Park 1913 wurde die Automatisierung der Fabriken, der Menschen und der Gesellschaft zum beherrschenden Thema. Es sollte bis in die zweite Hälfte des 20. Jahrhunderts das Bild des Verhältnisses des Menschen zur Maschine prägen. »Machine – Master or Slave?«[162] lautete die immer wiederholte Frage, an deren Beantwortung die Haltung zur Technik überhaupt hing. Stuart Chase begann sein Buch »Men and Machines« mit einer Diskussion der Frage, ob wir schon Sklaven der Maschinen seien. Der Wissenschaftsredakteur des *Time Magazine*, Jonathan Norton Leonard, nutzte die Metapher vom Sklaven als durchgängiges Prinzip einer Übertragung organischer Vorstellungen auf die Maschine. Unter dem »Food for Mechanical Slaves« verstand er Arten der Energiegewinnung, und Metalle wurden als Knochen und Fleisch der Maschinen gedeutet.[163] Dabei schreibt bereits die Metapher des »Sklaven« der Technik in mehrfacher Hinsicht eine Transzendenzdimension zu: Zum einen katapultiert sie die soziale Gegenwart in den Kontext einer weit zurückliegenden Vergangenheit, deren letzte Reste die USA angetreten waren, hinter sich zulassen. Zum anderen personalisiert sie die Maschine.

---

161 *Loeb, Harold*: Life in a Technocracy. What It Might Be Like (1933), with a new introduction by Howard P. Segal, New York: Syracuse University Press 1996, S. 108.

162 *Bent, Silas*: Machine – Master or Slave? In: The World's Work 58/2 (August 1929), S. 62–67. 110.112.122.

163 *Leonard, Jonathan Norton*: Tools of Tomorrow, New York: Viking Press 1935.

Automatisierung – Herr oder Sklave?

Bildliche Auseinandersetzungen um
den Stellenwert der Maschine und die
Frage, ob sie zum Wohl oder Wehe
des Menschen beitrüge, wurden nicht
nur im Blick auf Fabriken, sondern
auch auf die Landwirtschaft geführt.
Während viele Magazine wiederholt
Landmaschinen als die konsequente
Fortentwicklung der amerikanischen
Kultivierung des Landes darstellten
(→ **Abb. 61**), zeigt John Fords Verfil-
mung von John Steinbecks »Grapes
of Wrath« dieselben Landmaschinen
bedrohlich aus der Untersicht bei
einem Zerstörungswerk (→ **Abb. 62**).[164]

Abb. 61: Peter Helck: The Harvester, 1930

Himmel und Kornfeld in gold-
gelbem Ton gefasst, zeigt die Illustration das Glück, das die Maschine
über das Land bringt. Indem auch der
Himmel in das gleiche Gelb des reifen Korns gefasst ist, werden Himmel und Erde so einander anverwan-
delt, als wäre das eine Spiegelbild des
anderen: »Siehe, das Himmelreich
ist nahe herbeigekommen«.[165] Durch
die Verbindung der Landmaschine

Abb. 62: Grapes of Wrath, USA 1940,
Filmstill

mit dem Zug, der die Horizontlinie markiert, greift das Bild auf die Ent-
wicklungserzählung des Westens durch die Eisenbahn zurück. In fast allen
Darstellungen des Fortschritts und der Eroberung des Westens der USA seit
dem 19. Jahrhundert verläuft die Bewegung von rechts nach links. Indem
die Eisenbahn auf der Illustration dem Betrachter und der Erntemaschine
sowohl den Horizont markiert als auch den Weg weist, werden Traktor und

---

164 »Grapes of Wrath«, Regie: John Ford, USA 1940.
165 Die farbige Version des Bildes ist zugänglich auf: http://www.fulltable.com/vts/m/mcov/
     imm/04.jpg (23. 4. 2013) oder in: *Okrent, Daniel*: Fortune. The Art of Covering Business, Salt
     Lake City: Gibbs – Smith Pub. 1999, S. 19.

Mäher als Techniken der Kultivierung des Westens und des nationalen Fortschritts in Szene gesetzt.[166] John Ford dagegen zeigt den Traktor aus starker Untersicht. Er wird den Zuschauer imaginär ebenso überrollen wie im Film die Bewohner, die kurz zuvor von ihrem Land vertrieben wurden. Die übermächtige Maschine ist Werkzeug der Bodenspekulanten, die aus der Dürrekatastrophe der 1930er Jahre im Mittleren Westen ihren Gewinn ziehen.

Aber bereits vor der Depression gab es kritische Stimmen. In ihrem Buch »I'll Take My Stand« versuchte eine Gruppe von zwölf Schriftstellern, die agrarische Kultur des Südens gegen die Industrialisierung zu verteidigen. »The capitalization of the applied sciences [i.e. Technik] has ... enslaved our human energies«, so die Autoren in ihrem Manifest.[167] Nicht nur würde die Industrialisierung die örtliche Wirtschaftsstruktur und die integrierte Lebensweise des Südens zerstören, sondern auch die Religion. »Religion

can hardly expect to flourish in an industrial society.« Denn Religion sei der Umgang mit der durch Natur vermittelten Kontingenz. Wenn das Bewusstsein dafür schwinde, könne religiöses Leben nicht gedeihen. »The God of nature under these conditions is merely an amiable expression, a superfluity ...«[168]

Die Wahrnehmung, der zufolge die Industrialisierung eine Gefahr bedeute, nahm die Zeitschrift *Iron Age* 1939 zum Anlass, eine Artikelreihe zum Thema »The Threat to the Machine« zu veröffentlichen. Anhand einer Karte der Vereinigten Staaten wurde gezeigt, an welchen Orten Abgeordnete sich kritisch gegen die

Abb. 63: *Iron Age*, 1939

---

166   Zu einem anderen Aspekt der Zeitschrift Fortune im Blick auf die Integration der Technik in die Natur siehe die interessante, kurz gefasste Interpretation auf: http://xroads.virginia.edu/~1930s/PRINT/fortune/harmony.html (23.4.2013).

167   I'll Take My Stand. The South and the Agrarian Tradition, by Twelve Southerners (1930), introduction by Louis D. Rubin, Baton Rouge/London: Louisiana State University Press 1977, S. xxxix.

168   A.a.O., S. xlii. Kritisch gegenüber den Folgewirkungen der Industrialisierung im Süden auch: *Ross, Malcolm*: Machine Age in the Hills, New York: Macmillan 1933.

Abb. 64: *The Technocrats Magazine*, 1933 (B. Saunders)

Automatisierung geäußert oder wo Gesetze verabschiedet worden waren, die eine Automatisierung erschwerten. Der Beitrag wurde durch eine Karikatur eingeleitet, die eine Maschine im Gefängnis zeigte, und damit ironisch aufgriff, was die Kritiker vermeintlich erreichen wollten (→ **Abb. 63**).[169]

Dabei war der Kern der Kritik an der Maschine trotz aller negativen Erfahrungen mit der Fließbandarbeit nicht die Automatisierung an sich, sondern die »labor-saving-machine«. Das Bild vom Menschen als Sklaven der Maschine wurde in den USA erst dominant, als Arbeitsplätze durch Maschinen ersetzt wurden. Zwischen Juni 1932 und Januar 1933 konnte daher eine Bewegung für Furore sorgen, die versprach, das durch die Automatisierung für die Menschen aufgeworfene Dilemma zu lösen: die »Technocracy«. Das Bild von der Maschine als Herrscher über die Menschen aufgreifend, zeigte ein Magazin der Bewegung einen lächelnden Roboter, der die Welt regiert (→ **Abb. 64**).

---

169 *Anonym [J. A. van Deventer]*: The Threat to the Machine, in: The Iron Age 143 (18. Mai 1939), o. S.

Die Technokratiebewegung, die auch in Deutschland Anhänger hatte,[170] verfolgte das Ziel, gegenüber dem nicht steuerbaren Verlauf der Wirtschaft die Technik als Organisationsprinzip der Gesellschaft zu etablieren. Damit wurde einem weit verbreiteten Urteil Vorschub geleistet, demzufolge die Folgeprobleme der Industrialisierung nicht etwa technischer, sondern wirtschaftlicher Natur seien. Die Idee, die Gesellschaft »rational« zu steuern, verband sich mit einem hierarchischen Modell der Entscheidungsträger. Alle Amtsträger sollten jeweils von der übergeordneten Instanz berufen werden. Nur der oberste »Continental Director« würde von einer kleinen Gruppe gewählt.[171] Die Gesellschaft sollte wie eine Maschine gesteuert werden. Das geschah zwar in nüchternen Worten, hatte aber einen umfassenden Weltdeutungs- und Machtanspruch, der nicht unwidersprochen blieb. Noch im gleichen Jahr des kurzen Höhenflugs der Bewegung erschien ein Sammelband mit prominenten Gegenstimmen.[172] Aber selbst das *Christian Century* stimmte der Diagnose der Technocracy zu, dass die in der Depression entstandene Arbeitslosigkeit nicht allein konjunkturelle, sondern strukturelle Gründe habe.[173] Und die *The World Tomorrow*, Organ religiöser Sozialisten, stimmte den Technokraten zu, dass man in einer Verteilungskrise lebe.[174] An die vorgeschlagene Therapie der Technokratie wollte man aber im Lager des liberalen Christentums nicht glauben. Scharf zogen Vertreter der Technik selbst gegen die Technokratie zu Felde. John van Deventer, Herausgeber mehrerer Technikzeitschriften, verglich die Technokratie mit falscher Prophetie[175] und antwortete mit religiösem Pathos:

---

170 Zur Geschichte der Technokratie in den USA grundlegend: *Akin, William E.*: Technocracy and the American Dream. The Technocrat Movement, 1900–1941, Berkeley/Los Angeles/London: University of California Press, 1977. Zur deutschen Technokratie: *Willeke, Stefan*: Die Technokratiebewegung in Nordamerika und Deutschland zwischen den Weltkriegen. Eine vergleichende Analyse, Frankfurt am Main: Lang 1995.

171 *Technocracy Inc.*: Technocracy Study Course, New York: Technocracy Inc. 1934, 5. Aufl. 1940, S. 229. Das Organigramm entspricht denn auch jedem modernen Unternehmensdesign. (Vgl. a. a. O., S. 225, Fig. 8). Vgl. das Basisstatement: *Scott, Howard*: Introduction to Technocracy, New York: John Day Co. 1933.

172 *Frederick, J. George* (Hg.): For and Against Technocracy. A Symposium, New York: Business Course 1933.

173 Vgl. *Chaffee, Edward*: What is Technocracy? In: The Christian Century 50 (4. Januar 1933), S. 11–13; *Laidler, Harry*: What is Left of Technocracy, in: The Christian Century 50 (15. Februar 1933), S. 218–220.

174 Anonym: Salvation by Machines! in: The World Tomorrow 16 (18. Januar 1933), Nr. 3, S. 51.

175 *Deventer, John van*: The Weakness in the Technocracy Case, in: *Frederick*: For or Against Technocracy, S. 53–75. Hier S. 54.

»Ye Shall Know the Truth, and the Truth Shall Make You Free«.[176] Tatsächlich widersprach die Technokratiebewegung der These, dass Maschinen neue Arbeitsplätze schaffen würden und plädierte stattdessen für eine Verwaltung der Balance zwischen Angebot und Nachfrage. Trotz der Suggestion ihres Namens missfiel daher die Technokratiebewegung Protagonisten einer freien Entfaltung der Automatisierung im Interesse wirtschaftlicher Produktivitätssteigerung. Der Zauber Henry Fords und des Fließbandes sollte erhalten bleiben. Bereits 1920 hatte der *Scientific American* die Fließbandproduktion idealisierend gezeichnet (→ **Abb. 65**).

Abb. 65: *Scientific American*, 1920

Das Fließband, von Henry Ford nicht erfunden, aber in seiner Firma 1913 erstmals wirksam zum Prinzip erhoben, stellte den Entdeckungszusammenhang für die Auslieferung des Menschen an die Maschine dar.[177] Und hier konnte auch in den USA eine negative Transzendenzzuschreibung die Erfahrungen wiedergeben. So schrieb Sherwood Anderson 1930 in der Zeitschrift *The Nation*:

> *Let the notion grow and grow that there is something superhuman*
> *at the core of all this.*
> *Lift up thine eyes, lift up thine eyes.*
> *The central office reaches down into your secret thoughts. It knows, it knows*
> *Jointville knows.*
> ...

176 *van Deventer, John*: Ye Shall Know the Truth, and the Truth Shall Make You Free, in: The Iron Age 127 (12. Januar 1933), Titel.

177 Zur Geschichte, Kultur und Kritik des Fließbandes umfassend: *Nye, David E.*: America's Assembly Line, Cambridge, Mass./London, England: MIT 2013.

There is Jointville. That is the central thing.
That controls the belt.
The belt controls me.
It moves.
It moves.
It moves.
I've tried to keep up.
I tell you I've been keeping up.
Jointville is God.
Jointville controls the belt.
The belt is God.
God has rejected me.

'You're fired.'
...[178]

Die Reaktionen auf das Fließband waren gemischt. Neben kritischen Stimmen wie dieser und Berichten von Arbeitern über die ermüdende und jede Kreativität zerstörende Aufgabe stand ein »Massentourismus« in Fords Werk »River Rouge«.[179] Entsprechend der in diesem Buch vertretenen These, dass neuartige Techniken insbesondere dann mit Transzendenzverweisen verbunden werden, wenn ihre gesellschaftliche Integration umstritten ist, wären in Darstellungen des Fließbandes und der Massenproduktion zahlreiche solche Verweise zu erwarten. Diese Vermutung bestätigt sich allerdings nicht. Bilder der Arbeit am Fließband sind gegenüber anderen Darstellungen der Technik eigentümlich zurückhaltend mit Transzendenzanspielungen. Ein möglicher Grund dafür könnte sein, dass Promotoren des Fließbandes diese gar nicht nötig hatten. Immerhin zählte das Fließband von General Motors auf der Weltausstellung in Chicago zu den beliebtesten Attraktionen. Die Transzendenzabstinenz des Fließbandes scheint mir jedoch anders begründet zu sein. Darauf deuten die Bilder des Fließbandes mit einer eigenen Realitätsverschiebung:

General Motors zeigte auf der Weltausstellung mit der Endmontage (hier der Karosserie, (→ **Abb. 66**) einen Abschnitt der Produktion, der das Verhältnis

---

178   *Anderson, Sherwood*: Lift up Thine Eyes, in: The Nation 130 (28. Mai 1930), Nr. 3386, S. 620–622. Hier S. 621.

179   Das Nebeneinander von Enthusiasmus und Kritik schildert Nye, Assembly Line, in den Kapiteln 3 und 5.

Abb. 66: General Motors, Pavillon auf der Weltausstellung, Chicago 1933

von einzelnem Arbeiter und Anzahl der Werkstücke überschaubar machte. Adrett weiß gekleidet und von Oberlicht beschienen, wurden hier Arbeiter präsentiert, deren Tätigkeit sich von eigentlicher »Massenfertigung« unterschied.

Diesem Muster folgten auch Darstellungen in der Kunst. William Gropper (1897–1977) zeigte eine ebenso helle Fabrikationshalle und Arbeiter, deren Zusammenarbeit betont werden soll (→ Abb. 67).

Abb. 67: William Gropper: Automobile Industry, 1941

Die große Dynamik ihrer Bewegungen wie des Bildes insgesamt entspricht zwar der Idee des Fließbandes, aber das Band selbst ist gar nicht Bestandteil des Bildes. Vielmehr erinnert die Halle an eine Manufaktur. Gropper folgt damit noch 1941 in gewissem Sinne derselben Darstellungsweise, die der *Scientific American* 1920 gewählt hatte (→ Abb. 65).

Atmosphärisch realistischer zeichnet Marvin Beerbohm (1908–1981) die Situation (→ Farbtafel 25). In Farbigkeit und Schattierung sowie in der Kleidung der Arbeiter entspricht die Darstellung der Situation einer Fabrikhalle. Zahlreiche Produktionsschritte vom Stahlguss bis zur Fertigung der Karosserie, in der Realität weit voneinander entfernt, werden in einer Szene verdichtet. Am rechten Bildrand sieht man ein Fließband. Dennoch erscheinen die Arbeiter auch bei Beerbohm eher als Handwerker, die sich der Fertigung komplexer Teile widmen. Nicht der Arbeiter, der in einer Reihe mit anderen Arbeitern steht und dort eine sehr begrenzte Zahl von Handgriffen ausführt, wird gezeigt, sondern das autonome Individuum. Dass die Arbeiter bei Beerbohm unterschiedliche Kopfbedeckungen tragen, entspricht zwar der damaligen Realität, unterstreicht aber auch die Bilderzählung vom Handwerker.

Auch die in der Darstellung von Manufakturen seit dem 18. Jahrhundert entstandene Bildkonvention einer sich in die Tiefe des Bildes erstreckenden »ewigen« Widerkehr der gleichen Maschine begegnet in Darstellungen der Massenproduktion nicht. Der im damaligen Zeitraum avancierteste technische Produktionszusammenhang wird also in Motiven dargestellt, die zwar die Maschine als modernen Faktor zeigen, die Arbeit an ihr aber kontrafaktisch als Handwerk inszenieren. Damit wird die Technik aus der Geschichte heraus legitimiert.

Für die Darstellung der Fließbandproduktion ist die Verbindung zwischen Maschine und Mensch zwingend. Eine Darstellung der Technik an sich ist sinnlos. Erst das Arbeiten von Menschen an ihm macht das Fließband zu einem Ereignis. Die eigentliche Form der Arbeit am Fließband aber nimmt dem arbeitenden Menschen – auch jenseits aller abstrakten Technikkritik – etwas von seiner Individualität, sowohl im Blick auf ihn selbst als auch im Vergleich mit seinem Kollegen neben ihm. Das widerspricht dem in der amerikanischen Kultur verankerten Bild vom Menschen als einem freien Individuum. Es widerspricht auch christlichen Vorstellungen vom Menschen als einem von Gott als Individuum Geschaffenen und Angenommenen. Daher lässt sich die Fließbandproduktion nicht positiv mit Transzendenzverweisen verbinden. Alles, was sich hier als Transzendenz anbieten würde, etwa die Masse, negiert den common sense im Blick auf den Menschen.

Dies lässt sich noch an einem Bild des deutschen Malers Carl Grossberg (1894–1940) zeigen. Grossbergs Schaffen ist wesentlich von Technik- und Industriebildern geprägt, die er Anfang der 1930er Jahre zu einem großen Zyklus zusammenstellen wollte.[180] Aus einem Brief Grossbergs geht hervor, dass er sowohl die Technik als auch die darin liegende Ästhetik positiv wahrnahm:

»Es [gibt] eine ganze Menge Leute [...], die ihre grundsätzliche Abneigung gegen jede Art Technik auch auf meine Malerei übertragen. Diese Leute wollen in früheren Jahrhunderten leben und lehnen das Thema Technik in der Kunst ab. Sie wollen nicht wahrhaben, dass der ungeheure Reichtum an neuen Formen in der Welt der Technik ganz wesentlich auch die Themen der Kunst verändert hat. Sie sehen immer noch die grüne Wiese und die Kuh darauf als Ideal für alle Zeiten an.«[181]

Nicht nur diese Einstellung, sondern auch Grossbergs Stil zeigt eine große Ähnlichkeit mit dem amerikanischen Precisionism.[182] In den Jahren 1935 bis 1938 erschienen in *Westermanns Monatsheften* eine Reihe von Beiträgen, die durch Bilder von Grossberg illustriert wurden.[183] Unter ihnen findet sich eine Darstellung einer Fabrikationshalle der Autoindustrie, die gerade wegen der Nähe Grossbergs zum Precisionism bemerkenswert ist (→ Abb. 68).

---

180   *Schmidt, Hans M.*: Carl Grossberg und sein technisches Zeitalter, in: Carl Grossberg. Gemälde, Aquarelle, Zeichnungen und Druckgrafik, 1914–1940, (Ausstellungskatalog Hessisches Landesmuseum 1976), Darmstadt: Hessisches Landesmuseum 1976, S. 6–22. Hier S. 16.

181   Carl Grossberg an Konsul August Brinckmann in Hamburg, Brief vom 17.12.1934. Zit. nach *Schmidt*, a.a.O., S. 12.

182   Sabine Fehlemann weist am Rande auf »Parallelen zu Edward Hopper und Charles Sheeler« hin. Vgl. *Fehlemann, Sabine*: Carl Grossbergs Industriedarstellungen in Zeichnungen und Aquarellen, in: Dies. (Hg.): Carl Grossberg. Retrospektive zum 100. Geburtstag (Ausstellungskatalog Von der Heydt-Museum 1994), Köln: DuMont 1994, S. 113–139. Hier S. 123. Crossberg war darüber hinaus mit dem amerikanischen Maler Stefan Hirsch (1899–1964) befreundet, dessen Bilder sich ebenfalls dem Precisionism zuordnen lassen. Vgl. Grossberg, Eva: »Was bleibt ist sein Werk«, in: *Fehlemann*, S. 8–31. Hier S. 18. Zu Sheeler bestehen Ähnlichkeiten insbesondere im Blick auf dessen Serie »Power«, die für die Zeitschrift Fortune 1940 angefertigt wurde. Vgl. Fortune 22 (Dezember 1940), Nr. 6, S. 73–83. Grossbergs Bild «Maschinensaal II« (1925) wurde von der Zeitschrift Survey 1929 in einem Heft zu Deutschland als Beispiel für die »Neue Sachlichkeit« rezipiert. Vgl. *Kuhn, Alfred*: German Art of the Present Day, in: The Survey (Februar 1929), S. 590–595. Hier S. 592.

183   *von Halem, Otto*: Zwei Jahrhunderte des Eisens und des Stahl, in: Westermanns Monatshefte 80 (November 1935), Bd. 159, S. 205–212; *Kieser, E.*: Druckluft- und Pumpenindustrie, in: Westermanns Monatshefte 83 (November 1938), Bd. 165, S. 201–208.

Abb. 68: Carl Grossberg: Ablaufband in den Hans-Lloyd-Goliath-Werken, 1936

Der Verfasser des dazugehörigen Artikels lobt die deutsche Automobilindustrie, die im Gegensatz zur amerikanischen »organisch« gewachsen sei
und dem »gesunden Sinn des deutschen Arbeitsmenschen« entspreche.[184]
Grossbergs Bild straft diesen Text Lügen. Man sieht eine Reihe von Karosserien auf einem Band, die sich in der monotonen Folge nur durch ihre Farbe
unterscheiden. Türen hängen herab, als handelte es sich um lahme Flügel.
Ein Schrauber liegt am Boden. Hier »fließt« überhaupt nichts. Alles steht
still. Das entscheidende Merkmal des Bildes aber ist die Leere. Dies beginnt
bei der Halle, die mit dem einzelnen Band kaum gefüllt wird. Wände und
Decke sind zwar realistisch wiedergegeben, betonen aber ebenfalls durch
ihre Oberflächengestalt das Nackte. Leer sind auch die Karosserien. Selbst
die Rückenansicht der Arbeiter, deren Haltung so spannungslos ist wie die
Türen (man vergleiche Groppers Bild → Abb. 67), spiegelt die Leere des Ortes
wie der Verfassung der Menschen. Die offen stehenden Türen isolieren die

---

184   Bild in: *Wölke, Arno*: Deutscher Kraftwagenbau, in: Westermanns Monatshefte 84 (März 1937),
       Bd. 162, Heft 967, S. 1–8. Hier S. 2.

Menschen voneinander (vgl. dagegen →Abb. 66). Indem sich die Leere in Grossbergs Bild auf alles legt und alles unterfängt, ohne dass sie gefüllt werden könnte, erscheint sie als ein Transzendenzverweis, mit dem der Künstler seine Einordnung dieser Technik in die Lebenswelt vornimmt. Es ist eine negative Transzendenz, die sich von der Propaganda des Textes ebenso unterscheidet wie von der positiv gestimmten Bildlichkeit des Precisionism. Auch im deutschen Kontext lässt sich das Fließband nicht positiv mit dem Menschenbild vermitteln.

Solche Widersprüche und negativ konnotierte Transzendenzverweise werden denn auch sowohl in Charlie Chaplins »Modern Times« (1936) als auch früher in Fritz Langs »Metropolis« (1927) deutlich. Es ist dabei vielleicht nicht zufällig, dass sich der Film als ein Medium der Bewegung der Massenproduktion angenommen hat, die selbst nur als Bewegung sinnvoll ist. Weil alle Überhöhungen des Tatsächlichen ins Transzendente in negative Konnotationen umschlagen würden, bleibt für die positiv werbende Darstellung der Fließbandarbeit und der Massenproduktion nur die Flucht in die Vergangenheit. Das lässt sich übrigens auch an zeitgenössischen Filmen zeigen, die ebenfalls durch die selektive Darstellung von Produktionsprozessen suggerieren, dass man es durchgängig mit handwerklichen Tätigkeiten zu tun hätte.[185]

Dieses Beispiel zeigt aufs Neue, dass Transzendenzverweise in der Technik nicht beliebig sind. Sie stehen vielmehr im Spannungsfeld zwischen den jeweiligen Charakteristika einer Technik und dem common sense einer Gesellschaft im Blick auf das Transzendente. Werbung lässt sich mit ihnen nur machen, wenn sie dem Gemeinsinn entsprechen.

Der Mensch als Ingenieur und Arbeiter – Erlösungsfragen

Wurde in der deutschen Kunst der Zwischenkriegszeit nicht selten die von der Fließbandarbeit ausgehende Vereinheitlichung des Arbeitens und deren Einfluss auf den Menschen insgesamt aufgegriffen (→Abb. 69),[186] so findet sich diese Sicht der Dinge im amerikanischem Kontext eher selten. Douglas

---

185 Z.B.: »Master Hands« (General Motors, 1936)[Prelinger Archives]. http://archive.org/ details/MasterHa1936 (24.7.2011). Vgl. *Fraser, Max*: Hands off the Machine. Worker's Hands and Revolutionary Symbolism in the Visual Culture of the 1930s America, in: American Art 27 (2013), Nr. 2, S. 94–117.

186 Neben den Werken von Gerd Arntz, z.B. Arbeiten von Franz Wilhelm Seiwert (Arbeitsmänner, 1925) und Karl Völker (Industriebild, 1922/23).

Crockwells »Paper Workers« ist eines der wenigen Beispiele für die Darstellung der Angleichung des Menschen an die übermächtige Maschine (→ Abb. 70).

Abb. 69: Gerd Arntz:
Fabrik, 1927

Abb. 70: Douglas Crockwell:
Paper Workers, 1934

Dabei begegnete die metaphorische Verwendung des menschlichen Körpers als Maschine oder der Maschine als Körper diesseits und jenseits des Atlantiks. Fritz Kahns Illustrationen, deren bekanntestes Beispiel »Der Mensch als Industriepalast« ist,[187] gaben der allgemeinen Plausibilität der Metapher ebenso Ausdruck wie Zeitschriftenbeiträge unter dem Titel »Are Athletes Machines?«[188] oder »Are Human ‚Engines' Efficient?«[189] Aber schon diese Verwendung der Beziehung zwischen Mensch und Maschine ist nicht von dem sozialkritischen Impuls getragen, der die Menschen als Produkt und Opfer

187   Vgl. zu Kahn: *Debschitz, Uta von/Debschitz, Thilo von*: Fritz Kahn. Man Machine, Wien/New York: Springer 2009.
188   Hill, A. V.: Are Athletes Machines? In: Scientific American 137 (August 1927), S.124–126.
189   *Heyl, Paul R.*: Are Human »Engines« Efficient? In: Scientific American 137 (November 1927), S.396–397.

der Maschine sieht. Vielmehr werden die Hauptakteure der technischen Entwicklung, der Ingenieur und der Arbeiter, als Individuen in Bezug auf die Technik in den USA eher heroisiert.

»Steinmetz, Jove of Science« betitelte *The World's Work* eine Artikelserie zum Leben des aus Deutschland immigrierten Ingenieurs bei General Electric, Charles Steinmetz.[190] Die Heroisierung des Ingenieurs fand sich in der Zwischenkriegszeit auch in deutschen Filmen wie »Der Tunnel« (1935) oder »Sprengbagger 1010« (1929). Aufgrund der Diskrepanz zwischen seiner kleinwüchsigen körperlichen Erscheinung und der großen Produktivität eignete Steinmetz sich für heilsgeschichtliche Projektionen. Als Sozialist kam er zudem – wenn auch aus anderer Motivation – dem Ideal des disinterested Gentleman nahe, der seine Person im Dienste seiner Verantwortung opfert, wie es etwa die Fachzeitschrift *Civil Engineering* in ihren Seiten entwickelte.[191] »In other words, the lofty aim which inspires the work of the engineer is to transmute the forces and materials of nature into a spiritual power house, dedicated to the service of humanity ...«[192] Eben das war das Bild, das auch von Henry Ford gezeichnet wurde.[193]

Anders und doch verwandt wurde auch der Arbeiter, insbesondere der Stahlarbeiter, durchgehend heroisiert. Stahlarbeiter werden in ihrer Arbeit unter extremen Bedingungen stets zu Helden, deren Arbeit der Nation die Grundlage verleiht. Dieses Motiv, diesseits und jenseits des Atlantiks in seltener Kontinuität zu finden,[194] gilt freilich nur bedingt dem Menschen.

---

190   *Leonard, Jonathan Norton*: Steinmetz, Jove of Science, in: The World's Work 58/1 (Januar 1929), S. 32–41.144ff.; 58/1 (Februar 1929), S. 58–65.140ff.; 58/ 1 (März 1929), S. 123–128. 130ff.

191   *Merriman, Thaddeus*: Naught But the Best, in: Civil Engineering 9 (Dezember 1939), S.701–702. Die Zeitschrift hatte eine Rubrik »Something to Think About«, in der solche Faktoren des Berufsbildes thematisiert wurden. Vgl. auch American Society of Civil Engineers: Code of Ethics, in: Civil Engineering 1 (Februar 1931), Nr. 5, o. S.

192   *Dunlap, John H.*: Greater Objective of the Engineering Profession (1922), in: Civil Engineering 1 (April 1931), Nr. 7, o. S.

193   David Nye hat darauf hingewiesen, dass Ford zur Projektionsfigur der Wünsche nach einer Integration der Technik in die bodenständige amerikanische Kultur geworden war. Vgl. *Nye, David E.*: Henry Ford. Ignorant Idealist, Port Washington, N.Y./London: Kennikat Press 1979, S.125–131.

194   Vgl. z. B. das verschiedentlich als Frontispiz reproduzierte Bild Arthur Kampfs »Im Walzwerk« (1901), Bilder Fritz Gärtners oder Darstellungen zur Zeit des Nationalsozialismus, wobei Klaus Türk auf die Kontinuität des Motivs seit der Mitte des 19. Jahrhunderts hinweist. *Türk*, Bilder der Arbeit, S. 289. Abbildungen von Kampfs Bild in: *Günther, Hanns*: Der Weg des Eisens vom Erz zum Stahl. Ein technisches Bilderbuch, Stuttgart: Dieck & Co. (Franckhs Technischer Verlag) 1925, Frontispiz; das ansonsten mit nüchternen Photographien und technischen Zeichnungen bebildert ist; *Fürst, Arthur*: Das Reich der Kraft (Leuchtende Stunden), Berlin: Vita Deutsches Verlagshaus 1912, Frontispiz.

Vielmehr stellt es im Medium der Darstellung der menschlichen Mühe mit dem Stoff dessen Bedeutung und Tragweite zur Schau. Daneben wurden in den USA immer wieder Bauarbeiter beim Bau von Hochhäusern dargestellt. Der Typus des Arbeiters, dessen tägliche Arbeit »a Gamble with Death«[195] sei, zog sich dabei vom Comic über populäre Magazine bis zu Bildern von Industriemalern und Photographen wie Lewis Hine (→ Abb. 71–74).

Auch ohne die religiöse Devotionsgeste des Arbeiters in Benekers Bild (→ Abb. 72) eignet dem Typus des Arbeiters auf dem Stahlträger das Moment einer Transzendenz. Dieses wird durch die Betonung der Höhe geschaffen, die beim Bau eines Hochhauses zwar eigentlich zugleich erreicht wie überwunden wird, im Rohbau jedoch noch dramatischer wirkt ist. Stellvertretend für den normalen Menschen wird hier eine Figur ins Bild gesetzt, die den Bewohnern und Angestellten der späteren Hochhäuser den Weg ebnet, bzw. die Wohnung bereitet. Dass dieses Motiv sich vom Comic bis zur

Abb. 71: *Green Lantern*, 1940   Abb. 72: *Scientific American*, 1930
(Sheldon Moldoff)   (Howard Brown)

---

195   *Vischer, Peter*: Every Day's Work a Gamble with Death. Daring Adventures of Strong Men Who Fashion the Steel of Our Skyscrapers in: Popular Science 107 (November 1925), S.18–20. 161–162 f. Vgl. auch: Building a Modern Skyscraper, in: Popular Mechanics 43 (Januar 1925), Nr. 1, S.58–65.

Abb. 73: Gerrit Beneker:
The Builder, 1920

Abb. 74: Lewis Hine:
They Place a Beam, 1931

»hohen« Kunst durchhält, zeigt nicht nur seine ästhetische Attraktivität, sondern auch die Bedeutung dieser Versuche, die Zeit auf den bildlichen Begriff zu bringen. Indem der Bauarbeiter sein Leben aufs Spiel setzt, vollzieht er stellvertretend die Erlösung, die den Menschen von seinen irdischen Wurzeln löst.

Schließlich fehlt im Konzert der Protagonisten noch der Manager, der von einer Werbung der Gulf Refining Company idealtypisch ins Bild gesetzt wurde (→ Farbtafel 26). Verbindet die Darstellung der Arbeiter den Menschen mit christologischen Symbolen, so hat man hier den »Vater« vor sich. Am Fenster seines Büro-Himmels stehend überblickt der Manager die Welt, die er verwaltet und die sich zumindest dem Anspruch nach seiner Schaffenskraft verdankt. Seine Rechte ruht auf dem Insignium der Macht, dem Telefon. Auf die Welt, die sich draußen erstreckt, blickt er herab: ein Hafen, eine Wolkenkratzerstadt, Fabriken und ein Dorf mit Kirche, eingebettet in eine leicht gewellte Hügellandschaft. Ein wenig weißer Rauch verleiht der Szene die Geschäftigkeit. Steht er links in seinem Himmel, so erhebt sich rechts die Spitze der neuen Stadt. Dazwischen liegt das Tal der Arbeit. Diese Landschaft ist zwischen Schöpfung und Endzeit aufgespannt und überbrückt zugleich den Graben zwischen der Maschine und dem Garten. Für den Wissenschaftler bzw. den Planer dieser Utopie gilt: »The present does not exist.

Their eyes are on the future«.[196] Im Jahr 1934 ist das – genau wie die biblische
Schöpfungserzählung – eine Gegenerzählung. Denn die Zeiten sind durchaus nicht so hell wie auf dem Bild. Aber gerade deshalb sind die »Augen auf
die Zukunft gerichtet«, wie später der Organisator der Weltausstellung von
1939 ebenfalls sagen wird.

Diesem Bild gegenüberstellen kann man ein weiteres Bild von Carl Gross-
berg. Es ist Teil der sogenannten Traumbilder, einer Reihe von Gemälden,
die in den 1920er Jahren entstanden. »Maschinensaal« aus dem Jahr 1925
(→ Farbtafel 27)[197] zeigt ebenfalls ein Büro, in dem jedoch statt eines Managers ein Affe den Raum besetzt. Sein Stuhl ist Teil einer Druckmaschine, der
Schreibtisch wird von einem einfachen Brett gebildet. Die Öffnungen in der
Wand geben den Blick auf einen Flusslauf frei, an dessen Ufer sich einige
Häuser befinden. Die Landschaft ist kahl, eine Eisenbahnlinie zieht sich
entlang der Straße. Entsprechend dem Charakter eines »Traumbildes« weiß
der Betrachter jedoch nicht sicher, ob er wirklich nach draußen sieht, oder
ob es sich doch nur um eine Illusion im Innenraum handelt. Links oben sieht
man eine auf dem Kopf hängende Weltkugel, daneben eine Heilige, die in
schräger Kopfhaltung aus dem »Fenster« zu blicken scheint. Das Bild könnte
eine Aufnahme des Motivs des Affen als Nachahmer der Natur darstellen.
Diese Nachahmung, ursprünglich in der Kunst verortet,[198] ist nun die Technik. In einer Radierung von Matthäus Merian (1617) sieht man eine weibliche
Personifikation der Natur, deren eine Hand an die Hand Gottes gekettet ist,
während sie in der anderen Hand eine Kette hält, an der ein Affe hängt. Im
Bild Grossbergs ist der Affe zwar nicht angekettet, aber seine Hand scheint
den Schienenstrang ebenso zu ergreifen, wie sie von ihm gehalten wird. Die
Heilige ist zwar durch ihren Nimbus noch als Vasallin Gottes ausgezeichnet,
aber anders als die Natur in Merians Radierung hat sie nichts mehr in der
Hand, geschweige denn im Griff. Die Welt ist verkehrt, wie der Globus auf
dem Kopf steht. Die Häuser am Fluss wirken wie ein potemkinsches Dorf,
und der Affe gebietet über eine Welt, die sich der Druckerpresse verdankt. Im
Bild Grossbergs wird die verbreitete Ikonographie des Managers am Fenster
umgekehrt. Grossberg selbst behauptete, seine Traumbilder stünden ihm

---

196   Text der Anzeige.
197   Von der Heydt-Museum, Wuppertal.
198   Vgl. *Bredekamp, Horst*: Antikensehnsucht und Maschinenglauben. Die Geschichte der
       Kunstkammer und die Zukunft der Kunstgeschichte (1993), überarb. Neuausgabe, Ber-
       lin: Klaus Wagenbach 2000, S. 69. Dort auch eine Abbildung der Radierung von Matthäus
       Merian aus Robert Fludds »Utriusque Cosmi, maioris scilicet et minoris, metaphysica,
       physica atque technica historia, Oppenheim 1617.

beim morgendlichen Aufwachen fast fertig vor Augen.[199] Gleichwohl zeugt gerade dieses Bild von einer intensiven Beschäftigung mit dem Thema Technik. Wie bei Sheeler wird die Technik als Konstruktion der Natur begriffen. Aber der Gestalter dieser Natur, die nur als imitierte in den Blick kommt, ist der Mensch als Affe. Anders als bei Franz Radziwill und Peter Blume ist es dennoch auch bei Grossberg das Transzendente als »Magischer Realismus«, mit dem der Künstler versucht, den Ort der Technik in der Welt zu bestimmen.[200]

Detroit Industry – Diego Rivera und eine Predigt über River Rouge

Am Schluss dieses Abschnittes soll eine Betrachtung eines der umfassendsten Versuche stehen, die Industrietechnik mit den Mitteln religiöser Traditionen zu deuten. Es handelt sich um den Freskenzyklus »Detroit Industry« von Diego Rivera. Dessen Einfluss auf die amerikanische Wandmalerei der 1930er Jahre ist beträchtlich. Zwar gab es in den USA eine aus dem 19. Jahrhundert stammende Tradition großflächiger Wandgemälde auch mit Themen der Industrie,[201] aber der Boom dieser Kunstform als öffentliche Kunst in den 1930er Jahren war durch das Vorbild der mexikanischen Wandmalerei mitbestimmt, dessen wichtiger Exponent Rivera war. Darüber hinaus nahmen zahlreiche Wandmalereien in ihrer Bildsprache konkrete Anleihen bei Rivera wie etwa Harry Sternbergs (1904–2001) »Chicago – Epoch of a Great City« (1938) im Lakeview Post Office in Chicago oder die Ausmalung des Coit Tower (1937) in San Francisco.[202]

---

199 *Schmidt*, Grossberg, S. 14.

200 Zum Thema der Technik in der »Neuen Sachlichkeit« bei Radziwill und Grossberg: *Buderer, Hans-Jürgen*: Neue Sachlichkeit. Bilder auf der Suche nach der Wirklichkeit. Figurative Malerei der zwanziger Jahre, München: Prestel 1994, S. 72–78; *Michalski, Sergiusz*: Neue Sachlichkeit. Malerei, Graphik und Photographie in Deutschland 1919–1933, Köln: Benedikt Taschen 1992, S. 166–179.183–192. Zum Begriff des Magischen Realismus: *Wechsler, Jeffrey*: Magic Realism: Defining the Indefinite, in: Art Journal 45 (1985), S. 293–298.

201 Vgl. *Marstine, Janet C.*: Working History. Images of Labor and Industry in American Mural Painting, 1893–1903, Ph.D. Diss. University of Pittsburgh 1993.

202 *Zakheim, Masha*: Coit Tower San Francisco. Its History and Art 1983, veränderte Neuausgabe, San Francisco: Vulcano Press 2009; *Lee, Anthony W.*: Painting on the Left. Diego Rivera, Radical Politics and San Francisco's Public Murals, Berkeley/Los Angeles/London: University of California Press 1999, bes. S. 143–153. Zum weiteren Einfluss Riveras: *O'Connor, Francis V.*: The Influence of Diego Rivera on the Art of the United States during the 1930s and After, in: Diego Rivera. A Retrospective, New York/London: W. W. Norton & Co. 1986, S. 157–183.

Als der Zyklus »Detroit Industry« am 18. März 1933 der Öffentlichkeit präsentiert wird, bricht ein Sturm der Entrüstung los. Die Zeitungen der Stadt
geben den Kritikern Raum. Prominente Kirchenvertreter klagten, die Fresken seien unamerikanisch, kommunistisch, teilweise blasphemisch und
beleidigten die Arbeiter. Tatsächlich bildeten Arbeiter jedoch eine Wache,
um die Fresken vor einer Zerstörung zu schützen. Erst nachdem der Spender

Abb. 75: Diego Rivera: Detroit Industry, Westwand

des Kunstwerkes, Edsel Ford, das Kunstwerk öffentlich verteidigte, endete der Aufruhr.[203] Gleichzeitig wurde Rivera, der 1929 aus der Kommunistischen Partei Mexikos ausgeschlossen worden war, von links Opportunismus vorgeworfen. Solche Kritik von entgegengesetzten Seiten weist meist darauf, dass der Gegenstand des Streites es mit einer Vermittlung zu tun hat, und tatsächlich lassen sich die Fresken in Detroit meines Erachtens als eine großangelegte Konturierung einer harmonischen Ordnung der Welt im Zeitalter der Industrie lesen, zu der beizutragen Rivera die Betrachter ermahnen will.

Riveras Fresken befinden sich im rechteckigen Innenhof des Detroit Institute of Arts, der nach Linda Downs architektonisch das Allerheiligste des Museumstempels repräsentiert.[204] Betritt man den Hof, blickt man zunächst auf die östliche Schmalseite, die Bilder von einem Embryo und zwei Frauengestalten als Fruchtbarkeitssymbole trägt. Wird damit das Thema Geburt visualisiert, so behandelt die gegenüberliegende Ostseite (die Eingangsseite) das Thema Tod (→ **Abb. 75**).[205] Einer klassischen Darstellung des Jüngsten Gerichts entsprechend wird dem Betrachter eine Wahl zwischen dem Guten (in diesem Fall die zivile Luftfahrt, links) und dem Bösen (der militärischen Luftfahrt, rechts) vor Augen geführt. Auf den beiden Schmalseiten des Hofes adaptiert Rivera somit das klassische Bildschema einer christlichen Kirche.[206]

In der Mitte der Wand befindet sich ein Relief, indem das Thema wieder aufgenommen wird. Der in der Mitte durch einen Stern geteilte Kopf symbolisiert ebenfalls die Situation des Menschen zwischen Leben und Tod.[207] Zwar gibt es in Riveras Kosmos keinen Weltenrichter, aber George Washingtons

---

203 Detaillierte Darstellungen der Kontroverse bei: *Downs, Linda Bank*: Diego Rivera. The Detroit Industry Murals, Detroit: Detroit Institute of Arts/New York/London: W.W. Norton & Co. 1999, S. 173–179; *Goodall, Alex*: The Battle of Detroit and Anti-Communism in the Depression Era, in: The Historical Journal 51 (2008), Nr. 2, S. 457–480.

204 Die gründlichste Interpretation der Fresken hat Linda Bank Downs, Rivera, (hier S. 65) vorgelegt. Gute Abbildungen, die zumindest annähernd die Farbigkeit und Tiefenwirkung des Originals wiedergeben, bieten: *Lozano, Luis-Martín/Rivera, Juan Rafael Coronel* (Hg.): Diego Rivera. Sämtliche Wandgemälde, Köln: Taschen 2008.

205 Linda Downs weist darauf hin, dass die Wände in Korrespondenz zu den Himmelsrichtungen stehen. Ostseite: Sonnenaufgang, Geburt; Westseite: Tod, ewiges Leben; Nordseite: Dunkelheit, Innenwelt; Südseite: Licht, Außenwelt, Oberfläche der Dinge. Vgl. *Downs*, Rivera, S. 66 f.

206 Francis O'Connor sieht in der geographischen Ausrichtung der Wandseiten darüber hinaus eine an aztekische Vorstellungen über die Himmelsrichtungen anknüpfende Darstellung. *O'Connor, Francis V.*: An Iconographic Interpretation of Diego Rivera's Detroit Industry Murals in Terms of their Orientation to the Cardinal Points of the Compass, in: Diego Rivera. A Retrospective, a.a.O., S. 215–229.

207 *Downs*, Rivera, S. 85 f.

Portrait auf der linken Seite des Kopfes repräsentiert eine Orientierungs-figur. Im weiteren Feld dieses Mittelregisters wird der Antithese des oberen Registers die Idee der gegenseitigen Abhängigkeit zur Seite gestellt, die in diesem Fall zwischen den Rohstoffen des südlichen Amerika (rechts) und der Industrie des Nordens (links) besteht. Bevor ich das untere Register dieser Wand betrachte, wende ich mich zunächst den Seitenwänden des Hofes zu.

Die Nordseite (→ Farbtafel 28) zeigt in vertikaler Richtung ebenfalls einen dreigliedrigen Aufbau. Im oberen Register symbolisieren zwei liegende, übergroße Figuren zwei der vier damals so genannten Menschenrassen (die beiden anderen befinden sich auf der gegenüberliegenden Wand). Sie halten jeweils einen Bodenschatz in Händen, den man zur Stahlherstellung benötigt. Im Mittelregister ist die Erde dargestellt, aus der die Bodenschätze kommen. Im unteren Feld sieht man die Stahlherstellung und -verarbeitung vom Roheisen in der Schmiede am Fuße des Vulkans bis zur Bearbeitung des Motorblocks im Vordergrund unten. In einer Predella werden Szenen aus dem Leben der Arbeiter dargestellt. Im Vordergrund arbeiten die Männer wie um einen Tisch versammelt. Es ist offenkundig, dass Rivera in zahl-reichen Elementen die Konventionen eines Altargemäldes aufnimmt. Die klassisch starre Gliederung in Felder, die noch seinen Entwurf bestimmte (→ Abb. 57), ist nun jedoch aufgelöst. An ihre Stelle sind die Förderbänder und technischen Apparaturen getreten, die einzelne Szenen voneinander abgrenzen. Anders auch als in der Tradition wird das Himmelsregister nicht von Göttern, sondern von der Erde bestimmt, die eigentlich den technischen Prozessen unterhalb zugrunde liegt. Rivera nimmt damit die schon verschie-dentlich erwähnte Privatphilosophie Henry Fords vom Zusammenhang zwischen Boden und Industrie auf, die er bei gemeinsamen Abendessen kennengelernt hatte.[208] Riveras Darstellung ist eng mit Transzendenzver-weisen verwoben, die River Rouge nicht nur als Industriesphäre eigener Ordnung präsentieren, sondern die Fabrik in eine Kosmologie einfügen. Dennoch ist die Arbeitswelt wie in kaum einem anderen Bild realistisch aufgenommen, wenn auch stark verdichtet. Dort, wo mit Giften hantiert wird, sind die Gesichter der Menschen grün. Dort, wo das Feuer herrscht, glüht das Bild. Das Fließband, das in der Mitte in eine unendliche Tiefe zu führen scheint; die Förderbänder, die sich wie Schlangen durch die Halle

---

208 *Downs, Linda Bank*: Physics and Metaphysics in Diego Rivera's Detroit Industry Murals, in: Krieger, Peter (Hg.): Arte y Ciencia. XXIV Coloquio Internacionale de Historia del Arte, México: Universidad Nacional Autónoma de México 2002, S. 357–376. Hier S. 367.

ziehen; die konzentriert arbeitenden Menschen verschiedenster Herkunft zeigen, dass hier Menschen und Maschinen am Werke sind. Anders als auf den Magazincovern der Zeit sind es bei Rivera nicht technische Details, die durch eine rote Farbe hervorgehoben werden (→ Farbtafel 11), sondern die Menschen geben dem Bild der Fabrik gegenüber den Maschinen ihre gedämpfte Farbigkeit. Zwar verschweigt Rivera nicht einzelne Gefahrenpotentiale, und einzelne Maschinen türmen sich zu Riesen auf, aber der Mensch erscheint trotz allem nicht als Sklave der Maschine. Gleichzeitig werden die Arbeiter aber auch nicht heroisiert.[209]

Die Dualität der Anwendungen moderner Technik, die bereits im Blick auf die Luftfahrt erwähnt wurde, erscheint auf der Nordwand in den beiden Feldern oben links und rechts. Auf der rechten Seite wird in einem »Weihnachtsbild« (das für massive Proteste sorgte) die segensreiche Seite der Medizin in Form einer Impfung dargestellt, während das linke Bild die Entwicklung von Kampfstoffen beschreibt.

Das Hauptbild der Südwand im Hof ist der Montage des Automobils gewidmet (→ Farbtafel 29). Wieder werden verschiedene Arbeitsbereiche durch Förderbänder getrennt. Einige Figuren stellen Portraits dar. Rechts unten sieht man etwa den Stifter, Edsel Ford. In der Mitte stellt Rivera karikaturhaft eine Besuchergruppe dar, von der die Arbeiter aber ebenso wenig Notiz nehmen, wie von den scheinbar übermächtigen Maschinen. Die große, fast weiß dargestellte Presse im rechten Bildteil wird in ihrer auffälligen Gestalt als eine Symbolisierung der aztekischen Göttin Coatlicue gedeutet.[210] Es handelt sich dabei um eine Mutter- und Erdgottheit, die Leben ebenso gibt, wie sie es zerstört. Dass damit die Maschine als Äquivalent der alten Götter interpretiert wird, bedeutet jedoch nicht notwendig, dass die Arbeiter zu menschlichen Opfern würden.[211] Denn nichts in der Darstellung der Arbeiter qualifiziert sie als Opfer. Die Präsenz der Gottheit beschreibt die Industrie nicht als einen Zusammenhang, in dem es in neuer Weise zu vorher nicht dagewesenen Menschenopfern käme, sondern als einen Ort, der ebenso wie

---

209 *Kozloff, Max*: The Rivera Frescoes of Modern Industry at the Detroit Institute of Arts: Proletarian Art under Capitalist Patronage, in: Millon, Henry A/Nochlin, Linda (Hg.): Art and Architecture in the Service of Politics, Cambridge, Mass./London, England: MIT Press 1978, S. 216–229. Hier S. 223 f.

210 *Downs*, Physics, S. 374.

211 So *Downs*, ebd. Auch bewegen sich die Arbeiter bei Rivera eher nicht » ... wie Maschinen in einem konstanten, roboterartigen und mechanischen Rhythmus.« So *Gonzales-Matute, Laura*: Das dynamische Detroit. Diego Rivera und die industrielle Entwicklung in den USA, in: Lozano/Rivera: Diego Rivera, S. 318–322. Hier S. 321.

die übrige Welt an die nicht nur angenehmen Gesetze der Erde gebunden bleibt. Diese können freilich eine maschinelle Gestalt annehmen. Bemerkenswerterweise gibt der Atheist Rivera dem ansonsten schon damals und auch von Henry Ford selbst als unpersönlich wahrgenommen Großbetrieb[212] eine personifizierte Göttergestalt. In diesem Sinne überragt die Maschinen-Coatlicue dann auch sowohl die Arbeiter als auch die Manager.

Von hier aus wendet sich der Blick beim Herausgehen noch einmal auf die Westwand (→ **Abb. 75**). Das untere Register zeigt links und rechts vom Tor einen Arbeiter bzw. einen Ingenieur vor Teilen des Kraftwerks von River Rouge. Die klassisch marxistische Gegenüberstellung des Arbeiters und des Denkers (hier in Gestalt Thomas Edisons) wird ergänzt durch die Verbindung zwischen beiden, die in der technischen Apparatur besteht. Die auf der rechten Seite zu einem Ohr umgeformte Turbine signalisiert dabei möglicherweise zweierlei: Zum einen könnte Rivera die Praxis der Bespitzelung der Arbeiter durch Unternehmensführungen aufgenommen und kritisiert haben, die auch Henry Ford betrieb.[213] Zum anderen könnte sich aber auch ein Appell mit dem Ohr verbinden, auf das zu hören, was von den Arbeitern ausgeht. Dann wäre das untere Register eine konsequente Fortsetzung der Entwicklung von den oberen Feldern mit ihrer Antithese zur Nutzung der Technik über das mittlere Relief mit seiner Betonung der wechselseitigen Angewiesenheit der beiden Teile Amerikas und ihrer Menschen bis zur Aufforderung, die Energie der technischen Welt gemeinsam zum Wohle zu nutzen. Damit ergeben sich drei hauptsächliche Beziehungsebenen in Riveras Fresken: 1. In vertikaler Richtung verbinden die Seitenwände jeweils Natur, Technik und den Menschen zu einer Ordnung. Der Boden wird zum Heiligen, dem Menschen und Maschinen folgen. 2. Über den Raum spannt sich zwischen Ost- und Westwand das Leben des Menschen zwischen Geburt und Tod. 3. Schließlich zieht sich ein umlaufendes Band der Bilderzählung von der Ostwand, die von Natur und Geburt bestimmt ist, über die Nord- und Südwand, die die Entwicklung der Technik thematisieren bis zur Mahnung zum verantwortungsvollen Umgang mit der Technik an der Westwand, die der Besucher beim Herausgehen wahrnimmt. Der Betrachter soll sich und die Technik als in einer höheren Ordnung verankert wahrnehmen und daraus die entsprechenden ethischen Schlüsse ziehen. Das ist der klassische

---

212   Vgl. *Downs*, Rivera, S. 91.
213   Rivera hätte dann die Ausspionierung der Arbeiter nicht geflissentlich übersehen, wie Kozloff vermutet. *Kozloff*, Rivera, S. 228.

Aufbau einer Predigt. Rivera vermittelt den Frauen und Männern von Detroit, dass sie wichtig sind für die Weltordnung und dass es gut ist, was sie tun, wenn sie es denn richtig tun. Aus der Rückschau von achtzig Jahren wird vielleicht deutlicher, was damals unterging: Rivera versucht, Differenzen zu vermitteln zwischen Arbeit und Kapital, zwischen Natur und Technik, zwischen Mensch und Maschine. Das Mittel dazu ist die Religion, wiederum in einer Vermittlung von religiösen Traditionen des Christentums und der aztekischen Religion. Trotz des religiösen Gehalts der Fresken bietet Rivera jedoch keine andere Erlösung an als die Welt, wie sie ist. Unter den Bedingungen der Depression bedeutete ein Platz in dieser Industrie auch Rettung genug. Allerdings verheißt Rivera die Möglichkeit der Versöhnung.

Riveras Fresken wurden nicht zerstört, aber niemand scheint ihre Botschaft zunächst gehört zu haben. Es sollte noch zwei Jahre dauern, bis der National Labor Relations Act (1935) erstmals das Recht auf gewerkschaftliche Vereinigung in den USA garantierte, und weitere sechs Jahre bis die Ford Motor Company einen Vertrag mit der Gewerkschaft der Automobilarbeiter unterzeichnete.

Heute, da Menschen nach Detroit fahren, um die Ruinen jener Kultur zu bestaunen, die Rivera festhielt, wird vielleicht eher erkennbar, dass seine Deutung der Industriekultur das Verhältnis von Technik und Religion differenzierter reflektierte, als es den Theologen der Zeit gelang (s. Kapitel 4).

Heilswege

In der Zwischenkriegszeit machten einige Transportmittel sprunghafte Entwicklungen durch. Sowohl das Auto als auch Eisenbahnen und Flugzeuge gab es vorher schon. Aber in je unterschiedlicher Weise wurden sie in den 1920er und 1930er Jahren neu erfunden. Das Auto wurde zum Massenartikel, die Eisenbahn erhöhte ihre Geschwindigkeit dramatisch und das Flugzeug wurde zum Transportmittel – zumindest für die Wohlhabenden.

Voraussetzung und Begleiterscheinung solcher Bewegungen war die Überwindung von geographischen Hindernissen, z. B. Flüssen. Brücken und Tunnel konnten zum Symbol der Wegbereitung wie der technischen Zivilisation überhaupt werden. Dabei zeugte ihre Wahrnehmung vom schmalen Grat zwischen Utopie und Realität. Die Erfolge in der Überwindung weiter Distanzen und die Eroberung des Raums wurden zum Hintergrund, vor dem sich eine Transzendenzdimension der technischen Innovationen auftat.

Abb. 76: *Popular Science*, 1925

Abb. 77: Streamlines,
General Motors Co. 1936, Filmstill

Autos, Eisenbahnen, Flugzeuge – Den Göttern so nah

Wurde die Maschine als solche mit dem Gottesbegriff in Verbindung gebracht, weil sie als die »alles bestimmende Wirklichkeit« wahrgenommen wurde, so liegt die Verbindung zwischen dem Göttlichen und den Innovationen der Verkehrstechnik eher in den Eigenschaften der Götter (im Plural). Sie sind schnell, allgegenwärtig, kräftig, überbrücken große Distanzen in einem Augenblick – und es lebt sich gut als Gott, jedenfalls im antiken Griechenland. Ford warb für seine Flugzeuge mit der Nike von Samothrake.[214]

Wenige Techniken des 19. und 20. Jahrhunderts sind in kulturwissenschaftlicher Perspektive so gut untersucht wie das Auto, die Eisenbahn und das Flugzeug. Neben den Entstehungsbedingungen und vor allem den massiven kulturellen Folgen ist auch die Verknüpfung dieser Transportmittel mit Transzendenzverweisen beschrieben worden.[215] Im Kontext der hier verfolgten These würde ich die offenkundigen Transzendenzverweise in der Darstellung der modernen Verkehrsmittel allerdings anders interpretieren, als es oft geschieht.

---

214 When Fledges Fly (Ford Motor Company), in: The World's Work 58/1 (März 1929), S. 7.
215 Im Blick auf das Auto vgl.: *Berns, Jörg Jochen*: Die Herkunft des Automobils aus Himmelstrionfo und Höllenmaschine, Berlin: Wagenbach 1996; *Mutschler, Hans-Dieter*: Die Gottmaschine. Das Schicksal Gottes im Zeitalter der Technik, Augsburg: Pattloch 1998, Kap. 6, S. 106–213; kulturgeschichtlich: *Jackle, John A./Sculle, Keith A.*: Motoring. The Highway Experience in America, Athens, Georgia: The University of Georgia Press 2008.

Zum einen kann die Entwicklung von schnellen Automobilen und Flug-
zeugen nicht einfach als das Ergebnis überbordender, himmelsstürmeri-
scher Phantasien von Ingenieuren verstanden werden – dazu sind die ökonomischen Interessen hinter diesen Prozessen zu deutlich. Zwar wurde die
Geschwindigkeitszunahme der Verkehrsmittel in den Medien ausgiebig als
Rennen inszeniert (→ Abb. 76 und 77). Die Weltausstellungen widmeten dem
Thema ganze Bereiche (s. oben Kap. 2).[216] Gleichzeitig wurde jedoch deutlich, dass Geschwindigkeit als Wettbewerbsvorteil wahrgenommen wurde.

Transzendenzverweise in der Darstellung insbesondere von Automobilen sind auch deshalb stärker als bei anderen Techniken wahrgenommen
worden, weil sie in Anzeigen seit den 1930er Jahren bis heute allgegenwärtig sind. Dies legt selbstverständlich den Schluss nahe, dass es sich bei den
Transzendenzanspielungen allein
um eine werbestrategische Inszenierung handelt. Aber Geschwindigkeit veränderte die Lebenswelt
der Menschen tatsächlich – in negativer Hinsicht am Fließband (s.o.),
in positiver Hinsicht durch die Mobilität. Geschwindigkeit machte die
Überbrückung mancher Distanzen
erstmals zu einer Möglichkeit der
alltäglichen Lebenswelt. Ein Holz-
relief aus dem Jahr 1938 verknüpft
folgerichtig das Thema der Geschwindigkeit mit der Eroberung
des Raums und der Wahrnehmung,
dass hier Ebenen eröffnet werden,
die vormals den Göttern vorbehalten waren (→ Abb. 78).[217] »Controlling
the Elements« verbindet in vier Feldern, jeweils antike Motive aufgreifend[218], eine Figur im Vordergrund

Abb. 78: Peterpaul Ott: Controlling the
Elements, 1934–1936 (Detail)

216   »Wings of a Century« (Chicago 1933), »Railroads on Parade« (New York 1939).
217   Peterpaul Ott (Design), Conzelmann, Ericksen, McGrory, Muenzenmeier, Sarner (Schnitzer):
      Controlling the Elements (1938).
218   Krieger auf einem Delphin, der als schnellstes Tier galt, reitend finden sich z. B. auf dem
      Psykter des Oltos, ca. 520/510 v. Chr. – Sammlung Norbert Schimmel, Kings Point, N.Y.

mit modernen technischen Artefakten: ein Flugzeug, ein Hochgeschwin-
digkeitszug, ein Passagierdampfer und ein Kraftwerk mit Wolkenkratzern.[219]
Auch damals musste man die heute zur Selbstverständlichkeit gewordenen
Geschwindigkeiten und Verfügbarkeiten im Umgang mit dem Raum nicht
mit göttlichen oder halbgöttlichen Eigenschaften in Verbindung bringen.
Aber sie realisierten eben doch in endlichen Abschnitten, was ehemals als
Möglichkeit den Göttern vorbehalten war. Man kommt dem Gehalt solcher
Repräsentationen der Technik daher näher, wenn man sie als Metaphern
begreift. Rezipienten damals wie heute wissen, dass das »Eritis sicut Deus«
sich weder beim Kauf eines Flugtickets noch eines Automobils erfüllt. Dennoch stellen sich bestimmte Wahrnehmungen beim Fliegen oder beim Blick
aus dem Fenster eines Hochgeschwindigkeitszuges eben doch ein. Diese
sachliche Verbindung zwischen der tatsächlichen Leistung einer Technik
und ihrer Wahrnehmung macht Transzendenzverweise überhaupt möglich.
Man kann, wie es damals verschiedentlich gemacht wurde, mit dem Motiv
des Pegasus für eine Fluggesellschaft oder (schnelle) Eisenbahnen werben.[220] Für ein Mineralöl etwa ist das Motiv aber eben nicht angemessen.[221]

Einer völlig beliebigen Ideologisierung des Technischen widerspricht
auch die anfängliche Verbreitung des Automobils zumindest in den USA.
Henry Fords Model T, mit dem die flächendeckende Motorisierung der USA
begann, stand ganz im Zeichen der Praktikabilität. Demgegenüber waren
es die Luxusmarken, die erhebliche Transzendenzbezüge in ihre Selbstdar-
stellungen integrierten. Die Firma Packard baute in einer Kampagne etwa
darauf, dass man mit dem Kauf eines Wagens dieser Marke Anteil gewinnen konnte an einem in den USA äußerst knappen Gut: Adel (→ Farbtafel 30).
Ähnlich zeigte Cadillac, dass man ein zur höchsten Individualität gesteiger-
tes Selbst realisieren könne, wenn man einen Cadillac besaß (→ Farbtafel 31).
Die Firma Chevrolet ersetzte in dem Standardmotiv des Managers vor dem
großen Fenster seines Büros den Mann durch ein Auto und machte damit
das Auto zum Attribut dessen, der über die »alles bestimmende Wirklichkeit« zu verfügen hat.[222]

---

219   Ein fünftes Feld unterhalb zeigt einen Arbeiter vor einem Fabrikhintergrund.
220   »Pegasus of Modern Transportation« (Great Lakes Aircraft Corporation, Cleveland), in:
      Fortune 2 (1930), Nr. 1, S. 7. – North Coast Limited (Northern Pacific Railway), in: Fortune 1
      (1930), Nr. 1, S. 20. (Dies spielt zusätzlich auf die Bezeichnung der Lokomotive als »Iron
      Horse« an).
221   »Pegasus Flies Again« (Socony-Vaccum Corporation), in: Fortune 9 (1934), Nr. 4, S. 143.
222   The New Chevrolet Sedan Delivery, in: Fortune 7 (1933), Nr. 3, S. 87.

Abb. 79: Fr. B. Palmer/J. M. Ives: Across the Continent, 1868

Abb. 80: George Inness: The Lackawanna Valley, 1855

Die Eisenbahn war schon im 19. Jahrhundert Träger des nationalen Fortschritts wie der Eroberung des Raums schlechthin. In Gemälden und Sti-
chen, wie in einer Lithographie aus der Werkstatt von Nathanael Currier
und James Ives, wurde sie als Heilsweg gefeiert (→ Abb. 79). Während der
Fluss zur Rechten und der Weg zur Linken mäandern, zieht die Eisenbahnlinie schnurgerade nach Westen (von rechts nach links, s.o.). Der Zug fährt
dabei in den Bildhintergrund, die zu erobernde Ferne.

Gleichzeitig blieb die Eisenbahn in Landschaftsdarstellungen stets im
Hintergrund. George Inness »Delaware Gap« von 1861[223] lässt sie am Rande
eines Regenbogens gegenüber dem Delaware miniaturhaft erscheinen, und
selbst in dem von der Delaware, Lackawanna, and Western Railroad in Auftrag gegebenen »The Lackawanna Valley« (1855) fährt die Eisenbahn zwar
im Zentrum, bleibt aber klein (→ Abb. 80).

Der Beobachter im Vordergrund hat nach wie vor die ihm von der romantischen Landschaftsmalerei zugewiesene Aufgabe, stellvertretend für den
Bildbetrachter kontemplativer Zeuge eines ambivalenten Geschehens zu
sein.[224]

Abb. 81: Reginald Marsh: The Limited, 1931

---

223 Metropolitan Museum of Art, New York.
224 Zu Inness: *DeLue, Rachael Ziady*: George Inness and the Science of Landscape, Chicago:
     University of Chicago Press 2008. Die Wiese im Vordergrund weist mit ihren Baumstümp-
     fen auf die für den Eisenbahnbau notwendige Rodung der Wälder. Barbara Novak wies
     zu Recht gegen ältere Interpretationen darauf hin, dass dieses Bild keine durchgängig
     optimistische Sicht der Dinge bietet. Vgl. *Novak, Barbara*: Nature and Culture. American
     Landscape and Painting. 1825–1875, Oxford: Oxford University Press (1980), 2007, S. 149–151.

Abb. 82: *The World's Work*, 1929   Abb. 83: *Technik für Alle*, 1934

Ganz anders wird die Eisenbahn in den 1930er Jahren ins Bild gesetzt. Das
Schema lässt sich an Reginald Marshs »The Limited« von 1931 illustrieren
(→ Abb. 81): Der Zug füllt nun das Bild und fährt diagonal in den Vorder-
grund. Das Verhältnis von Landschaft und Zug ist umgekehrt, insofern die
Landschaft dem Bild nur noch als Erdung dient. Beherrschendes Motiv ist
die Geschwindigkeit.

Nur die Beobachter sind geblieben, aber sie schauen nicht mehr auf etwas,
sondern nur noch dem Zug nach. Strukturell gleich wurden Eisenbahnen
allenthalben in den Medien dargestellt, wobei die Lokomotive noch stärker
in den Bildvordergrund rückt – überwältigend in Untersicht (→ Abb. 82 und 83).

Die Lokomotive wurde zur »Kraft« schlechthin, ihre Räder und Pleuel-
stangen zur Repräsentation der machtvollen Bewegung.[225] Namhafte Designer konzipierten das Erscheinungsbild der »streamlined« Lokomotiven (u. a.
Otto Kuhler, Raimond Loewy) und die Züge erhielten einen ihrer Bestimmung entsprechenden Namen, wie der »Zephyr«, der warme Westwind Grie-
chenlands, der die Passagiere u. a. von Denver nach Chicago trug (→ Abb. 6).

---

225   Vgl. Charles Sheelers Bild »Rolling Power« in der für Fortune gemalten Reihe »Power«.
      Fortune 22 (Dezember 1940), S. 73–83. Oder Thomas Hart Bentons »Instruments of Power«.

Dieser Zug wurde auch zum »Hauptdarsteller« in einem Spielfilm aus dem Jahr 1934.[226] Darin kämpft der Ingenieur der dieselbetriebenen Lokomotive gegen Vorurteile und die scheinbare Überlegenheit der Dampflokomotive. Erst als sein Zug die einzige Möglichkeit darstellt, dem erkrankten Sohn des Inhabers der Eisenbahngesellschaft eine »eiserne Lunge« von Chicago an den im Bau befindlichen Boulder Dam zu bringen, wendet sich das Blatt. Der Zug rast um das Leben des Kranken willen durchs Land und gewinnt das Rennen schließlich.[227] Das Motiv der Angst vor großer Geschwindigkeit – mythischer Topos der Eisenbahngeschichte des 19. Jahrhunderts – wird hier in Gestalt angstvoller Passagiere wieder aufgenommen. Gegen Widerstände – auch das ein Topos des Ingenieurbildes in Filmen der Zwischenkriegszeit – eröffnen er und seine Erfindung den Weg zur Heilung des kranken Sohnes. Der »Zephyr« bahnt so den Weg zu dem Heil, das auf Erden möglich ist.

Aber nachdem Charles Lindbergh 1927 gezeigt hatte, dass man nonstop und allein über den Atlantik fliegen konnte, wurden Flugzeuge langsam zu einer Möglichkeit, die dritte Dimension zu erobern und noch schneller Räume zu überwinden. Anders als beim Auto und der Eisenbahn war die Perspektive aus dem Flugzeug für die allermeisten Menschen in den 1920er und 1930er Jahren vollkommen neu.

Hier überschritt der Mensch tatsächlich eine ihm bisher gesetzte Grenze und eroberte den Himmel – seit Ikarus' Zeiten mit einer mythischen Warnung versehen. Dementsprechend erzählt z. B. der populäre Film »Wings« aus dem Jahr 1927 eine durchaus ambivalente Geschichte um die Fliegerei aus der Zeit des Ersten Weltkriegs.[228] Bei aller Technikaffinität zeigt der Film doch die Schattenseiten der Fliegerei: In mehreren Szenen werden getroffene Piloten in ihren Maschinen und deren Absturz verfolgt. In einer Einstellung wird die Ikone des Fliegens – ein leicht nach oben geneigtes Triebwerk in Untersicht – vor den Hintergrund eines Soldatenfriedhofs gestellt (→ Abb. 84 und 85). Technikaffinität konnte durchaus mit Kritik an der militärischen Nutzung einhergehen.

---

226   »The Silver Streak«, Regie: Thomas Atkins, USA 1934.
227   Tatsächlich fuhr der »Burlington Zephyr« die Strecke Denver–Chicago in der Hälfte der regulären Fahrtzeit.
228   »Wings«, Regie: William A. Wellmann, USA 1927.

Die 1930er Jahre brachten demgegenüber weniger Ambivalenz als
vielmehr Utopie[229] und den Versuch,
den Menschen den Himmel als Rei-
seweg nahezubringen. Wolkenbilder
und die Welt von oben ebenso wie der
Sky-Ride auf der Weltausstellung in
Chicago machten die Transzenden-
zerfahrung zu einem erstrebenswer-
ten Gut. Flüge und Eisenbahnfahrten

Abb. 84: Wings, USA 1927, Filmstill

wurden dabei mit dem Motiv des
Luxus verbunden – Distinktionsge-
winn für die einen, Erfahrung des
Unerreichbaren für die anderen.

Hohe Geschwindigkeiten setzen
gerade Wege voraus.[230] Startbahnen,
Eisenbahngleise oder Autobahnen
müssen so beschaffen sein. Berge,
Flüsse und Meere stellen in diesem
Sinne noch stärker, als sie es schon
immer taten, ein Hindernis dar.
Indem geplante Autobahnen aus der
Vogelperspektive gezeigt werden,
ästhetisierte man auch die nötigen
Fahrbahnen und hob sie über ihre
irdische Eigenschaft als Störfaktor
hinaus. Wer fahren will, braucht
Straßen, Tunnel und Brücken.

Abb. 85: Anzeige für United Airlines

229   Zahlreiche Entwürfe von Großraumfliegern bevölkerten die Titelseiten der Magazine.
      Vgl. *Corn, Joseph J./Horrigan, Brian*: Yesterday's Tomorrow. Past Visions of the American
      Future, New York: Summit Books/Washington D.C.: Smithsonian Institution 1984. Zu den
      utopischen Aspekten und den verschiedenen Anleihen an der christlichen Tradition als
      Transzendenzverweise der Luftfahrt in den USA vgl. die gründliche Studie von *Joseph J.
      Corn*: Corn, Joseph J.: The Winged Gospel. America's Romance with Aviation (1983), Balti-
      more/London: Johns Hopkins University Press 2001.
230   Vgl. *Bergmann, Sigurd*: The Beauty of Speed or the Cross of Mobility? Introductory Reflec-
      tions on the Aesth/Ethics of Space, Justice and Motion, in: Ders./Hoff, Thomas/Sager,
      Tore (Hg.): Spaces of Mobility. Essays on the Planning, Ethics, Engineering and Religion
      of Human Motion, London/Oakville: Equinox 2008, S.1–30. Hier S.3.

Brücken – Himmelsleitern und das Tor zur Welt

Einen Tag vor der Eröffnung der Weltausstellung in New York, am 29. April 1939, wurde eine Brücke dem Verkehr übergeben, die Besuchern aus dem Norden ermöglichte, direkt von der Bronx in den Stadtteil Queens zu fahren: die Whitestone Bridge. Im wahrsten Sinne des Wortes ebnete sie den Besuchern den Weg in die »Welt von Morgen«. Ralston Crawford malte diese Brücke etwa ein Jahr später und schuf damit ein paradigmatisches Bild der Brücke als Heilsweg (siehe Titelbild).[231] Aus einer niedrigen Perspektive gesehen, führt der Weg über die Brücke in einen offenen Horizont und spiegelt damit die Bestimmung der Brücke als Weg in die »World of Tomorrow«. Darüber hinaus führt Crawfords Brücke aber überhaupt nicht an irgendein anderes Ufer, sondern in den Himmel, der durch eine Wolke zusätzlich markiert wird. Die Pylone werden dabei zu Toren in eine andere Welt. Bevor Crawford die Whitestone Bridge gemalt hatte, war er mit einem ähnlichen

Abb. 86: Louis Lozowick:
Hudson Bridge, 1929

Abb. 87: Berenice Abbott:
Manhattan Bridge, Looking Up, 1939

231	Ralston Crawford: Whitestone Bridge (1939/40), Memorial Art Gallery, University of Rochester, Rochester, NY.

Bild schlagartig berühmt geworden.[232] »Overseas Highway« zeigt eine gerade Autobahn, die ebenfalls in den Himmel führt. Das Motiv, das auch als Lithographie verbreitet wurde, war offenbar beliebt und entsprach einer Wahrnehmung der Kunden.[233]

Tatsächlich finden sich im Gegensatz zu deutschen Brückendarstellungen der Zeit in den USA zahlreiche Bilder, Drucke und Photographien von Brücken, auf denen das dem Betrachter gegenüberliegende Ufer nicht zu sehen ist. Wie bei Crawfords Whitestone Bridge wird dabei nicht etwa die Horizontale, sondern die Vertikale betont, als würden Brücken nicht einen Fluss überspannen, sondern in den Himmel führen (→ Abb. 86 und 87).

Während Lozowick[234] die himmlische Dimension durch die beiden Flugzeuge noch unterstreicht und Brücke wie Flugzeuge von der nächtlichen Szene durch gleißendes Licht abhebt, ist bei Abbott[235] allein die Vertikale bestimmend. Lozowick macht die Brücke zur nächtlichen Vision. Himmelsstürmend erscheinen folgerichtig auch Menschen, die

Abb. 88: *Scientific American*, 1923 (Howard Brown)

Abb. 89: Bridging San Francisco Bay, U.S. Steel 1937, Filmstill

232 Vgl. *Haskell, Barbara*: Ralston Crawford, New York: Whitney Museum of American Art 1985, S. 54.

233 Zu Crawfords Whitestone Bridge vgl. *Searl, Marjorie*: Ralston Crawford Whitestone Bridge (1939–40), in: Searl, Marjorie (Hg.): Seeing America. Painting and Sculpture form the Collection of the Memorial Art Gallery of the University of Rochester, Rochester, NY: University of Rochester Press 2006, S. 241–244.

234 Louis Lozowick: Hudson Bridge (George Washington Bridge), 1929. Vgl. *Flint, Janet*: The Prints of Louis Lozowick. A Catalogue Raisonné, New York: Hudson Hills Press 1982.

235 Berenice Abbott: Manhattan Bridge, Looking Up. – *Abbott, Berenice*: Changing New York (1939), hg. von Bonnie Yochelson, New York: The Museum of the City of New York 1997.

an den Brücken zu arbeiten hatten. Wiederkehrendes Motiv waren hier die Anstreicher der Stahlkabel (→ **Abb. 88**).

Brücken wurden zu Himmelsleitern, die freilich nicht von oben herab bestiegen wurden. Schon früh wurde die Verbindung der Brücke zur gotischen Kathedrale gezogen, was John August Roebling mit den gotischen Spitzbogen der Brooklyn Bridge nahegelegt hatte.[236] Die Brücke, wie ehedem gotische Kathedralen, als den Inbegriff menschlicher Leistungsfähigkeit und geistiger Errungenschaften zu sehen, wollten David Steinman und Sara Watson ihren Lesern im Jahr 1941 nahelegen: »We want to give you a glimpse into the drama, the romance, the poetry of bridge-building. We want to tell you of men's dreams, of their faith, of their struggles, of their tragedies, of their glorious victories.«[237] Wie hier wurden Brücken auch in den populären Magazinen und Werbefilmen[238] zum Gegenstand bewundernder Selbstreflexion der Gesellschaft zwischen Wirklichkeit und Traum (→ **Abb. 89**).[239] Auch konnten sie zu Hauptakteuren städtischer Geschichte werden.[240]

Keine Brücke jedoch wurde so sehr zum Objekt von Transzendenzzuschreibungen wie die Brooklyn Bridge in New York.[241] Wer je auf dieser Brücke von Brooklyn nach Manhattan gegangen ist, wird sich darüber nicht wundern. 1883 fertiggestellt, war sie schon damals nicht zuletzt durch den Tod ihres Ingenieurs und die Verletzung seines Sohns, der die Fertigstellung des Baus nur noch vom Fenster eines Brooklyner Hauses verfolgen konnte, zur Legendenbildung prädestiniert. Dichter und Maler »besangen« diese

---

236   *Billington, David P./Mark, Robert*: The Cathedral and the Bridge. Structure and Symbol, in: *Technology and Culture* 25 (Januar 1984), Nr. 1, S. 37–52. Billington und Marks Aufsatz, der im Titel auf den berühmten Essay von Henry James »The Virgin and the Dynamo« (Kap. 24 aus: The Education of Henry Adams) anspielt, will strukturelle Parallelen zwischen den ökonomischen Entstehungsbedingungen der Kathedrale und moderner Brücken aufweisen. Damit soll zum einen die Ästhetik der Kathedralen entzaubert und die Ästhetik der Brücke aus dem Schatten des rein Ingenieurtechnischen befreit werden.

237   *Steinman, David B./Watson, Sara Ruth*: Bridges and their Builders, New York: G. P. Putnam's Sons 1941, S. xv.

238   U.S. Steel Co.: Bridging San Francisco Bay, 1937 (http://archive.org/details/Bridging1937), (10.5.2013).

239   Z. B. World's Tallest Bridge to Span Golden Gate, in: Popular Mechanics 60 (Juli 1934), Nr. 1, S. 904–907; Queer Facts About Bridges, in: Popular Mechanics 66 (Oktober 1936), Nr. 4, S. 500–503.124A.

240   Z. B.: *White, Joseph/von Bernewitz, M. W.*: The Bridges of Pittsburgh, Pittsburgh: Cramer Printing & Publ. Co. 1928.

241   Aus der umfangreichen Literatur zur Brooklyn Bridge: *Haw, Richard*: The Brooklyn Bridge. A Cultural History, New Brunswick, NJ/London: Rutgers University Press 2005 und *Haw, Richard*: Art of the Brooklyn Bridge. A Visual History, New York/Abingdon, England: Routledge 2008.

Brücke. In dem Gedichtzyklus »The Bridge« (1930) von Hart Crane wird das Motiv der Himmelsleiter aufgenommen:[242]

To Brooklyn Bridge

...

O Sleepless as the river under thee,
Vaulting the sea, the prairies´ dreaming sod,
Unto us lowliest sometime sweep, descend
And of the curveship lend a myth to God.

Cranes Gedicht wurde in der Erstveröffentlichung durch einige Photographien von Lewis Hine illustriert, die die gleichen Merkmale von Brückenbildern aufwiesen, die schon genannt wurden.

Aber noch für einen anderen Künstler, dessen Bilder Crane möglicherweise zu seinem Gedicht inspiriert hatten, stellte die Brooklyn Bridge ein religiöses Symbol dar: Joseph Stella (1877–1946). Der 1896 aus einem Dorf in der Basilicata in die USA eingewanderte Stella malte die Brücke zwischen 1919 und 1941 in vielen Versionen (→ **Farbtafel 32**).[243] In einem Text aus dem Jahr 1929 äußerte sich Stella zu seinem Verhältnis zur Brooklyn Bridge:[244] »BROOKLYN BRIDGE had become an ever growing obsession ever since I had come to America.« Aus einem süditalienischen Dorf in die Metropole New York versetzt, suchte Stella nach einer »conjunction of the WORLDS«, die er in der Brücke fand. »[G]othic majesty« and »the cables, like divine messages from above« (87) erschienen ihm wie die »Apotheose« (88) der modernen Zivilisation.

Stellas Bilder der Brücke sind aber keine hellen Verklärungen, wie sie barocke Decken zieren. Vielmehr nahm Stella schon die unmittelbare Umgebung seines Wohnortes in Brooklyn als bedrohlich wahr. Nachts würden die Fenster der Fabriken wie Dämonenaugen leuchten. Die Schattenseiten der industriellen Zivilisation hatte Stella schon 1908 kennengelernt, als er im

---

242 *Crane, Hart*: The Bridge. [Commentaries by Waldo Frank and Thomas A. Vogler], New York/London: Liveright 1992, S. 2.

243 Das wiedergegebene Bild gibt eine späte Variante wieder, die Stella jedoch auch zu Beginn seiner Beschäftigung mit der Brücke schon einmal in ähnlicher Form gemalt hatte. Zu Stella: *Haskell, Barbara*: Joseph Stella, New York: Whitney Museum of American Art 1994 (Hier insbesondere die Seiten 82 ff.); *Jaffe, Irma*: Joseph Stella, Cambridge, Mass.: Harvard University Press 1970.

244 *Stella, Joseph*: The Brooklyn Bridge. (A Page in my Life), in: Transition Nr. 16–17 (Juni 1929), S. 86–89.

Rahmen der Pittsburgh Survey von Paul Kellogg Zeichnungen von Arbeitern und Fabriken anfertigte.[245]

Stella berichtet, dass er viele Nächte auf der Brücke gestanden habe – »a defenseless prey to the surrounding swarming darkness« – und so sind auch seine Bilder der Brücke dunkel.[246] Dann aber kommt es zu einer Art Offenbarungserlebnis: »I felt deeply moved, as if on the threshold of a new religion or in the presence of a new DIVINITY.« (88)

Dienen Transzendenzzuschreibungen in öffentlichen Technikdiskursen der Integration neuer Techniken in die Gesellschaft, so zeugen Stellas Bilder der Brooklyn Bridge von demselben Vorgang auf einer individuellen Ebene. Die Transzendenzdimension, die Stella auf der Brücke wahrnimmt und die er seinen Bildern einschreibt, schafft die Möglichkeit einer individuellen Aneignung der fremden Metropolis, die so weit entfernt ist vom Ort seiner Herkunft. Die Brücke verbindet so nicht nur Vergangenheit und Zukunft,[247] sondern in ihrer Mischung aus Gotik und Stahlbau auch die differenten Kulturen des Immigranten.

Stellas Version der Brooklyn Bridge in Boston, die eine leicht veränderte Fassung einer Version aus dem Jahr 1919–20 darstellt,[248] deutet darüber hinaus auf eine weitere Dimension. Man sieht die Streben der Brücke zu einem Netz aus Lichtstrahlen verfremdet. Wo sich ansonsten der Holzweg für die Fußgänger befindet, sieht man auf dem Bild Durchgänge ins Licht wie bei Hieronymus Boschs Darstellung des Aufstiegs zum himmlischen Paradies.[249]

Die Brücke führt scheinbar nirgendwo hin, denn ihre Steinpfeiler sind der eigentliche Fluchtpunkt der Perspektive. Dennoch wird der Betrachter in das Bild hineingezogen. In der Mitte unten wartet ein glühender Kristall, über den oder durch den man hindurch muss, will man auf die Brücke

---

245 Die Arbeiten, die auch in der *Survey* erschienen, unterschieden sich in ihrem Realismus deutlich von gleichzeitigen Werken, etwa John White Alexanders. Einige der Zeichnungen in: *Fitch, John A.*: The Steel Workers (1910), [Nachdruck] with a new introduction by Roy Lubove, Pittsburgh, Pa: University of Pittsburgh Press 1989. Vgl. auch: Youngner, Rina C.: Industry in Art. Pittsburgh, 1812 to 1920, Pittsburgh: University of Pittsburgh Press 2006, S. 129–130, 141–145 und *Haskell*, Stella, a. a. O., S. 82–85.

246 Ein Sachverhalt, der insbesondere in der Version des Bildes als Teil des Polyptichons »The Voice of the City of New York Interpreted« (1920–22), Newark Museum, NJ, auffällt.

247 *Yau, John*: Joseph Stella: The Brooklyn Bridge, in: Venn, Beth/Weinberg, Adam D. (Hg.): Frames of Reference. Looking at American Art, 1900–1950. Works of the Whitney Museum of American Art, New York: Whitney Museum of American Art 1999, S. 122–125. Hier S. 124.

248 Joseph Stella: Brooklyn Bridge, Yale University Art Gallery, New Haven, Conn.

249 Hieronymus Bosch: Aufstieg ins himmlische Paradies, Altarretabel des Kardinal Grimani, Venedig, Palazzo Ducale. Unmittelbares Vorbild des Tunnelmotivs waren für Stella jedoch die U-Bahnschächte New Yorks.

kommen. Wer diese Brücke beschreitet, kommt in ein Jenseits, aber nicht nach Manhattan. Das Bild zeigt sich als Jüngstes Gericht.

In anderen Gemälden aus dem Jahr 1919–20 findet man an der Position des Kristalls Symbole des Lebens. In »Nativity« steht unter filigranen gotischen Strebefeilern ein kleines Bäumchen mit bunten Blüten[250] und in »The Tree of My Life«[251] steht im Zentrum des überbordenden, tropisch inspirierten Lebens ein leuchtend roter Blütenkelch an der Position des Kristalls. Eben dieses Bild hat Stella in seiner späteren, oben zitierten Schilderung als das Ergebnis seiner Offenbarung, als den Beginn seines neuen Malstils beschrieben. Die Brooklyn Bridge war für Stella ein Weg zum Himmel, an dem man sich verbrennen konnte wie einst Mose am Dornbusch, an dem man aber zugleich seine Identität finden konnte.[252]

Die neue Welt

Das Verhältnis von Technik und Religion wird in der ersten Hälfte des 20. Jahrhunderts auch durch Utopien bestimmt. Die Moderne sehnt das Ende der Welt nicht mehr herbei, sondern fürchtet es als absolutes Ende. Der ehemals als Reich Gottes erhoffte Zustand muss daher in die Welt hineingeholt werden, dabei aber trotzdem die Qualität des Transzendenten behalten. Das hat Folgen sowohl für die Zeitwahrnehmung als auch für die Qualität und Dimension dessen, was jeweils (technisch) realisiert werden soll.

Utopische Visionen und Verweise auf eschatologische Dimensionen wurden besonders in der Vision der Wolkenkratzerstadt aktualisiert. Für Europäer ohnehin Gegenstand der Begegnung mit dem schlechthin Anderen war die Wolkenkratzerstadt auch in den USA ein Brennpunkt, an dem die Veränderung der Welt sichtbar wurde. Die Verbindung des Skyscrapers als einzelnes Bauwerk wie als Ensemble zum Transzendenten ist offenkundig. Gleichzeitig ist das Thema so vielschichtig, dass es an dieser Stelle

---

250 Joseph Stella: Nativity (1919–20), Whitney Museum of American Art, New York.

251 Joseph Stella: The Tree of My Life (1919), Ebsworth Collection, National Gallery of Art, Washington D.C.

252 »The vision spread all the largeness of Her (sic) wings, and with the velocity of the first rays of the rising Sun (sic), rushed toward me as a rainbow of trembling smiles of resurrected friendship.« *Stella:* The Brooklyn Bridge, a. a. O., S. 88. Die Beziehung zwischen »Brooklyn Bridge« und »The Tree of My Life« betont auch *Brock, Charles:* Joseph Stella, in: *Roberston, Bruce* (Hg.): Twentieth-Century American Art. The Ebsworth Collection, Washington D.C.: National Gallery of Art/New York: Harry N. Abrams 1999, S. 240–244.

nicht annähernd angemessen behandelt werden kann.[253] Dennoch kann der Aspekt hier nicht ausgelassen werden, weil er ein wichtiger Baustein auf dem Weg zur erfolgreichen Integration der Technik durch Transzendenzverweise in den USA der Zwischenkriegszeit darstellt. Daher erfolgen hier einige exemplarische Hinweise.

Die Verbindung der Transzendenz der Wolkenkratzerstadt mit einer neuen, technisch bestimmten Sicht auf die Welt sowie mit der Verkündigung eines neuen, diesseitigen Reiches der Erfüllung vollzog die Weltausstellung 1939 in New York mit ihrem Motto »The World of Tomorrow«. Die Spanne zum Eschaton wurde in ihr auf 20 Jahre verkürzt und der Vorstadtgarten zu einem Angeld des Reiches Gottes. Zu besichtigen war die Synthese, die unsere Kultur bis heute bestimmt, vor allem in Norman Bel Geddes Installation für General Motors »Futurama«.

Die Stadt der Wolkenkratzer – Das neue Jerusalem

Nachdem die »Brooklyn Bridge« für Joseph Stella ein großer Erfolg war, führte er seine Auseinandersetzung mit New York in einem großen Polyptychon weiter, dessen Mitteltafel Manhattan zum Thema hat.[254] »The Skyscrapers« (→ Farbtafel 33) lässt die Wolkenkratzer der Stadt wie über einer Nebelbank aufsteigen.[255] Die oben beschriebene Synthese zwischen der alten und der neuen Welt wird hier dadurch geleistet, dass am Fuße des Häusermeers Gebäude wie italienische Palazzi erscheinen. Angeführt von einer auf die Form reduzierten Wiedergabe des Flatiron Building zeigt Stella die Stadt zugleich als Schiff, an dessen Mast oben Positionslaternen leuchten.[256] Analog zum Himmel mit seinen Heerscharen in einem Renaissancegemälde wird Manhattan zum nun von Wolkenkratzern bevölkerten Ort einer Neuen

---

253 Zu verweisen ist vor allem auf die Arbeit von *Anke Köth*: Wolkenkratzerkirchen. Ein amerikanischer Bautypus der 1920er Jahre, Dresden: Thelem 2010. Weiterhin: *Leeuwen, Thomas A.P. van*: The Skyward Trend of Thought. Five Essays on the Metaphysics of the American Skyscraper, Cambridge, Mass.: MIT Press 1988; *Moudry, Roberta* (Hg.): The American Skyscraper. Cultural Histories, New York et al.: Cambridge University Press 2005.

254 Joseph Stella: The Voice of the City of New York Interpreted, 1920–22, Newark Museum, Newark, NJ – *Corn, Wanda M.*: The Great American Thing. Modern Art and National Identity, 1915–1935, Berkeley/Los Angeles/London: University of California Press 1999, S.135–190.

255 Stella: »Quando la nebbia oblitera le basi dei gratacieli essi appaiono sospesi in alto«; New York, Notizblatt. Text in: *Jaffe, Irma B.*: Jospeh Stella, Cambridge, Mass.: Harvard University Press 1970; S.146–147. Hier S.146.

256 Stella: »In alto riflettori tracciano l'augurio di VIE DELL'AVVENIRE...«, zit. nach *Jaffe*, a.a.O., S.147.

Welt. Wie stark Stella der Stadt hier Transzendenz zuschreibt, wird deutlich, wenn man es mit Diego Riveras »Frozen Assets«, das er zu einer Ausstellung seiner Wandmalereien im MoMA 1932 anfertigte, vergleicht.[257] Bei Rivera bestimmt die Unterwelt den größten Teil des Bildes der Stadt. Das Dreieck, das die Form des Flatiron Buildings aufnehmend, die Stadt bei Stella nach unten abdichtete, ragt nun umgekehrt aus der Unterwelt nach oben. Die Wolkenkratzer – im Einzelnen so identifizierbar wie bei Stella, sind in ihren Spitzen beschnitten. Sie sind nicht Teil des Himmels, sondern der Erde.

Dennoch: Neben der utopischen Ikonographie der Stadt in Zukunftsvisionen[258] zieht sich die Identifikation der Wolkenkratzerstadt mit dem Bild des Himmlischen von Werbungen und Weihnachtscovern (→ Abb. 90 und 91)

Abb. 90: Anzeige, 1930er Jahre   Abb. 91: Joseph Binder, 1937

257 Diego Rivera: Frozen Assets (1931–32), Museo Dolores Olmedo, Xochimilco, Mexico. – Abbildung in: *Dickerman, Leah/Indych-López, Anna* (Hg.): Diego Rivera. Murals for the Museum of Modern Art, New York, The Museum of Modern Art 2011, S. 115. Auch unter: www.moma.org/interactives/exhibitions/2011/rivera/content/mural/frozen/detail.php

258 Wie sie in Filmen wie »Just Imagine« (Regie: David Butler, USA 1930) oder »Things To Come« (Regie: William Cameron Manzies, Großbritannien 1936) bestaunt werden kann. Vgl. *Finkelstein, Haim*: Skyscraper Vision in Early Science-Fiction Art, in: Koehler, Karen (Hg.): The Built Surface. Vol. 2. Architecture and the Pictorial Arts from Romanticism to the Twenty-First Century, Aldershot, England/Burlington, VT: 2002, S. 228–255. *Willis, Carol*: Skyscraper Utopias: Visionary Urbanism in the 1920's, in: Corn, Joseph J.: Imaging Tomorrow. History, Technology, and the American Future, Cambridge, Mass./London, England: MIT Press 1986, S. 164–187.

bis zur Darstellung der Hoffnung auf Befreiung bei Aaron Douglas (1898–1979) (→ Farbtafel 34).[259] In »Aspiration« (1936) wird die industrielle Stadt zugleich als Himmelserscheinung und als Ausdruck und Motivation der Hoffnung auf Befreiung dargestellt. Aus dem dunklen Untergrund der Sklaverei, symbolisiert durch Hände in Ketten, erheben sich die Menschen, nun als freie arbeitend. Ein Stern, ebenso religiöses wie poslitisches Symbol, wirft sein pulsierendes Licht auf die Menschen und die »Stadt auf dem Berg«.[260]

Abb. 92: Earl Horter: Chrysler Building Under Construction, 1931

Diese Wahrnehmung unterscheidet sich deutlich von deutschen Rezeptionen der Wolkenkratzerstadt. »Möchten Sie im Wolkenkratzer wohnen?« fragte z. B. Die Gartenlaube 1930 und beschrieb den »Menschenkäfig«, indem »hauptsächlich die vergnügungssüchtigen Motten« lebten, nicht ohne Sympathie, aber doch unter der Annahme, dass im »Land of God« der »Teufel ... Premierminister [sei]«.[261] Abgesehen von klar dystopischen Darstellungen wie in Fritz Langs »Metropolis«, zeigt sich die andere Art, nach oben zu schauen, vor allem in der Linienführung in Darstellungen von Hochhäusern. Während deutsche Bilder oft stürzende Linien aufweisen, werden amerikanische Bilder von

259   Bei Identifikationen von Architektur mit religiösen Topoi ist, wie Wilhelm Schlink im Blick auf die Bezeichnung der gotischen Kathedrale als himmlisches Jerusalem gezeigt hat, Vorsicht geboten. Freilich wähle ich eine andere Perspektive, insofern es mir nicht um die Behauptung einer Intention in der Konzeption der Bauwerke geht, sondern um Assoziationen, die in der Wahrnehmung der Gebäude geweckt werden sollen. Vgl. *Schlink, Wilhelm*: The Gothic Cathedral as Heavenly Jerusalem: A Fiction in German Art History, in: Kühnel, Bianca (Hg.): The Real and Ideal Jerusalem in Jewish, Christian and Islamic Art: Studies in Honor of Bezakel Narkiss on the Occasion of his Seventieth Birthday, Jerusalem: Hebrew University (Jewish Art, 23/24) 1998, S. 275–285.

260   Zu Douglas: *Earle, Susan* (Hg.): Aaron Douglas. African American Modernist, New Haven/London: Yale University Press 2007.

261   Olshausen-Schönberger, Käthe: Möchten Sie im Wolkenkratzer wohnen? In: Die Gartenlaube (29, Mai 1930), Nr. 22, S. 451–453.

zurückweichenden Linien bestimmt. Ein Beispiel für letzteres stellt Earl Horters (1881–1940) Gemälde des Chrysler Buildings im Bau dar (→ Abb. 92). Stürzende Linien zeigt dagegen Arnold Rönnebecks (1885–1947) Darstellung der Wall Street (→ Abb. 93).[262]

Die Photographin Berenice Abbott hat diese Differenz als diejenige beschrieben, die zwischen einer Darstellung des Wolkenkratzers als »beautiful and majestic« auf der einen Seite sowie »ugly, inhuman« auf der anderen Seite besteht.[263]

In der Attribuierung der Wolkenkratzerstadt als Neue Welt, als himmlisches Jerusalem schwingt selbstverständlich zum einen das Moment der Erhabenheit mit. Zum anderen aber ist die Überhöhung der Stadt Motiv der Auseinandersetzung um ihre soziale Rolle. Auch dies wird visuell deutlich in den unterschiedlichen Bildern. Stellen utopische Entwürfe stets Querverbindungen

Abb. 93: Arthur Rönnebeck: Wall Street, ca. 1926

zwischen den in vielen Ebenen in die Tiefe führenden Schluchten dar, um damit Wege und sozialen Vernetzungen zu visualisieren, so betonen dystopische Bilder monolithische Blöcke, die verbindungslos gen Himmel ragen.[264]

---

262 Zu Rönnebeck, der 1922, im Alter von 37 Jahren in die USA immigrierte: Arnold Rönnebeck, 1885–1947 (mit einem Aufsatz von Betsy Fahlman), New York: Conner Rosenkranz, 1998.

263 *Abbott, Berenice*: Guide to Better Photography, New York: Crown Publ. 1941, S. 97. Zit nach: *Weissman, Terri*: The Realisms of Berenice Abbott. Documentary Photography and Political Action, Berkeley/Los Angeles/London: University of California Press/Washington D.C.: The Philips Collection 2011, S.166.

264 Eine Ausnahme bilden meines Wissens einzig die Graphiken von Hugh Ferriss, die für deutsche Augen ebenfalls die Bedrohlichkeit der Metropolis symbolisieren, aber nicht so gemeint sind. Vgl. *Ferriss, Hugh*: The Power of Buildings, 1920–1950. A Master Draftsman's Record, Mineola/New York: Dover 2008. [Ursprünglich veröffentlicht unter: Power in Buildings. An Artist's View of Contemporary Architecture, New York: Columbia University Press 1953].

Gegen solche Bilder wollten Befürworter der Wolkenkratzerstadt diese als wahre »city beautiful« aus der Luft und von der See erscheinen lassen.[265] Mit diesem Begriff wollte man die damals schon wieder mythisch gewordene Schönheit der künstlichen Stadt der Weltausstellung 1893 in Chicago überbieten.[266] Die neue Stadt würde noch strahlender (d.h. reiner) sein als die Beaux-Arts Gebäude damals, deren Wolkenkratzerversionen nun als »totem poles« verschwinden sollten. Allerdings: Die Wahrnehmung der neuen Stadt »aus der Luft und von der See« – noch heute beeindruckend, wenn man sich zu Schiff Manhattans Südspitze nähert – war wohlweislich so gewählt. Denn vom »street level« her erschien sie weniger schön. Um diesen Eindruck von der Neuen Welt der technischen Zivilisation zu korrigieren, zogen in den 1930er Jahren Designer aus, die Welt neu zu gestalten.[267]

Futurama – Design für das Reich Gottes

Mit dem »Futurama«, der »Highways and Horizons Exhibit«, gelang General Motors die beliebteste Attraktion auf der Weltausstellung 1939 in New York. Der Designer Normal Bel Geddes hatte in einem von Albert Kahn gebauten Pavillon (→ Abb. 94) eine Stadt der Zukunft errichtet, an der die Besucher in bequemen Armsesseln in einer erhöhten Perspektive wie im Flugzeug »vorbeiflogen« (→ Abb. 95).[268]

500.000 Häuser und 50.000 Modellautos waren in dem Modell verbaut,[269] das den Besuchern in fünfzehn Minuten Amerika im Jahre 1960 zeigen sollte. Städte, Landschaften und Autobahnen bildeten diese Welt im Miniaturformat. Die Zuschauer fuhren dabei auf einem Band in Sesseln durch die Ausstellung. In den Sitzen waren Lautsprecher eingebaut, die dem Besucher erläuterten, was er gerade sah. Am Ende der Fahrt entließ das Sesselband die Besucher auf eine Kreuzung der Zukunft, die im Maßstab 1:1 das wiederholte, was die Miniaturwelt als letztes gezeigt hatte.

---

265   *Anonym*: Skyscrapers: Prophecy in Steel, in: Fortune 2 (1930), Nr. 6, S. 88.
266   Ich danke Hans-Georg Lippert für den Hinweis auf diesen Zusammenhang.
267   Designer wollten mit ihrer Arbeit dezidiert Vorbehalte in der Bevölkerung gegen die moderne Technik überwinden (Raymond Loewy). Ausstellungstext in: Designing Tomorrow. America's World's Fairs of the 1930s, National Building Museum, Washington D.C. Oktober 2010–Juli 2011.
268   Zur Geschichte der Ausstellung von GM: Marchand, Roland: The Designers go to the Fair, II: Norman Bel Geddes, The General Motors »Futurama« and the Visit to the Factory Transformed, in: *Doordan, Dennis* (Hg.): Design History: An Anthology, Cambridge/London: MIT Press 1995, S. 103–121.
269   Official Guide Book, 1939, S. 208.

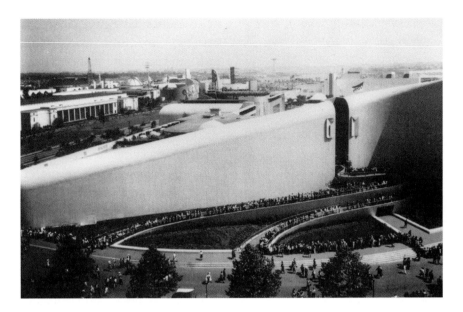

Abb. 94: Albert Kahn: Pavillon General Motors, World's Fair 1939

Den besten Eindruck des Ensembles erhält man in dem von General Motors produzierten Film zu der Ausstellung »To New Horizons«.[270] Der Film offenbart darüber hinaus den universalhistorischen Gedanken hinter dem Futurama: Die Anfangssequenz zeigt Meereswellen als Symbol für die Herkunft des Lebens. Im Verlauf des Films wird deutlich, dass hier die Schöpfung vor Ankunft des Menschen in Erinnerung gerufen werden soll. Im Anschluss daran berichtet ein Erzähler von den immer während en Versuchen des Menschen, sich »neue Horizonte« zu erschließen, was im Wesentlichen durch Verkehrstechnik geschah. Bis zum Erreichen der Gegenwart, d.h. der Weltausstellung im Jahre 1939, ist der Film in schwarz-weiß gedreht. Im Anblick des Pavillons von General Motors blendet die Szene in Farbe über. Von da an wird das Modell der Welt von morgen von Norman Bel Geddes dargestellt.

Der weltgeschichtliche Zusammenhang reicht damit von der Entstehung der Welt bis zum imaginierten Jahr 1960. Wie sein Kollege Raimond Loewy

---

270 »To New Horizons«, General Motors, Department of Public Relations, 1940. (http://archive. org/details/ToNewHor1940)(12.5.2013). Vgl. auch die Broschüre der Ausstellung, die unter der Adresse http://archive.org/details/generalmotorshigoogeddrich zu finden ist.

Abb. 95: Margaret Bourke-White:
Futurama

stellt Geddes die Entwicklung des Designs in einen evolutionären Kontext[271] und macht die Gestaltung der Zukunft damit zu etwas Transzendentem, insofern sie einem unverfügbaren Prozess folgt. Hatte Walter Dorwin Teague, neben Norman Bel Geddes, Raimond Loewy und Henry Dreyfuss der vierte prominente Designer der Zeit, in seinem Buch den Verlust der Schönheit im Alltag als eines der gravierendsten Probleme des industriellen Zeitalters bezeichnet,[272] so schickte sich das Futurama an, die Zukunft der Welt wieder schön zu machen.[273] Adnan Morshed weist darauf hin, dass Geddes in der Konzeption dieser Welt nicht durchgängig originär war, sondern ein Corbusiersches Stadtzentrum mit einer Einbettung in die Landschaft kombiniert hat, die von Frank Lloyd Wright stammt.[274] Gleichzeitig kombiniert Geddes aber auch Raum- und Zeitebenen. Morshed sieht das Besondere an Geddes Installation darin, dass der Designer den Besuchern seine Welt aus der Vogelperspektive zeigt.[275] Nicht nur das Objekt, sondern auch der Modus seiner Wahrnehmung wird so auf die Zukunft eingestellt. Gleichzeitig mit dieser veränderten Raumerfahrung werden die Menschen in ein Fließband gesetzt. Sie werden damit zu einem Teil eines in der zeitgenössischen Welt technischen Zusammenhangs, der jedoch, wie die Eingangsrampen des Pavillons belegen (→ Abb. 94), »organisch« gedacht wurde.

---

271 *Morshed, Adnan*: The Aesthetics of Ascension in Norman Bel Geddes's Futurama, in: Journal of the Society of Architectural Historians 63 (März 2004), Nr. 1, S. 74–99. Hier S. 84 f.

272 *Teague, Walter Dorwin*: Design This Day. The Technique of Order in the Machine Age, New York: Harcourt, Brace and Co. 1940, S. 27.

273 Nach wie vor grundlegend: *Meikle, Jeffrey L.*: Twentieth Century Limited. Industrial Design in America, 1925–1939, Philadelphia: Temple University Press (1979), 2. Aufl. 2001.

274 *Morshed*, a. a. O., S. 74. Zu Norman Bel Geddes Gesamtschaffen: *Albrecht, Donald* (Hg.): Norman Bel Geddes Designs America, (Harry Ransom Center, The University of Texas at Austin/Museum of the City of New York), New York: Abrams 2012.

275 A. a. O., S. 74 ff.

Was bei den Besuchern den Eindruck einer kontinuierlichen Flugbewegung erzeugen sollte, korrespondierte wiederum auf der Objektebene mit den verkehrstechnischen Aspekten der zukünftigen Welt. Denn der zentrale Aspekt der Installation war die Gestaltung der Straßen. Geddes Vision eines Autobahnnetzes, das u. a. durch die Schaffung von Autobahnkreuzen den Verkehrsfluss beschleunigen und Unfälle vermeiden sollte, stellte neben der Sauberkeit der Welt das Herzstück der Zukunft dar.[276] Diese Zukunft aber wurde als Verheißung den Besuchern gleichsam so dicht vor Augen gestellt, dass sie fast zur Gegenwart wurde. Erinnerte der Erzähler des Films zur Ausstellung rhetorisch daran, dass man sich angesichts der Realitätsnähe des Modells bewusst machen müsse, dass es sich hier nicht um die Wirklichkeit handele, so war genau diese Verwischung der Grenzen intendiert. Die Zukunft wurde an die Gegenwart herangerückt und die Ästhetik des Designs übernahm die Funktion des Mittlers in eine Neue Welt. In seiner Jugend vom Methodismus und der Christian Science geprägt,[277] hat Geddes in seiner Biographie jene Bewegung vom Erhoffen des Reiches Gottes als Antithese zur Welt hin zu einer gezielten Strategie der Erreichbarkeit vollzogen. Ganz anders als die traditionelle Eschatologie geht es in der neuen Zukunft nicht darum, das Vorhandene zu zerstören, sondern es zu überschreiten. Das aber ist nicht einfach eine Version des Fortschrittsgedankens, denn die »World of Tomorrow« stellt einen qualitativen Sprung dar. Ihre Faszination bezieht sie gerade aus ihrer noch transzendenten Qualität. Sie ist ein Theater,[278] und versucht den Betrachter gerade in dieser Eigenschaft zu sich herüberzuziehen, ihn von sich zu überzeugen.

In diesem Kapitel wurde gezeigt, dass die Einführung neuer Technologien und Veränderungen, die durch die Industrietechnik der Zwischenkriegszeit in den USA ausgelöst wurden, in den Bildern und Wahrnehmungen der Technik mit zahlreichen Transzendenzverweisen verbunden worden sind. Vieles davon mag dem deutschen Leser und der deutschen Leserin fremd erscheinen. Die Wahrnehmung der Technik ist in Deutschland im

---

276 Nach seinem Hauptwerk zum modernen Design (Horizons, Boston: Little, Brown and Co. 1932) veröffentlichte Geddes 1940 das Buch Magic Motorways, das als Ergänzung und Verlängerung des Ansatzes der Ausstellung von 1939 gedacht war. Vgl. *Geddes, Norman Bel*: Magic Motorways, New York: Random House 1940, S. 8. Geddes Enthusiasmus für moderne Autobahnen war so groß, dass der New Yorker am 1. Juni 1940 eine Karikatur dazu als Titelblatt zeigte.

277 *Sigler, Danielle Brune*: Norman Bel Geddes and a Spiritual Philosophy of Art and Inspiration, in: Albrecht, Norman Bel Geddes, a. a. O., S. 40–53.

278 Geddes war zu Beginn seiner Laufbahn Bühnenbildner.

20. Jahrhundert von anderen Motiven geprägt worden. Wo Transzendenz-
dimensionen aufscheinen, werden sie im besten Fall von ambivalenten
Konnotationen bestimmt. Ein Beispiel dafür ist Bruno Bürgels Einleitung
zum Photoband von E. O. Hoppé: »Deutsche Arbeit« aus dem Jahr 1930:[279]

> *»Maschine!« Stählernes, listig ersonnenes Ungeheuer, dem Hirn des*
> *Menschen entsprungen, sein Sklave und sein Herr bist du zugleich,*
> *Befreier und Bedrücker in einem! Du stampfender, schreitender,*
> *gleitender, rollender, dröhnender Koloß, du Raffer von Zeit und Raum,*
> *von Kraft und Stoff, du bist Takt und Tempo des neuen Erdzeitalters.*
> *Maschine!*

Auch Hans Baluscheks Blick auf die technische Stadt unterscheidet sich
deutlich von amerikanischen Bildern wie der Vision des African-American
Aaron Douglas. »Arbeiterstadt« aus dem Jahr 1920 (→ Farbtafel 35) zeigt eine
faustische Gestalt auf einer Brücke über Stadtbahngleisen. Die Stadt im Hintergrund ist so eng und düster wie der Rauch, mit dem die Schornsteine
den Himmel grau färben. Anstelle von Sternen leuchten nur die Fenster
wie Augen aus dunklen Höhlen. Unter der Brücke steht eine Lokomotive als
lauere ein Tier in seiner Höhle. Auch Baluschek bindet eine Transzendenzdimension in sein Bild ein. Es ist die absolute Unverfügbarkeit, der gegenüber
selbst Ohnmachtsgefühle sinnlos sind. Niemand baut diese Stadt. Sie ist da,
ohne Bewegung und Hoffnung.

In der Kunst der 1920er Jahre in Deutschland erscheint die Technik
viel häufiger als in den USA in sozialkritischer Perspektive. In Magazinen wird die Technik, auch dies anders als in den USA, dagegen deutlich
nüchterner bebildert. Selbst eine Zeitschrift wie *Wissen und Fortschritt*, die
bis in ihr Coverdesign eine Kopie von *Popular Mechanics* sein will, zeigt
sich in diesem Sinne »realistischer«. Nun ließe sich dies auf denselben Eindruck zurückführen, den man noch heute gewinnt, wenn man etwa das
Deutsche Museum in München mit dem Museum of Science and Industry in Chicago vergleicht, das doch nach dem deutschen Vorbild entstand.
Aber das ist nur ein wei-terer Ausdruck der zugrunde liegenden kulturellen
Differenz. Technik wurde in Deutschland öffentlich kaum mit positiven

---

279   *Bürgel, Bruno H.*: Das Hohelied der Arbeit. Vorwort zu: Deutsche Arbeit. Bilder vom Wie-
      deraufstieg Deutschlands. 92 Aufnahmen von E. O. Hoppé, Berlin: Ullstein 1930, S. 5–8.
      Hier S. 6.

Transzendenzverweisen versehen. Dies hängt u. a. an der fehlenden Kopplung der Technik mit gesellschaftlichen Leitvorstellungen, wozu auch Vorstellungen von Transzendenz und Religion gehören. Selbst die apologetische Verbindung des Technischen mit dem Organischen, wenn etwa ein Passagierdampfer als »selbständiges, lebendiges Wesen [empfunden]« werden soll,[280] zeugt zwar von dem Versuch, Technik mit einer damals positiv konnotierten Gesellschaftsvorstellung zu verbinden. Aber diese Kopplung trägt die Bedrohung durch das Technische ebenso in sich, wie die Metapher vom »Stahltier«[281] im Gegensatz zum »Iron Horse«. Hebt das eiserne Pferd auf die Geschwindigkeit ab, so das Stahltier auf die Härte und Unangreifbarkeit. Technik mit dem »Organischen« zu verbinden, zeugt im Positiven von dem Wunsch, die Technik als gewachsen und selbstverständlich zu implementieren. Anders als die Anbindung an den Fortschrittsgedanken trägt das Organische aber als Nicht-Gemachtes neben dem Wunsch, es vielleicht doch nicht gewesen sein zu müssen, die Gefahr in sich, unkontrollierbar zu sein. Fortschritt meint eine Bewegung von autonomen Individuen. Organismen bewegen sich unabhängig von rationalen Entscheidungen.

Die These der beiden ersten Kapitel war, dass Transzendenzverweise in der Darstellung von Technik der Integration einer neuen Technik in die Gesellschaft dienen. Ob man es dabei mit positiven Konnotationen zu tun hat, die eine Technik implementieren wollen, oder mit negativen Assoziationen, die eine Integration verhindern oder rückgängig machen wollen, spielt dabei zunächst keine Rolle. Die Entwicklung in den USA hat gezeigt, dass die Industrietechnik dort trotz der Krise der 1930er Jahre integriert wurde. Dass die gleichen Anpassungsprozesse an die Moderne in Deutschland im Rahmen der Verursachung der größten Katastrophe des 20. Jahrhunderts erfolgten, deutet darauf hin, dass man sich in einer Haltung, die die Technik letztlich für »dämonisch« oder ein »Gestell« hält, vielleicht ein tiefgründiges Verständnis des Wesens der Technik zuschreiben kann, damit aber keineswegs besser mit den Lebensbedingungen einer technisch bestimmten Kultur umzugehen vermag.

---

280 *Pütz, Friedrich*: Schiffbau und Schiffbaukünste, in: Westermanns Monatshefte 80 (Februar 1936), Bd. 159, Heft 954, S. 509–516. Hier S. 510.
281 »Das Stahltier«, Regie: Willy Zielke, Deutschland 1935.

Farbtafel 2: Hall of Science, Postkarte

Farbtafel 3: Turm und Hof der Hall of Science, Postkarte

Farbtafel 1: Weltausstellung Chicago 1933, Plakat

Farbtafel 6: Weltausstellung New York 1933 (Nombard N. Culin), Plakat

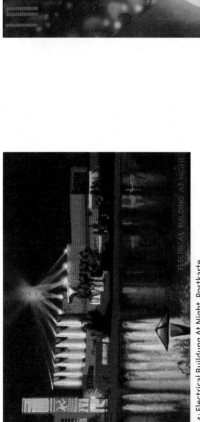

Farbtafel 4: Electrical Buildung At Night, Postkarte

Farbtafel 5: Ford Building bei Nacht, Postkarte

Farbtafel 10: State Mural: Ohio (M. Gaspar), Detail

Farbtafel 11: *Scientific American*, November 1923

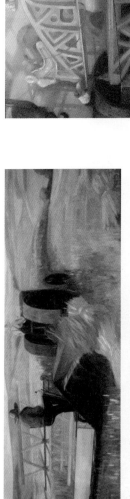

Farbtafeln 7–9: State Murals: Kansas, Indiana (S. Wick), Rhode Island (M. Gaspar), Details

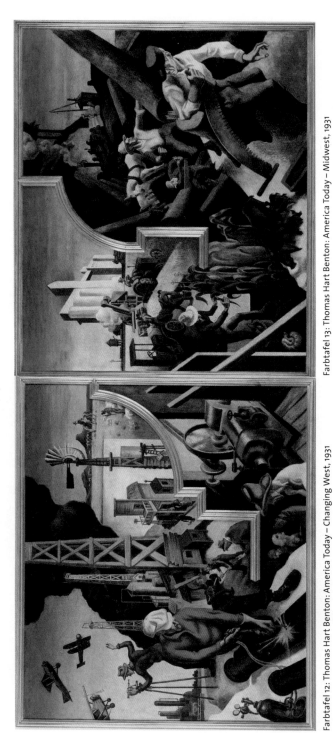

Farbtafel 12: Thomas Hart Benton: America Today – Changing West, 1931

Farbtafel 13: Thomas Hart Benton: America Today – Midwest, 1931

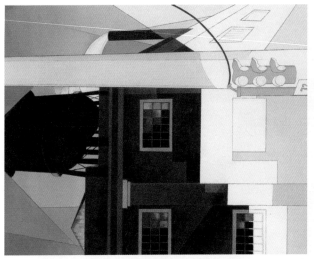

Farbtafel 15: Charles Demuth: ... And the Home of the Brave, 1931

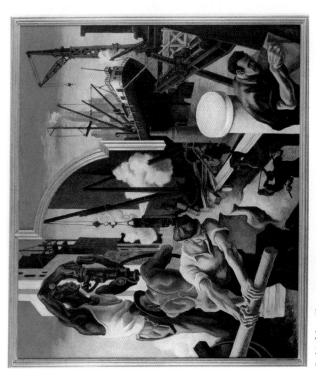

Farbtafel 14: Thomas Hart Benton: America Today – City Building, 1931

Farbtafel 17: Fritz Jacobsen: Neuzeitliches Siemens-Martin-Stahlwerk zu Höntrop/Westfalen, 1928

Farbtafel 16: Anzeige, 1930er Jahre

Farbtafel 19: Franz Radziwill: Dorfeingang/Ende eines Arbeitstages, 1928

Farbtafel 18: Charles Sheeler: American Landscape, 1930

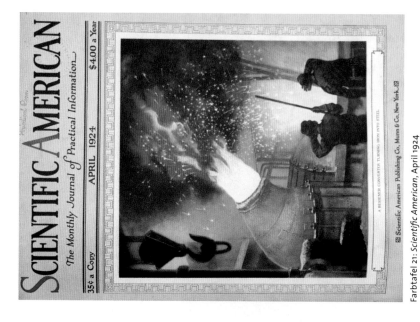

Farbtafel 21: *Scientific American*, April 1924

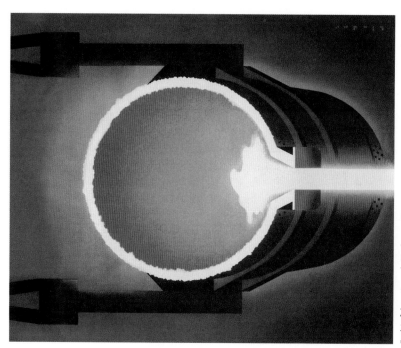

Farbtafel 20: Joseph Binder, 1938

Farbtafel 23: Frederic Edwin Church: Twilight in the Wilderness, 1860

Farbtafel 22: *Scientific American*, August 1911

Farbtafel 24: Rockwell Kent: Man's Liberation Through Electricity, 1939 (zerstört)

Farbtafel 25: Marvin Beerbohm: Automotive Industry, 1940

Farbtafel 27: Carl Grossberg: Maschinensaal, 1925

Farbtafel 26: Anzeige, 1930er Jahre

Farbtafel 28: Diego Rivera: Detroit Industry, Nordwand, 1933

Farbtafel 29: Diego Rivera: Detroit Industry, Südwand, 1933

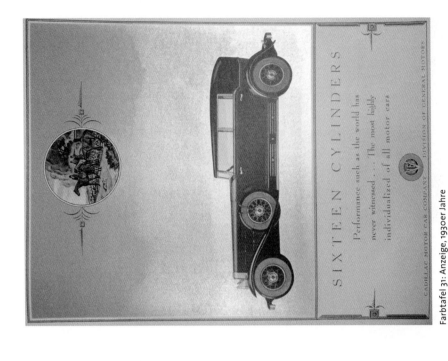

Farbtafel 31: Anzeige, 1930er Jahre

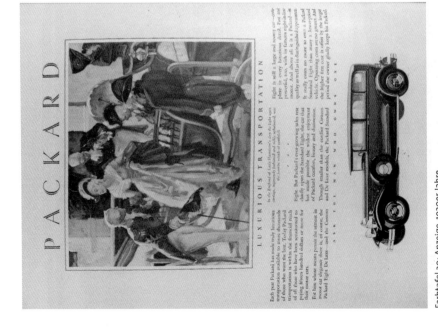

Farbtafel 30: Anzeige, 1930er Jahre

Farbtafel 33: Joseph Stella: The Voice of the City of New York Interpreted, 1920–22, Mitteltafel: Skyscrapers

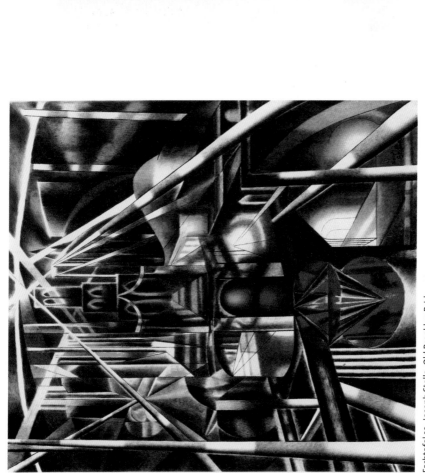

Farbtafel 32: Joseph Stella: Old Brooklyn Bridge, 1941

Farbtafel 35: Hans Baluschek: Arbeiterstadt, 1920

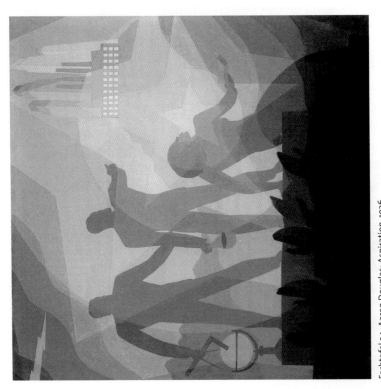

Farbtafel 34: Aaron Douglas: Aspiration, 1936

4. Rezeptionen – Technik in der Theologie

Die vorangegangenen Kapitel haben gezeigt, dass in den Darstellungen von Technik in den USA religiöse und nicht-religiöse Transzendenzbezüge in vielfältiger Weise begegnen. Wie hoch auch immer man den »säkularisierenden« Effekt moderner Technik veranschlagen möchte, so zeigen die dargestellten Befunde zumindest für diesen Fall eher eine in hohem Maß religiös besetzte Auseinandersetzung mit der Technik. In ihr wird Transzendenz gleichsam in kleiner Münze ausgegeben. Indem eine Technik oder die Menschen, die mit und in ihr arbeiten, durch Transzendenzverweise über den engeren materiellen Kontext hinausgehoben werden, wird das Transzendente umgekehrt an die vorfindliche Wirklichkeit angebunden, übersetzt, »konkretisiert«. Selbstverständlich lässt sich »Transzendenz« im strikten Sinne nicht konkretisieren, aber es lassen sich symbolische Zwischenstufen zwischen einer Technik und z. B. der Zukunft einschalten, die diese Technik als Wegbereiter in eine zunächst mit konkreten Vorteilen ausgestattete Zeit, dann aber in eine heilvolle Zukunft überhaupt, ausweisen. Für jeden Transzendenzverweis muss es jedoch Anknüpfungspunkte im Vorstellungshorizont der Menschen geben, wenn der Bezug verstanden und seine Wirkung entfalten soll. Dass Technikbilder in Zeitschriften der Weimarer Republik deutlich weniger Transzendenzverweise, ganz zu schweigen von offen religiösen Anspielungen, tragen als in den USA, hängt u. a. an der unterschiedlichen Präsenz des Religiösen im öffentlichen Leben. Es besagt daher mindestens so viel über »die religiöse Lage« der Zeit wie über die Bewertung der Technik.

In diesem Kapitel geht es nun um theologische Rezeptionen der Technik. Es ist verschiedentlich beobachtet worden, dass explizite Auseinandersetzungen der Theologie mit der Technik im 20. Jahrhundert selten sind. Dies gilt auch für den hier exemplarisch behandelten Zeitraum, und zwar sowohl für die USA als auch für Deutschland. Während das *Christian Century* und andere Zeitschriften immer wieder auf das Verhältnis des Christentums zu den Naturwissenschaften eingehen, finden sich vergleichsweise wenige Beiträge zur Technik. Man könnte vermuten, dass die Kirchen in den USA in den 1920er und 1930er Jahren so stark von der Kontroverse zwischen Liberalen und Fundamentalisten sowie dem Bewusstsein ihres Bedeutungsschwundes bestimmt wurden, dass für andere Themen kein Raum mehr war. Blättert man jedoch durch die Zeitschriften, findet man Aufsätze und Editorials zu allen möglichen kulturellen, politischen und ökonomischen Themen, nur nicht zur Technik. Man gewinnt zunächst den Eindruck, als hätte die Theologie das »Machine Age« verpasst. Vielleicht ist daher der etwas sarkastische Hinweis Reinhold Niebuhrs doch treffend, dass sich die Kirchen eher den Weltbildfragen (also z. B. den Naturwissenschaften) zugewandt hätten, weil dies viel einfacher gewesen sei, als die Fragen zu behandeln, die eine reale Veränderung der Gesellschaft mit sich gebracht hätten.[1] Begibt man sich jedoch auf die etwas mühsame Suche nach Quellen jenseits dessen, was der Schlagwortkatalog auf den ersten Blick preisgibt, so stößt man doch auf zahlreiche Rezeptionen und Reaktionen auf die Technisierung der Welt in der Zwischenkriegszeit. Technik ist als Thema an vielen Orten präsent, aber sie wird seltener zum Thema eines Aufsatzes, geschweige denn einer Monographie.[2]

Die Fragerichtung, die meine Auswahl und Darstellung der Quellen bestimmt, ist eine doppelte: Zum einen geht es um theologische Stellungnahmen zur Technik bzw. zu Techniken. Hier reichen die Befunde etwa von der Sorge um die Moral der Kinokultur über eine begeisterte Zustimmung zum Radio als Missionswerkzeug bis hin zu Überlegungen zum Einfluss »der« Maschine auf die Welt. Zum anderen aber geht es um die Frage, ob und wie die Wahrnehmung der Technik Einfluss hat auf theologische Konzeptionen selbst. Denn wenn es stimmt, dass die Technik den Rahmen der Verfügbarkeit für Menschen verändert hat, und die Theologie es in weiten Teilen ihrer Theorie mit dem Unverfügbaren zu tun hat, dann müsste die Theologie zwangsläufig zumindest implizit auf die Technisierung der Welt reagiert haben.

---

1   *Niebuhr, Reinhold*: Does Civilization Need Religion? A Study in the Social Resources and Limitations of Religion in Modern Life, New York: Macmillan 1928, S. 7.
2   Für Deutschland kommen aus dieser Zeit an Beiträgen der evangelischen Theologie in Buchumfang nur *Hanns Lilje*, Das technische Zeitalter (1928); *Adolf Faut*, Technik, technisches Zeitalter und Religion (1931) und der Sammelband von *Wolfgang Staemmler*, Kirche und Industrie (1927) in Betracht. In den USA erschien, soweit mir bekannt, keine dem Thema gewidmete Monographie.

Beiden Seiten der Frage wird im Folgenden exemplarisch nachgegangen. Deutlich wird dabei, dass die im 19. Jahrhundert noch z. T. emphatisch positive Bewertung der Technik und ihre zwanglose Integration in das Gebäude christlicher Weltdeutung im Zuge der Hinwendung zur sozialen Problematik der Industrieproduktion und der neuen Parteinahme für die Arbeiter einer immer kritischeren Bewertung weicht. Damit einher geht eine Distanzierung von technischen Transzendenzbezügen und der Versuch, Transzendenz (in Bezug auf Gott oder den Menschen) im Gegensatz zur Technik zu bestimmen. Weiterführend scheint mir, im Blick auf die damalige Zeit und ihr Anliegen, Reinhold Niebuhrs »Realismus« zu sein, der nach 1945 breit rezipiert wurde. Freilich kann auch diese Konzeption nicht verhindern, dass der Weltbezug Gottes nicht mehr im Zusammenhang mit der technischen Lebenswirklichkeit formulierbar ist. Daher müssten Einsichten der liberalen Vorgänger Niebuhrs, der Chicago-School of Theology und ihres »Realismus« im Blick auf die Konstruktivität theologischer Konzepte, aufgenommen werden. Rekombiniert man diese beiden Arten des »Realismus«, böte das vielleicht eine Grundlage für Bilder des Transzendenten, die der technischen Verfasstheit unserer Lebenswelt gerecht werden, ohne die kritische Distanz gegenüber der Technik und der Theologie selbst einzubüßen. Wir beginnen mit einem Blick auf das Spektrum unterschiedlicher Bewertungen der Technik in der Theologie.

Evangelium und Dämonie der Technik

In einer Auslegung katholischer Segensformulare für Flugzeuge und Telegraphenmasten schrieb der katholische Philosoph John Hennig 1942: »Thus technical contrivances are blessed as means of expediting human affairs and of attaining life everlasting.«[3] Flugzeuge, »wonderful achievements of overcoming space and time by means of technical contrivances« waren für Hennig, »an imitation of or rather a participation in God's creative Power.« Weltliche Geschwindigkeit konnte Hennig als Hilfsmittel der »straightness which leads to heaven« sehen.[4] Hennig, gebürtiger Deutscher, der zum Katholizismus konvertierte und der zur Zeit der Veröffentlichung in Irland

---

3   *Hennig, John:* Blessing of a Telegraph, in: Orate Fratres 16 (1.11.1942), Nr. 12, S. 542–548. Hier S. 543. Vgl. auch Ders.: The Blessing of Airplanes, in: Orate Fratres 16 (14.6.1942), Nr. 8, S. 348–356.
4   A. a. O., S. 544.

lebte, vertrat ein Bild der religiösen Dimension der Technik, das ebenso nah an den Bildern der Technik lag, die vorn gezeigt wurden, wie es weit entfernt zu sein scheint von einer auch nur annähernd legitimen evangelischen Sicht auf die Technik.[5] Dabei gab es diesseits wie jenseits des Atlantiks im 19. Jahrhundert Stimmen, die ganz unbefangen eine Verbindung zwischen der Technik und dem Christentum zogen.

Machinery as a Gospel Worker

So schrieb die *Illustrierte Zeitung* aus Leipzig 1848 anlässlich der Besuchs in einer Eisengießerei: »Nirgends und doch überall war ein deus ex machina sichtbar; Alles war in Bewegung und doch Jeder ruhig; der Lärm betäubte das Ohr und doch herrschte lautloses Schweigen; wie der Geist Gottes über den Wassern, so schwebte über diesem Chaos der Geist seines Schöpfers: der Geist der Ordnung.«[6] Obwohl mechanisch, fand der Autor in der Fabrik doch einen Organismus, der von der Macht dessen zeuge, der solche Technik erschaffen habe und über sie gebiete.[7] Auch Richard Rothe empfahl die »Maschine« wie vor ihm Schleiermacher als Befreiung von menschenunwürdiger Arbeit. Allerdings stand ihm der solche Gewinne wieder einziehende Effekt der Arbeitsteilung ebenso klar vor Augen »[s]o daß also zwischen diesen beiden, der Steigerung der Theilung der Arbeit und der Vervollkommnung des Maschinenwesens ein innerer, wesentlich sittlicher Zusammenhang stattfindet.«[8]

Jenseits des Atlantiks hielt der Christian Examiner die Maschine für einen »Gospel Worker«.[9] Der Autor fand zahlreiche Hinweise, dass die Technik etwas Göttliches sei. Räder wären heutzutage die Verkörperungen des Kreises, der früher als Symbol des Ewigen im Himmel galt, und Jesus sei nicht zufällig Handwerker gewesen (322). Anders als die Kunst, die imitiere und dabei stets täusche, sei die Maschine Verkörperung der wahren Kräfte:

---

5   Die konfessionsspezifischen Hintergründe der Sicht Hennigs müssen hier nicht weiter verfolgt werden, weil sie gegenüber anderen Einflussfaktoren sekundär sind, wie im Folgenden deutlich wird.

6   *Anonym*: A. Borsig's Eisengießerei und Maschinenbauanstalt in Berlin, in: Illustrierte Zeitung (Leipzig) Nr. 242 (19. 2. 1848), S. 116–117: Nr. 244 (4. 3. 1848), S. 148–150. Hier S. 148.

7   A. a. O., S. 117.148.

8   *Rothe, Richard*: Theologische Ethik, § 1138, 5. Bd., 2. Aufl., Wittenberg: Hermann Koelling 1871, S. 236f.

9   *Anonym*: Machinery as a Gospel Worker, in: The Christian Examiner 87 (New Series Vol. 8) (Juli–November 1869), S. 319–335.

»God does not paint or carve; but he does invent, does mechanize« (325). Der Verfasser bemühte sich, der Technik die Würde der Kultur zu verleihen. So sei die Dampfmaschine ebenso göttlich wie »Paradise Lost« (326). Die technische Entwicklung bringe zwar auch die Akkumulation von Reichtum in wenigen Händen mit sich, gleichzeitig hätten aber etwa moderne Verkehrsmittel wie die Eisenbahn einen egalitären Effekt, weil alle Schichten nebeneinander säßen (328). Schließlich ging der Autor auf die religiöse Bedeutung der Technik ein: Das Evangelium sei nur ein Teil der Arbeit an der Erlösung der Welt. Da die Kirche kein Luftschloss sei, bräuchte sie irdische Unterstützung wie z. B. Druckmaschinen. Der Beitrag gipfelte in der Aussage: »Machinery is a gospel-worker«, die ihre Kraft und Legitimation direkt aus dem Ewigen bezog: »The great driving wheel of all earthly machinery is far up in the heavens, has its force and direction supplied immediately from Omnipotence.« (335) Auch wenn ein Pastor der Congregational Church noch 1933 seine Begeisterung für *Popular Mechanics* äußern konnte,[10] wurden so emphatisch positive Verbindungen zwischen der Technik und christlichen Vorstellungen in der Theologie des 20. Jahrhunderts auch in den USA nur noch selten gezogen.

Die Technik und das Andere

Den Gegenpol zur Feier der Technik als Arbeit am Reiche Gottes bilden jene Konzeptionen, die in der Technik das Böse sehen. Solcherart negative Aufladungen finden sich in der amerikanischen Theologie vor dem Zweiten Weltkrieg jedoch nicht. Dafür sind sie in der deutschen Theologie der Zeit bestimmend. Im Jahre 1927 hält Paul Tillich den Festvortrag zum 99. Geburtstag der Technischen Hochschule Dresden und beginnt mit den Sätzen: »An Plötzlichkeit und Gewalt einer Naturkatastrophe vergleichbar kam die moderne Technik über die abendländischen Völker. Und sie beugten sich, ohne zu verstehen, was geschah. Allmählich aber dämmerte das Bewußtsein darum, dass sich ein Schicksal vollzogen hatte, dass das Abendland einen Weg gegangen war, der weit hinausführte über alle Möglichkeiten der bisherigen Menschheit. Und dieser Weg des Abendlandes reißt irgendwie die ganze Welt in seine Richtung, ...«.[11]

---

10   *Swan, Alfred W.*: Redemption in a Mechanical Age, in: The Christian Century Pulpit 4 (November 1933) Nr. 11, S. 12.

11   *Tillich, Paul*: Logos und Mythos der Technik (1927), in: Ders. (Hg.): Die religiöse Substanz der Kultur (GW IX), Stuttgart: Evangelisches Verlagswerk 1967, S. 297–306. Hier S. 297.

Gleich zu Beginn intoniert Tillich die Melodie des Unheimlichen, das darin besteht, dass die Technik sich scheinbar unabhängig vom Einfluss der Menschen entfaltet. Tillich fährt dann zunächst nüchtern fort, indem er die Technik als »Einstellung von Mitteln auf einen Zweck«[12] definiert, aber die »Maschine« als »größte Schöpfung der Technik«[13] sei nun soweit vom Naturprozess entfernt, dass sie ein Eigenleben führe. Dieses Eigenleben könne durchaus einen individuellen Charakter tragen und sei darin »unheimlich, ja dämonisch«.[14]

Im zweiten Teil seines Vortrages vollzieht Tillich dann eine überraschende Wendung: Da die Technik den Menschen nicht nur der Natur entfremdet, sondern ihn auch davon befreit, entkleidet sie auch die Dinge des »Unheimlichen, Dämonischen. ... Was technisch geformt ist, ist entdämonisiert.«[15] Den Weberschen Gedanken der »Entzauberung der Welt«[16] aufnehmend, gelangt Tillich schließlich zu einer Bewertung der Technik als zweideutiges Phänomen: »Ist sie göttlich, ist sie schaffend, ist sie befreiend, so ist sie auch dämonisch, knechtend und zerstörend.«[17] Diese Zusammenstellung der Begriffe ist typisch für Tillichs zwischen Realismus und negativer Transzendenzaufladung oszillierender Bewertung der Technik.

Auch die mit Abstand gründlichste Beschäftigung mit dem Thema Technik in der deutschen Theologie vor 1960, Hanns Liljes »Das technische Zeitalter. Versuch einer biblischen Deutung«,[18] attestiert der Technik einen dämonischen Zug. Liljes Technikvorstellung kreist trotz einer ähnlich weiten Technikdefinition,[19] wie sie Tillich vorgenommen hat, letztlich um das Bild der Technik, wie es eine Fabrikhalle präsentiert. Aus diesem Bild ergibt sich seine Hauptfrage: »Es ist dieselbe Frage, die aus der harten Fron der technischen Arbeit, aus dem dumpfen Gewirr der arbeitenden Maschinenhallen, aus dem Lärm der Dampfhämmer und der verqualmten Atmosphäre

---

12   Ebd.
13   A. a. O., S. 301.
14   Ebd.
15   A. a. O., S. 305.
16   *Weber, Max*: Die protestantische Ethik und der Geist des Kapitalismus (1904/05), in: Ders. (Hg.): Gesammelte Aufsätze zur Religionssoziologie, Bd. 1, Tübingen: J.C.B. Mohr 1920, 8. Auflage, 1986, S. 94.
17   *Tillich*, Logos, a. a. O., S. 306.
18   *Lilje, Hanns*: Das technische Zeitalter. Versuch einer biblischen Deutung, Berlin: Furche 1928. Die dritte Auflage trug den Untertitel: Grundlinien einer christlichen Deutung (Berlin: Furche 1932). Zitiert wird nach der 2. Auflage 1928 (175 S.).
19   »Technik ist zweckhafte schöpferische Gestaltung im Rahmen der naturgesetzlichen Wirklichkeit«. *Lilje*, Zeitalter, a. a. O., S. 54. Im Original gesperrt.

der großen Werke müde und hoffnungslos auftaucht: Gibt es noch eine Verbindung zwischen Technik und Gottesglauben?«[20]

Liljes Frage zielt auf den Säkularisierungsprozess. Insofern verwundert
es nicht, dass auch Lilje mit einem Gegensatz zwischen der vorindustriellen Welt und dem Heute arbeitet. Man solle, so Lilje, einmal das Bild einer
Stadt vor hundert Jahren mit einer heutigen Weltstadt vergleichen: »[D]as
Bild einer in sich ruhenden Sicherheit und eines ungestörten Gleichmaßes«
stünde gegen »Schnelligkeit« und »explosive (...) Erschütterungen des gesellschaftlichen und geistigen Lebens.«[21] Sein einleitendes Kapitel »Schicksals-
deutung vom Evangelium aus«[22] beschreibt denn auch, wie das technische
Zeitalter »sich mit unabänderlicher Notwendigkeit, vollziehen sollte, eher-
nen Schrittes, mit eiserner Folgerichtigkeit und stählerner Härte, ...«.[23] Auch
für Lilje ist die Technik Schicksal, und sie ist letztlich nur als Ausdruck einer
geistigen Gesamtlage zu verstehen.

Liljes Technikdeutung geht jedoch noch einen Schritt weiter, insofern
er nach einem theologischen Ort für die Technik fragt. Technik ist für Lilje
schöpferisches Handeln. Von daher hat es unter bestimmten Bedingungen Anteil bzw. ist Fortsetzung von Gottes schöpferischem Handeln. Weil
nun Technik es mit der sinnlich erfahrbaren Realität zu tun habe, wäre
die Schöpfungslehre der geeignete Ort einer theologischen Interpretation.
Teilhabe am Schöpfungshandeln Gottes könne aber nur dann reklamiert
werden, wenn das technische Handeln sich als Gottesdienst verstehe und
gestalte. Das aber ist nach Lilje, der einen Gedanken Friedrich Dessauers[24]
aufnimmt, im eigentlichen Sinne nur beim Erfinder einer Technik gegeben. Sowie die Erfindung aus diesem Zusammenhang heraustritt und im
gesellschaftlichen Leben, d. h. in der Wirtschaft verankert wird, würde sie
ihr eigenes Leben entfalten und mit »geradezu dämonischer Geschwindigkeit« in die »Eigengesetzlichkeit der technischen Schöpfung«[25] münden. Dort
entfalte die Technik dann durch ihre Macht »dämonische (...) Verzerrun-
gen und Entstellungen des Lebens«.[26] Dies kann sich etwa in der »dämonischen Sinnentleerung«[27] der Arbeit zeigen. Erscheint es hier zunächst so, als

---

20   A. a. O., S. 64.
21   A. a. O., S. 15.
22   A. a. O., S. 15–24.
23   A. a. O., S. 16.
24   *Dessauer, Friedrich*: Philosophie der Technik, Bonn: Cohen 1927.
25   *Lilje*, Zeitalter, a. a. O., S. 54.
26   A. a. O., S. 56.
27   A. a. O., S. 27.

wäre die Technik an sich gut und würde nur durch die Implementation in die Gesellschaft problematisch, so hält Lilje zugleich die Technik selbst für dämonisch. Und diese Dämonie ist begründet in der »Überpersönlichkeit der Technik«.[28] »Überpersönlich« heißt dabei, dass die Technik zum einen neue Abhängigkeitsverhältnisse zwischen Menschen schaffe und zum anderen dem Menschen ihre Gesetze aufzwinge.

Im weiteren Verlauf seiner Arbeit widmet Lilje der »Dämonie der Technik« einen eigenen Abschnitt.[29] Hier besteht die Dämonie der Technik in erster Linie darin, dass sie neben einer Verbesserung der Lebensbedingungen Opfer fordert, »Opfer der Gesundheit, der Lebensfreude, ja schließlich das Opfer des Lebens selbst.«[30] Diese Dämonie der Technik zeigt sich aufgrund ihrer Überpersönlichkeit gerade darin, dass die Möglichkeiten, Unheil zu verursachen, explosionsartig anwachsen und zugleich darin, »daß eines Menschen Hand den Weg der eisernen Lawine dann nicht mehr aufhalten kann. Die Dämonie der Technik wächst zu ihrer ganzen objektiven Größe heran.«[31] Diese Dämonie könne nicht anders denn als Satanismus bezeichnet werden. Lilje versucht dann den Gedanken der Dämonie mit der Erbsünde zu erklären. Auch ihr hafte jene Überpersönlichkeit an, die das Unheil aus der Sphäre der Fehlleistung eines Einzelnen heraushebt. Demgegenüber bleibe dem christlichen Glauben nur das »Dennoch«.[32]

Selbst Dietrich Bonhoeffer, der in »Schöpfung und Fall« noch das Ziel hatte, »die alte Bildersprache der magischen Welt in die neue Bildersprache der technischen Welt zu übersetzen«,[33] sah in seiner Ethik in der modernen Technik mehr »Dämonien« als »Wohltaten«.[34] Dabei ging es Bonhoeffer nicht um die Technik an sich, sondern nur um die »zum Selbstzweck« gewordene Technik der Moderne, deren »Symbol (...) die Maschine« sei.[35] Dass die Technik weniger einen gestaltbaren Zusammenhang bilde als vielmehr ein autonomes Gebilde, das des Menschen Schicksal sei, war freilich nicht theologisches Sondergut. Oswald Spengler verkündete, wenn auch mit ganz anderer

---

28   A. a. O., S. 56.
29   A. a. O., S. 104–111.
30   A. a. O., S. 104.
31   A. a. O., S. 107.
32   A. a. O., S. 109.
33   *Bonhoeffer, Dietrich*: Schöpfung und Fall. Theologische Auslegung von Genesis 1–3, München: Kaiser 1933, S. 43,
34   *Bonhoeffer, Dietrich*: Ethik. Zusammengestellt und herausgegeben von Eberhard Bethge (1949), 10. Aufl., München: Kaiser 1984, S. 105.
35   A. a. O., S. 104.

Zielrichtung, die gleiche Botschaft des Ausgeliefertseins.[36] So dominierend war die Deutung der Technik als Dämon, dass Heinrich Kley sie wiederholt zum Gegenstand der Karikatur machen konnte (→ Abb. 96).[37]

Gegen derart mythische Begrifflichkeit versuchte Emil Brunner die Technik in den Bereich der Ethik zu stellen. Technik sei nicht ethisch neutral, aber ihre vermeintliche Eigengesetzlichkeit sei eine »soziale: Die Eigengesetzlichkeit einer geschichtlich gegebenen Sozialstruktur.«[38]

Bei aller Kritik, die amerikanische Theologen an der Technik im Einzelnen und an ihr als Gesamterscheinung äußerten, findet sich gleichwohl nirgends jene negative

Abb. 96: Heinrich Kley:
Teufel im Schmelzbau, 1925

Aufladung, die in Deutschland als ein verbreitetes Moment der Technikwahrnehmung der Zwischenkriegszeit erscheint. Man kannte Oswald Spengler auch in den USA.[39] Aber während selbst Hanns Lilje Spenglers »Untergang des Abendlandes« mehrfach zustimmend zitierte, fand Lewis Mumford Spenglers Gedanken »heavily burdened by a rancid mysticism, tracing back to the weaker sides of Wagner and Nitzsche«.[40]

---

36 *Spengler, Oswald*: Der Mensch und die Technik. Beiträge zu einer Philosophie des Lebens, München: C.H. Beck 1931.

37 Eine der wenigen Ausnahmen ist ein Artikel in der Christlichen Welt aus dem Jahr 1939: *Wittig, Joseph*: Gotteslob der Maschine, in: Die Christliche Welt, 53 (1939), Nr. 17, S. 693–695. Zu Kley vgl. *Kunkel, Alexander*: Heinrich Kley. Leben und Werk, Weimar: Verlag für Geisteswissenschaften 2010.

38 *Brunner, Emil*: Das Gebot und die Ordnungen. Entwurf einer protestantisch-theologischen Ethik (1932), 4. Aufl., Zürich: Zwingli-Verlag 1939, S. 247.

39 Eine Übersetzung von »Der Mensch und die Technik« erschien bereits 1932: Man and Technics. A Contribution to a Philosophy of Life. New York: Alfred Knopf 1932.

40 *Mumford, Lewis*: Technics and Civilization (1934), Chicago / London: University of Chicago Press 2010, S. 470. Die Bemerkung bezieht sich auf Spenglers »Der Mensch und die Technik« (1931).

Der Schriftsteller Carl Christian Bry zählte die Technik 1924 zu den ver-
kappten Religionen.[41] Am Beispiel von Bernhard Kellermanns Roman »Der
Tunnel«, der vorn bereits Gegenstand war, erläuterte Bry den Utopismus
der literarischen Technikrezeption. »Diese Mischung aus Bewunderung und
Abscheu entspricht genau dem, was die meisten Menschen von der Technik
empfinden.«[42] Bry wollte aufklären und suchte ein Technikverständnis jenseits von Idealisierung und Dämonisierung. Denn warum sollten Menschen
sich nicht ebenso an die moderne Technik gewöhnen wie ältere Generationen an die damaligen Werkzeuge. »Die Methoden, nach denen Ford seine
Autos hergestellt, sind Taylorismus, Entmenschlichung bis zum Äußersten;
das Produkt aber dient der Wiedervermenschlichung.«[43]

Je nachdem, wie man selbst »die« Technik oder bestimmte Techniken,
die im eigenen Technikbild im Vordergrund stehen, bewertet, wird man
positive oder negative Aufladungen der Technik mit Transzendenzverweisen als angemessen oder übertrieben wahrnehmen. Eigentlich würde die
Vorstellung einer »Dämonie« der Technik als Antwort zu den bildlichen
Heilsversprechen in den USA passen, während die nüchterne amerikanische
Theologie in Korrespondenz zu einer nüchternen Technikdarstellung, wie
sie in deutschen Medien zu finden ist, stehen könnte. Aber die Paarungen
waren anders.

Effizienz in den Kirchen?

Unter den Einflüssen der Industrietechnik auf die Theologie in den USA ragt
ein Motiv heraus, insofern es als einziges explizit gemacht wurde: Die Effizienz. Die Theologie griff damit ein Thema auf, das sich in zahlreichen Kom-
mentaren der Zeit spiegelte. In Aufnahme und Auseinandersetzung mit den
Thesen Thorstein Veblens und Frederick Winslow Taylors verdichtete sich in
der »efficiency« die Frage, was die moderne Kultur an Anpassungen forderte.
1920 erschien in der *Biblical World*, dem Vorläufer des *Journal of Religion*, ein
Editorial mit dem Titel »Church Efficiency«.[44] Gegen konservative Strömun-
gen, die Religion in erster Linie als individualistisch verstünden, wollte der

---

41   *Bry, Carl Christian*: Verkappte Religionen, Gotha/Stuttgart: Friedrich Andreas Perthes 1924,
     S. 139–144.
42   A. a. O., S. 142.
43   A. a. O., S. 144.
44   *Anonym*: Church Efficiency, in: The Biblical World 54 (März 1920), Nr. 2, S. 198–200.

Verfasser die Verbindung zwischen religiösen und sozialen Zielen stärken. Effizienz in der Kirche bedeutete daher zunächst, Einfluss auf die Gesellschaft in kirchlichem Sinn zu nehmen. Daneben ging es dem Autor um eine Reduktion des »overchurching, resulting in waste and inefficiency.«[45] Viel zu viele Kirchen, vor allem auf dem Land, hätten viel zu wenige Mitglieder. Kooperation sei das Gebot der Stunde.

Scientific Management – Rezeption technisch

Die Möglichkeiten zu Umorientierungen und Zusammenschlüssen, gerade auf dem Lande, wurden in den 20er und 30er Jahren durch das Auto und das Radio geschaffen. So feierte ein Editorial im *Christian Century* das Radio als Möglichkeit, über enge, sektiererische Grenzen hinweg Predigten zu hören. Jeder Pfarrer könne nun in Konkurrenz zu den Großen treten. Umgekehrt müssten ländliche Kirchen sich mehr Mühe geben.[46] Auch das Auto wurde im Zusammenhang mit der Kirchenorganisation wahrgenommen. John Scotford beschrieb 1934 detailliert die erkennbaren Folgen des Automobils für das Kirchgangverhalten.[47] Zunächst hätte man gedacht, dass Automobilfahrer nicht mehr zum Gottesdienst kommen würden, um dann jedoch festzustellen, dass sie nun auch bei Regen kämen. Durch die größere Mobilität seien kirchliche Monopole bedroht. Während die Kirche sich früher lokal organisiert hätte, spielten nun Neigung und soziale Schichtzugehörigkeit eine größere Rolle. Kirchen müssten sich daher spezialisieren, wenn sie überleben wollten. Neben wiederholten Klagen über die große Zahl an Verkehrstoten[48] wurde das Automobil als Hilfe bei der Effizienzsteigerung der Kirchen gewertet. Umgekehrt konnte Effizienzsteigerung, Henry Ford zustimmend zitierend, als Möglichkeit gedeutet werden, Individualität und die Herrschaft des Menschen über seine Arbeit zu steigern.[49] Eine solche Sicht der Dinge wurde freilich mit der Verbreitung der Fließbandproduktion und ihren Problemen immer kontroverser. Und bereits 1925 erschien unter dem Titel »Jesus as Efficiency Expert« ein Artikel Reinhold Niebuhrs mit einer Kritik des Bestsellers »The Man Nobody Knows« des Werbefachmanns

---

45 A.a.O., S.200.
46 *Edit.*: The Radiophone and Preaching, in: The Christian Century 40 (22. März 1923), S.355.
47 *Scotford, John R.*: The Church and the Automobile, in: The Christian Century 51 (4. April 1934), S.453–455.
48 *Edit.*: Stop this Massacre! In: The Christian Century 53 (23. Oktober 1935), S.1336.
49 *Edit.*: Mr. Ford Seeks the Spiritual In Mechanical Efficiency, in: The Christian Century 42 (13. August 1925), S.1017.

Bruce Barton. Barton zeichnete Jesus darin als den ersten erfolgreichen Geschäftsmann, der genau das vorgelebt hätte, was man heute tun müsse.[50] Niebuhr konzedierte, dass jede Zeit ihre Ideale auf Jesus projiziere, vermisste aber an Bartons Darstellung jeden Hinweis auf die sozialen Folgeprobleme der permanenten Effizienzsteigerung.[51] Ähnliche Vorbehalte äußerte auch Eugene Lyman, Professor für Religionsphilosophie am Union Seminary in New York. Nur nahm er den Effizienzbegriff positiv auf, warf der industriellen Welt aber Ineffizienz vor. Denn die Industrie sei »terribly wasteful of personality«.[52] Gegen solche Verschwendung hätte Jesus den Wert der Person betont und seine neue Ordnung auf die Zusammenarbeit der Menschen gebaut.

Konjunktur hatte der Effizienzbegriff bereits vor dem Ersten Weltkrieg. Gerald Birney Smith, Professor für Systematische Theologie in Chicago, erklärte in einem Beitrag für das American Journal of Theology das Verhältnis von Systematischer Theologie und »Ministerial Efficiency«.[53] Dabei ging es ihm um den Beitrag, den die Theologie heute leisten müsse, um das Pfarramt angemessen ausfüllen zu können. Die moderne Welt erfordere andere Methoden als das Mittelalter. Eine Welt, die durch Elektrizität und Ozeanriesen geprägt würde, bedürfe nicht mehr der Verteidigung überkommener Dogmen, sondern vor allem einer »sympathtic appreciation of the religious needs of our present complex age«.[54] Smith wollte der Tatsache Rechnung tragen, dass die zunehmende Möglichkeit, wissenschaftlich-technische Kontrolle über weite Bereiche des Lebens zu gewinnen, die ältere Selbstwahrnehmung des Menschen als hilfloses Opfer anderer Mächte abgelöst habe. Effizient schien ihm in diesem Sinne eine Theologie, die gegenwärtiger religiöser Erfahrung gerecht würde. Dieser Punkt wird uns im nächsten Abschnitt noch beschäftigen.

Die Rezeption des Effizienzmotivs in der Theologie war Teil der Bemühungen, die Kirche in ihrer Ausrichtung und Organisationsstruktur an die Moderne heranzuführen (so wie Künstler es auf ihre Weise auch versucht

---

50   *Barton, Bruce*: The Man Nobody Knows. A Discovery of the Real Jesus, Indianapolis: Bobbs-Merrill 1925.

51   *Anonym [Niebuhr, Reinhold]*: Jesus as Efficiency Expert, in: The Christian Century 42 (2. Juli 1925), S. 851–852.

52   *Lyman, Eugene William*: Jesus and the Working World, in: The World Tomorrow 5 (Februar 1922), Nr. 2; S. 35–36.

53   *Smith, Gerald Birney*: Systematic Theology and Ministerial Efficiency, in: American Journal of Theology 16 (Oktober 1912), Nr. 4, S. 589–613.

54   A. a. O., S. 597.

hatten, s. vorn 3.). Gerald Birney Smiths Maxime, dass die Kirche sich nicht
an der Aufrechterhaltung überkommener Dogmen, sondern an den Nöten
und Bedürfnissen der Menschen orientieren solle, deutete den ursprünglich ökonomisch-technischen Sinn des Begriffes jedoch um. Was Smith im
Sinn hatte, würde man heute eher unter der Vorstellung von »Kundenori-
entierung« fassen. Und darin zielte Smith auf die Umkehrung bestehender
hierarchischer Verhältnisse, während die ökonomische Heimat des Begriffs
eher die Befestigung von Hierarchien implizierte.[55]

Am ausführlichsten befasste sich Shailer Mathews, Smiths Kollege und
langjähriger Dekan der Divinity School der University of Chicago, mit einer
Adaption des Effizienzgedankens in der Theologie. In einer 1912 erschienenen Schrift setzte sich Mathews im Einzelnen mit Frederick W. Taylors Konzept auseinander und übersetzte es für die Zielsetzungen der Kirche. Nach
einer Darstellung des Taylorschen Effzienzkonzepts ging Mathews zunächst
auf die Grenzen einer Applikation ein. »The handling of pig iron or the proper
speeding up of machines is radically different from anything we can expect
in church work.«[56] Quantitative Messungen des Kirchenerfolgs seien mit
Vorsicht zu genießen. Unterschiedliche Autoritätsgefälle in Fabriken und
Kirchen müssten berücksichtigt werden. Dennoch wollte Mathews die Kirche effizienter machen und nannte dafür sieben Prinzipien: 1. Konzentration
auf das jeweilige Ziel in Abhängigkeit von den Bedürfnissen der Gemeinde
an Stelle von untergeordneten dogmatischen Streitigkeiten: »Handlers
of pig iron are not trained to be efficient workers of woodpulp machines
and to switch men from one occupation to another is fatal to efficiency.«[57]
2. Orientierung an der kirchlichen Aufgabe an Stelle eines Wettkamp-
fes um Mitglieder und Finanzen, der nur zu einem »speeding-up« führe.
3. Trennung der Arbeit zwischen Planung und Ausführung, 4. Speziali-
sierte Ausbildung im Blick auf Effizienz: »My idea of a pastor is that of an
apostle rather than a prophet;«[58] 5. Kooperation an Stelle von denomina-
tioneller Konkurrenz, 6. Angemessene Ausrüstung der Kirche; » ... its equip-
ment is for a church what its factory building and its machinery are for

---

55   Nur in diesem Sinne einer »demokratischen Theologie« wäre Larry Greenfields These zuzu-
      stimmen, dass die efficiency das Ordnungsprinzip der Theologie Gerald Birney Smiths
      bilde. Denn Smith ordnete Religion und Theologie eher der Kunst zu. Vgl. *Greenfield, Larry L.*:
      The Theology of Gerald Birney Smith, Ph.D. Diss. University of Chicago 1978, S. 2.
56   *Mathews, Shailer*: Scientific Management in the Churches, Chicago: University of Chicago
      Press 1912, S. 8.
57   A. a. O., S. 17.
58   A. a. O., S. 44.

a manufacturing establishment.«[59] 7. Motivierung der Mitarbeiter durch spezifische Anreize.

Unschwer wird man in diesen Punkten vieles von dem wiederfinden, was die Kirchen noch einhundert Jahre später beschäftigt, auch wenn es heute eher ökonomische Paradigmen sind, in deren Rahmen Kirchen einen Abgleich mit der sie umgebenden Realität suchen.[60] Es geht auch an dieser Stelle nicht darum zu bewerten, wie sinnvoll solche unvermeidbaren Rezeptionen der Kultur in der Theologie sind. Die Frage ist stets nur, welcher Kultur und welcher Epoche sich die Bilder und Organisationsprinzipien verdanken. Ob man dann dem byzantinischen Hofprotokoll oder einer zeitgenössischen Wirtschaftstheorie folgen will, ist durchaus diskussionswürdig, solange man nicht das eine oder andere als göttliche Stiftung vermarkten möchte.

Der Blick auf eine fundamentalistische Zeitschrift soll im Folgenden zeigen, dass nicht nur Liberale, sondern auch solche Christen, die sich notorisch kritisch zur Moderne verhalten, das Effizienzmotiv der Technik rezipiert haben.

Management im Geist – Rezeption bildlich

The King's Business war eine führende fundamentalistisch geprägte Zeitschrift, die vom »Bible Institute of Los Angeles« herausgegeben wurde. Sie erschien zwischen 1910 und 1970 und war mit 34.000 Exemplaren (1921) eine auflagenstarke Kirchenzeitung.[61] Insbesondere Karikaturen, die in den 20er Jahren das Blatt auflockerten, warten mit einem überraschenden Technikverständnis auf.

Auch die Herausgeber des *King's Business* legten Wert auf Effizienz in den Kirchen: »They should avoid all wastes of men, money and effort.«[62] In der Krise der Nachkriegszeit sah Reuben Torrey eine große Chance für die Kirche. Um diese zu nutzen, empfahl er, die konfessionellen Streitigkeiten beiseite zu lassen. Freilich machte er neue Grenzen auf, die die Kirchen in

---

59 A. a. O., S. 53.
60 Vgl. *Beckmann, Jens*: Wohin steuert die Kirche? Die evangelischen Landeskirchen zwischen Ekklesiologie und Ökonomie, Stuttgart: Kohlhammer 2007.
61 Vgl. *Marsden, George M.*: Fundamentalism and American Culture. The Shaping of Twentieth-Century Evangelicalism, 1870–1925, 2. Aufl., Oxford: Oxford University Press 2006, S. 300, Anm. 15 sowie die Website der Biola University: http://www.biola.edu/kingsbusiness (30.06.2013).
62 *R.[euben] A. Torrey*: The Church's Greatest Hour of Opportunity, in: The King's Business 10 (Juni 1919), S. 499.

den folgenden Jahren zutiefst erschüttern sollten. Bestünde Einigkeit über die Dinge, die »really fundamental« seien, sah der Autor große Chancen für die Kirche. Allerdings müsse die Kirche aufhören, die Rekonstruktion der Gesellschaft ohne Rücksicht auf die Erneuerung des Einzelnen anzustreben. Dafür hielt der Chefredakteur des *King's Business*, T. C. Horton, eine Lösung bereit: »A New Method of Evangelism. How any Church can secure and promote a Soul Saving Revival.«[63] Selbstverständlich setzte das *King's Business* gegen liberale Appelle der Professionalisierung wie Mathews und Smith sie vortrugen, auf Charisma und den Heiligen Geist als den wahrhaft effizienten Missionar: »Let us eliminate the wheels that bring no grist in the church.«[64] Das hinderte das Bible Institute aber nicht daran, sich über seinen Radiosender zu freuen und den Lesern zu erklären, wie das »Soul Winning by Radio« funktioniere.[65] Erst in den 30er Jahren fällt die Effizienz – in Übereinstimmung mit dem Zeitgeist – auch im *King's Business* in Ungnade. In einem Beitrag zum »Mass Man« sieht Louis S. Bauman Amerika und die Welt in der Effizienz einen neuen Gott verehren, den die Welt unter dem größten aller denkbaren Opfer anbete: dem Opfer des Individuums.[66]

Das änderte jedoch nichts an der durchaus technikfreundlichen Haltung der Zeitschrift. In keiner der Aufzählungen der Übel der modernen Welt, die vom Unitarismus über die Bibelkritik bis zu Raub und Mord reichten, erscheint die Technik. Wenn sie überhaupt mit einer negativen Konnotation versehen wird, ist damit der Liberalismus mit seiner Bibelkritik, der »theological dust factory«,[67] gemeint. Er würde den Menschen Sand in die Augen streuen und die Sonntagsschule in eine »Infidel Factory«[68] verwandeln. Nur in diesem Sinne konnte eine Karikatur auch ein Auto im Morast der Moderne versinken lassen (→ Abb. 97).

Techniken lieferten Bilder für die religiöse Dimension des Lebens. In fast allen Fällen war die Anknüpfung dabei eine positive. Die Eröffnung des Boulder Dam, dessen Kraftwerk Scheinwerfer auf dem Dach des Rathauses

63 *Horton, T. C.*: A New Method of Evangelism, in: The King's Business 10 (Juni 1919), S. 520–521.
64 *Horton, T. C.*: Missionary Methods, in: The King's Business 14 (März 1923), S. 227–228. Hier S. 228.
65 The King's Business 14 (Juni 1923), S. 562. Vgl. Edit.: Our Radio Station, in: The King's Business 14 (September 1922), S. 914 f.
66 *Bauman, Louis S.*: Present-Day Fulfillment of Prophecy. Mass Man, in: The King's Business 23 (Januar 1932), S. 5–6.22.
67 *Edit.*: The Menace of the Machine, in: The King's Business 12 (August 1921), S. 750 f. Hier S. 751.
68 *Horton, T. C.*: Making the Sunday School an Infidel Factory, in: The King's Business 11 (Januar 1920), S. 140 f.

Abb. 97: *The King's Business*, 1920

von Los Angeles zum Strahlen brachte, nahm die Leiterin des Gebetskreises des Bible Institute zum Anlass, um über Ressourcen und deren Ausnutzung nachzudenken. So wie das Kraftwerk nur ein Fünfzehntel seiner Kapazität genutzt habe, um die Stadt zum Leuchten zu bringen, so würden auch die Gläubigen nur einen geringen Teil der verfügbaren Gebetsenergie nutzen.[69]

Abb. 98: *The King's Business*, 1920

---

69   *Braskamp, Christina J.*: Power, in: The King's Business 27 (Dezember 1936), S. 461.498. Hier S. 461.

Ein Stahlwerk wurde als Illustrationsort grundlegender Glaubenserfahrungen vorgestellt,[70] und ein Schnellzug diente der bildlichen Darstellung der Rechtfertigungslehre.

Der »Glory Land Limited«, moderne Technik, wird zum Träger des wahren Heils, das seinen Weg zwar über den Zwischenhalt »Kreuz« nimmt, dem der arme Mann im Vertrauen auf seine eigenen Werke aber niemals wird folgen können.[71] Eine andere Karikatur zeigte eine Brücke, die über einen tiefen Abgrund aus der Wüste in das gelobte Land führte, und aus Glauben und Vertrauen gebaut war. »Denn alles, was von Gott geboren ist, überwindet die Welt; und unser Glaube ist der Sieg, der die Welt überwunden hat.« (1. Joh 5, 4).

Abb. 99: *The King's Business*, 1919

Mit der Inanspruchnahme von Techniken als Metapher für Glaubensvollzüge zeigt ausgerechnet das modernitätskritische, fundamentalistische Spektrum im Christentum, dass Technik sehr wohl wie ehedem die

70   *Huston, Charles L.*: When the Fire Fell, in: The King's Business 21 (Oktober 1930), S. 457. 461. Ein Beispiel: So wie Maschinen dort fest verankert sein müssten, um den Belastungen standzuhalten, so wären die Christen in Jesus Christus verankert.

71   Zur fundamentalistischen Graphik, die durch das Werk von George Marsden, Fundamentalism and American Culture, wieder bekannt gemacht wurde, vgl. *Davis, Edward B.*: Fundamentalist Cartoons, Modernist Pamphlets, and the Image of Science in the Scopes Era, in: Cohen, Charles L./Boyer, Paul S. (Hg.): Religion and the Culture of Print in Modern America, Madison, Wis.: University of Wisconsin Press 2008, S. 175–198.

Landwirtschaft und Viehzucht als Bildgeber für religiöse Kontexte verwendet werden kann. Freilich bleibt die metaphorische Zuweisung unterhalb des Gottesbildes. Die Technik stellt Bilder für das christliche Leben bereit, aber nicht für Gott. Immerhin zeigt sich der Fundamentalismus an diesem Punkt deutlich offener gegenüber der technischen Kultur als es dem gängigen Bild der Modernitätsresistenz entspricht.

Ist das Effizienzmotiv ein Beispiel für die direkte Übernahme eines eigentlich technischen Zusammenhangs in die Theologie, so lässt sich am Gottesbild der gleichsam subkutane Einfluss der Industrialisierung auf die Theologie belegen. Dieser war sowohl für die Theologie als auch für die Bewertung der Technik ungleich folgenreicher.

Gott, Fortschritt und Person

Blickt man auf einzelne Techniken wie das Automobil oder die Eisenbahn, so zeichnen nicht nur die untersuchten Zeitschriften, sondern auch Predigten in den USA ein durchaus freundliches Bild. Immer wieder finden sich auf den Seiten des *Homiletic Review*, einer von 1877–1934 erscheinenden Predigtzeitschrift, positive Bezüge: »The Old Railroad Man's Prayer« bat darum, dass die Handlampe die Bibel sei und der Dekalog der Fahrplan.[72] Der Pastor und Journalist Rollin Lynde Hartt sah in den entstehenden Wolkenkratzerkirchen »sermons in bricks – and in steel.«[73] William L. Stidger schlug Predigten für Autofahrer vor (»Flat Tires«)[74] und dem »Spiritual Converter« diente der Bessemer Konverter als Vorbild.[75] Joseph Baer Baker, Pastor an der St. Mathews Lutheran Church in York, Pennsylvania, hielt in Anspielung auf Autobahngebühren eine Predigt zu den »Toll Gates on the Road to Heaven«, in der aufgearbeitete Altfahrzeuge als Bild für den neuen Körper dienen konnten.[76] Pastor Fred Smith aus Newton, Kansas, schließlich fand über

---

72   *Anonym*: The Old Railroad Man's Prayer, in: The Homiletic Review 101 (1931), S. 164.

73   *Hartt, Rollin Lynde*: Art, The Other Thing, and the Skyscraper Churches, in: The Homiletic Review 96 (1928), S. 89–94. Hier S. 94.

74   *Stidger, William L.*: Angling for Automobilists, in: The Homiletic Review 93 (1927), S. 189–191. Darauf antwortend: *Wolff, Albert N.*: Automobile Sermons, in: The Homiletic Review 94 (1927), S. 104–105.

75   *Anonym*: The Spiritual Converter, in: The Homiletic Review 105 (1933), S. 243.

76   *Baker, J. B.*: Toll Gates on the Road To Heaven, in: Krumbine, Miles H. (Hg.): American Lutheran Preaching. Twenty Five Sermons By Ministers of the United Lutheran Church, New York/London: Harper & Brothers 1928, S. 57–65.

solche Analogien hinaus für das Zentralsymbol des Maschinenzeitalters, das Rad, eine theologische Anbindung. Als Predigtanregung zu Ezechiel 10, 13 empfahl er: »Wings and wheels! How wonderful they are to the modern man. Even tho [sic] the excess activity of them has brought us to new problems. ... Today let us give thought to an ancient machine-minded man who knew also something of their fascination.«[77] Dieser antike »Maschinenexperte« sei Ezechiel gewesen, der immerhin lange vor dem Maschinenzeitalter die Utopie der Gesellschaft als Zivilisation auf Rädern gesehen hätte. Freilich habe der Prophet im Gegensatz zur heutigen Situation damals etwas anderes vor Augen gehabt: »The ›spirit‹ was in the wheels. God was in the machine.« Heute stehe man dagegen in der Gefahr, »that the final price of it be that man himself become a machine, a robot.«[78] Da Ezechiel Gott als bestimmende Macht des technischen Geschehens sah, könne man von ihm zwar technisch nichts lernen, wohl aber auf der moralischen Ebene.

Auf die Frage, was die Bibel dem Maschinenzeitalter noch zu sagen habe, antwortete auch der berühmte Prediger der Riverside Church in New York, Harry Emerson Fosdick, mit der letztlich auf moralische Kategorien zurückgreifenden Unterscheidung zwischen technischen Mitteln und nicht-technischen Zielen des Handelns.[79] Trotz solcher in Ansätzen auf eine grundsätzliche Unterscheidung zwischen technischen und religiösen Kontexten zielenden Bemerkungen, war die Predigtliteratur in den USA von einer durchaus affirmativen Haltung zur Technik geprägt. Vergeblich sucht man nach einer Ausbeutung des Turmbaus zu Babel, um die Hybris der Technik zu geißeln. Nur bange Fragen schlichen sich ein, wie die des Methodisten Lynn Harold Hough, ob man Maschinen benutzen könne, ohne selbst zu solchen zu werden.[80]

Auch wenn man in den USA nirgends jene Dämonisierung des Technischen findet wie in Deutschland, so gibt es neben theologischen Rezeptionen der Technik in Predigtkontexten doch noch eine andere, auf einem grundsätzlichen Gegensatz zwischen Technik und Religion aufbauende,

---

77   *Smith, Fred*: Wheels and Wings, in: The Homiletic Review 104 (1932), S. 239–240. Hier S. 239.

78   A. a. O., S. 240.

79   *Fosdick, Harry Emerson*: Modern Civilization's Crucial Problem, in: Ders.: The Hope of the World. Twenty-Five Sermons on Christianity Today, New York/London: Harper & Brothers 1933, S. 39–48. Hier S. 48

80   *Hough, Lynn Harold*: »The Signs of the Time«, in: Ders.: The University of Experience, with an Introduction by Reinhold Niebuhr, New York/London: Harper & Brothers 1932, S. 15–24. Hier S. 17. Freilich konnte auch Harry Emerson Fosdick ironisch bemerken, dass die großartige Nutzbarmachung der Niagara-Fälle letztlich nur der leuchtstarken Reklame für Kaugummi diene – »improved means for an unimproved end.« Vgl. *Fosdick, Harry Emerson*: Modern Civilization's Crucial Problem, a. a. O., S. 47.

Richtung des theologischen Bildes. Dies geht mit zwei wichtigen Akzent-
verschiebungen gegenüber den dargestellten Beispielen aus Predigten, aber
auch der Behandlung der Technik auf den Seiten der religiösen Publikums-
zeitschriften einher: Zum einen rückt die Technik im Folgenden stets als
Auslöser einer notwendigen Neubestimmung des Religiösen in den Blick.
Zum anderen werden nun nicht mehr einzelne Techniken, sondern die Technik an sich zum Thema.

Der Zusammenhang lässt sich exemplarisch an einer Passage aus Shailer
Mathews »Creative Christianity« aus dem Jahr 1935 darstellen: Im Rahmen einer Auseinandersetzung mit dem Verhältnis des Christentums zu
einer sich wandelnden Welt behandelt Mathews auch die »Maschine«.
Sowohl die Maschine als auch religiöse Institutionen – man beachte die wie
selbstverständliche Parallelisierung der Größen – nutzten die »forces of the
universe«.[81] Während der Gebrauch dieser Kräfte durch die Religion aber auf
einer personalen Ebene erfolge, sei die Maschine ohne personalen Charakter [impersonal]. Dieser Gegensatz, so Mathews 1935, habe sich verschärft.
»Is the machine to rule men or are the machines to serve men?«[82] Es gehe
nun um die Frage, ob personale Werte oder wirtschaftliche Effizienz wichtiger seien. Allerdings sah Mathews hinter der Anonymität der Maschine
durchaus eine Person, den Besitzer. Und in diesem Sinne konnte Mathews
in seinen späten Jahren die Effizienz gegen ihre Schöpfer wenden: »Our
Christian religion will be judged by its efficiency to face economic issues.«[83]

Die Auffassung, dass die Maschine etwas Nicht-Personales darstelle,
demgegenüber der Gottesbegriff sich als ein personaler abgrenzen müsse,
zog sich durch zahlreiche Veröffentlichungen, auch über die Grenzen der
damaligen Auseinandersetzungen zwischen den Liberalen und den »Neo-
Orthodoxen« hinweg. Ebenso wie der ansonsten heftig von ihm kritisierte
Mathews oder der andere Doyen der liberalen Theologie, der in New York leh-
rende William Adams Brown,[84] konnte Reinhold Niebuhr 1928 schreiben: »[r]
eligion is the champion of personality in a seemingly impersonal world.«[85]

---

81   *Mathews, Shailer*: Creative Christianity. The Cole Lectures for 1934, Nashville: Cokesbury
     Press 1935, S.151.
82   Ebd.
83   A.a.O., S.154.
84   Vgl. *Brown, William Adams*: Christianity and Industry. Addresses Given to a Group of Indus-
     trial Secretaries of the Young Women's Christian Association, New York: The Womans
     Press 1919. Dort Kap. 2: Christianity, the Religion of Personality, S.16–18.
85   *Niebuhr, Reinhold*: Does Civilization Need Religion? A Study in the Social Resources and
     Limitations of Religion in Modern Life, New York: Macmillan 1928, S.4.

Bereits 1924 hatte Gerald Birney Smith eine seiner Meinung nach notwendige Neubestimmung im Gottesbild damit begründet, dass die industrielle Welt den Menschen mit Dingen umgebe, die von ihm selbst gemacht
seien. Der Mensch erfindet die Maschinen, Produktionsprozesse und Ver-
kaufsstrategien. Im Falle eines Versagens des Systems beklagten wir uns,
so Smith, bei irgendeinem Menschen, aber nicht bei Gott. Dass Gott uns
leite und für uns sorge, werde eine zunehmend unrealistische Vorstellung.[86] Ungeachtet einer prinzipiellen und durchaus emphatischen Zustimmung zur Moderne ging auch Smith davon aus, dass die Technik in Form
der modernen Industrie persönliche Beziehungen zerstöre.[87] Einzig Harry
Frederick Ward, damals bereits Professor für Ethik am Union Seminary in
New York, schien die dichotomische Entgegensetzung des Personalen und
der Maschine nicht die ganze Wahrheit zu repräsentieren. Ausgerechnet
einer der vehementesten Vorkämpfer für eine arbeiterfreundliche Haltung
der Kirchen hielt es für eine durchaus noch offene Frage, ob die Maschine
und die Arbeit an ihr die Personalität des Menschen schmälere oder nicht
vielmehr erweitere.[88]

Die Wahrnehmung »der« Maschine als anonyme, unpersönliche Größe
gegenüber dem Personalen ist amerikanischen wie deutschen Theologen
der Zeit gemeinsam. So fand etwa Dietrich Bonhoeffer, dass der Mensch
zur Maschine, deren Teil er durch die Arbeit an ihr werde, »nie in persönlich
leidenschaftliche Beziehung treten kann.«[89] Diese transatlantische Gemein-
samkeit gilt auch für ein zweites Gegensatzpaar, mit dem die Theologen
versuchten, ihre Position in der Zeit gegenüber der technischen Welt zu
bestimmen, der Differenz zwischen dem Mechanischen und dem Organischen. Diese, seit dem 18. Jahrhundert zur Verteidigung des sich selbst mit
dem Organischen identifizierenden Geistes, etablierte Denkfigur verbindet

---

86 *Smith, Gerald Birney*: The Principles of Christian Living. A Handbook of Christian Ethics,
    Chicago: University of Chicago Press 1924, S.163.
87 A.a.O., S.164.
88 Vgl. *Ward, Harry F.*: Ethical Aspects of Industrialism. A series of lectures delivered at the
    National University (Peking), Peking, China 1925, S. 6. In anderer Weise differenzierte spä-
    ter Paul Tillich den Gedanken. In einem 1953 erschienenen Artikel vertrat er die Auffas-
    sung, dass nicht die Industrieproduktion an sich die Person gefährde, sondern deren »iso-
    lation and imperialism«. Vgl. *Tillich, Paul*: The Person in a Technical Society, in: Hutchison,
    John A. (Hg.): Christian Faith and Social Action, New York/London: Charles Scribner's Sons
    1953, S.137–153. Hier S.149. Freilich verbindet Tillich dies mit einer Kritik an der Kultur-
    industrie, ganz im Sinne Adornos.
89 *Bonhoeffer, Dietrich*: Predigt zu Lukas 17, 33 (21.10.1928), in: Bonhoeffer, Dietrich: Werke,
    Bd. 10, Barcelona, Berlin, Amerika 1928–1931, München: Kaiser 1992, S. 517–521. Hier S.519 f.

sich mit dem Marxschen Entfremdungstheorem, um sowohl Mensch und Maschine als auch Gott und Maschine voneinander abzugrenzen. Dabei ging es einerseits um den Einfluss der Maschine auf den Menschen, wie etwa Paul Althaus es formulierte: »Die Arbeitsteilung in dem Maße, wie wir sie heute haben, nimmt die Möglichkeit, ein Ganzes zu wirken, und vielleicht auch ein Ganzes zu sein«,[90] andererseits um eine anthropologische Frontstellung gegenüber eben dieser scheinbaren Veränderung. So wandte sich Richard Miner Vaughan, Professor an der Andover-Newton Theological School, gegen die »mechanistische« Anthropologie, weil diese nur eine »incurable sadness« hervorbringen könne.[91] Das tröstende Licht der Religion fand auch er im Personalismus. Im eigenen Selbstverständnis realistischer nahm Reinhold Niebuhr den Gegensatz zwischen dem Organischen und dem Mechanischen wahr: In einer emphatisch positiven Rezension von Lewis Mumfords »Technics and Civilization« lobte er insbesondere dessen exemplarische Bemerkung, dass die Druckerpresse als Inkarnation des Mechanischen doch nichts anderes auf das Zeitungspapier bringen könne als Nachrichten von höchst organischen, d. h. nach Niebuhr emotionalen, fortschrittsresistenten Abgründen der menschlichen Existenz.[92]

Stärker als in Deutschland wurden die beiden genannten Begriffspaare zur Abgrenzung des Religiösen vom Technischen in den USA aber auch auf die Gottesvorstellung übertragen. In einer Diskussion um den Gottesbegriff auf den Seiten von *Christendom* und des *Christian Century* zwischen Robert L. Calhoun und Henry N. Wieman wurde die Differenz auf das Verhältnis zwischen Mensch und Gott übertragen: Wieman unterschied innerhalb der prinzipiellen Kooperation zwischen Mensch und Gott eine mechanische und eine organische Tätigkeit. Während Gott Organismen schaffe, könne der Mensch nur Mechanismen herstellen.[93] Calhoun hatte zuvor sowohl die strikte Unterscheidung zwischen Mechanismen und Organismen u. a. mit dem Argument in Frage gestellt, dass auch Organismen Mechanismen

---

90   *Althaus, Paul:* Christentum und Kultur, in: Allgemeine Evangelisch-Lutherische Kirchen-
      zeitung 61 (1928), Sp. 952–957, 977–983. Hier Sp. 953.

91   *Vaughan, Richard Miner:* The Plight of Mechanism, in: Krumbine, Miles H.: (Hg.): The Pro-
      cess of Religion. Essays in Honor of Dean Shailer Mathews, New York: Macmillan 1933,
      S. 207–255. Hier S. 220.

92   Vgl. *Niebuhr, Reinhold:* Our Machine Made Culture. (Rezension Mumford, Lewis: Tech-
      nics and Civilization, New York: Harcourt, Brace and Co. 1934), in: Christendom 1 (1935),
      S. 186–190. Hier S. 188.

93   *Wieman, Henry Nelson:* Man's Work and God's Work, in: The Christian Century 53 (8.4.1936),
      S. 531–533. Vergl. auch Ders.: God Is More Than We Can Think, in: Christendom 1 (1936).
      S. 428–242. Hier insbesondere S. 439–441.

zugrunde liegen. Calhoun hielt eine Differenzierung zwischen beiden für durchaus sinnvoll. Nur beziehe man sie besser auf die Art der Organisation. Während Mechanismen durch äußere Relationen bestimmt seien, so Organismen durch interne Beziehungen. Dann aber gelte, dass der Mensch aus sich heraus weder das eine noch das andere allein herstellen könne. Tatsächlich aber bringe er beides hervor, wie Calhoun u.a. an der Biographie eines Menschen illustrierte.[94]

Die eigentlich im Hintergrund stehende Kontroverse zwischen Calhoun und Wieman bezog sich jedoch auf einen anderen, ebenfalls mit der Technik assoziierten Aspekt: Wie weit muss man eigentlich Gottes Transzendenz treiben angesichts der Dominanz partikularer Scheinsicherheiten, wie sie die moderne Welt hervorbringt? Calhoun, mit Wieman übereinstimmend, suchte Gottes »differencia specifica« im Geistigen, meinte aber, dass das menschliche Geistesvermögen einen Hinweis auf Gott gebe. Wieman dagegen wollte Gott noch jenseits solcher Analogien »ansiedeln.« Stärker und in gewissem Sinne konsequenter als Calhoun reagierte Wieman, einer der »Erfinder« der Prozesstheologie und deshalb von Mathews nach Chicago berufen, auf die technische »Mechanisierung des Weltbildes« (E. Dijksterhuis). Gott steht jenseits jeder innerweltlichen Verobjektivierung, selbst wenn diese nur in einer Analogiebildung bestünde. Darin ist er für technische »Auflösungen« unerreichbar. Das Mittel solcher Emanzipation des Gottesbegriffs war u.a. die Rezeption des Prozessgedankens. Damit aber nahm man letztlich einen in kaum überbietbarer Weise auch an die Technik der Zeit, nämlich die Produktionstechnik, gebundenen Begriff in die Gotteslehre auf. Dieser Aspekt ist bislang wenig gewürdigt worden. Denn die Geburt der Prozessphilosophie und -theologie aus dem Geist der Auseinandersetzung mit der Naturwissenschaft stand meist im Vordergrund. Dennoch wurde die Gotteslehre durch den Prozessgedanken tatsächlich mit einem Motiv jener Industrietechnik imprägniert, vor der sie eigentlich bewahrt werden sollte. Das konnte nur durch eine Formulierung des Prozesses geheilt werden, der gegen die »efficiency« immun ist. Bevor darauf eingegangen wird, soll ein Blick auf die methodische Grundlage geworfen werden, die es damaligen wie heutigen Theologen in den USA näher gelegt hat als ihren Kolleginnen und Kollegen in Deutschland, Systematische Theologie als »Constructive Theology« zu denken.

---

94 *Calhoun, Robert Lowrie*: God As More Than Mind, in: Christendom 1 (1936), S. 333–349. Hier insbesondere S. 338 f.

Sozio-historische Methodik

Die sogenannten Modernisten der Chicago-School of Theology, deren Haupt-
vertreter in der Systematischen Theologie Shailer Mathews und Gerald
Birney Smith waren, wurden von drei Hauptinteressen getragen. Erstens
mussten Theologie und Kirche so an die Lebenswelt moderner Menschen
herangeführt werden, dass sie für die Zeitgenossen hörbar, verstehbar und
bedeutungsvoll blieben. Dazu musste sich die Theologie zweitens an den
Bedürfnissen ihrer Adressaten orientieren, anstatt in einer Wagenburg über-
kommene Dogmen gegen den vermeintlichen Angriff der Moderne zu verteidigen. Dies wiederum erforderte in den Augen der Theologen eine Abkehr
von den alten Autoritätsstrukturen, in denen Dogmen als von oben erlas-
sene Dekrete verstanden wurden. Da es der Chicago-School dabei gerade
nicht um die Eröffnung der Beliebigkeit ging, sondern um die Gewinnung
nachvollziehbarer und darin begründbarer Erkenntnis, wollten sie an die
Stelle dogmatischer Autorität methodische Disziplin setzen. Dafür entwickelten sie die so genannte »socio-historical method«.[95]

Ihrem Namen entsprechend stellte diese Methode zunächst eine konsequente Anwendung der historisch-kritischen Arbeit der Theologie auf die
Theologiegeschichte dar. Mit der expliziten Thematisierung des Zeitkontex-
tes dogmatischer Vorstellungen verband sich einerseits das Interesse, deren
Geltungsanspruch zu relativieren, und andererseits die Funktion theologischer Aussagen ans Licht zu bringen.[96] Smith und anderen war durchaus
bewusst, dass sie mit diesem Zugang in der Tradition deutscher liberaler
Theologie standen. Was sie aber von ihren deutschen Vorläufern wie Zeitgenossen weitgehend unterschied, war der Mut, das Erkannte auch auf die
Gegenwart anzuwenden: Wenn sich Dogmen als Ausdruck ihrer Zeit erwiesen, dann musste man auch für die eigene Gegenwart einen angemessenen
Ausdruck finden. Das bedeutete nicht, die Tradition vorsichtig auszulegen,
wie es behutsamere Liberale wie William Adams Brown taten, sondern sie
gegebenenfalls auch (im Geiste Jesu) neu zu erfinden.[97] Insofern hätten sich
die Fundamentalisten, die die historisch-kritische Methode immer für ein
Teufelswerk deutschen Geistes hielten, mit den tatsächlichen Urhebern in

---

95   Eine ausführliche Darstellung der Methode bietet: *Hynes, William J.*: Shirley Jackson Case
        and the Chicago School. The Socio-Historical Method (Society of Biblical Literature 5, 1980),
        Chico, Calif.: Scholars Press 1981.
96   *Smith, Gerald Birney*: Theology and the History of Religions, in: The Biblical World 39 (1912),
        S. 173–183, Hier S. 183.
97   Ebd.

Deutschland viel wohler gefühlt als mit den amerikanischen Patentneh-
mern der Methode. Dabei ging es auch Mathews, ähnlich wie Adolf von
Harnack, darum, durch historische Arbeit die Kontinuität in den bleibenden
Aufgaben zu erkennen.

Neben den historischen Aspekten bildete die Soziologie den zweiten
Hintergrund der Methode. Mathews, der in Berlin weniger Theologie als
Nationalökonomie gehört hatte und von Albion Small gefördert wurde, hielt
die Struktur der Gesellschaft für den Schlüssel, Dogmen zu verstehen: »It is
only from a strictly social point of view that either religion or religions will
in any measure be properly understood.«[98]

Bereits 1915 hatte Mathews vorher entwickelte Elemente zu einem kon-
sistenten Entwurf der Dogmengeschichte zusammengeführt. Dogmen
waren demnach Ausdruck eines »social mind«.[99] Theology sei daher letztlich »transzendetalized politics«.[100] Später nannte Mathews das Gemeinte
»social pattern«, gesellschaftlich geteilte Vorstellungen, die unhinterfragte
Gültigkeit besitzen, weil und solange sie als Realität erscheinen. »That
which gives value to the pattern is the fact that men do not regard it as
analogical. When its analogical quality is discovered its integrating power
disappears.«[101] Clifford Geertz' einflussreiche Definition von Religion wurde
hier der Sache nach formuliert, als er vier Jahre alt war.

Jede Änderung der sozialen Situation, so Mathews, lässt die »patterns«
als Projektion erkennen und zwingt Religion und Theologie zum Umdenken,
ob es dem Theologen gefällt oder nicht. Ab 1930 befielen Mathews zunehmend Zweifel, ob die politische Ebene überhaupt noch geeignet sei, »Analogien« für das Göttliche bereitzustellen. Die Enttäuschung über das letzt-
liche Scheitern des »Social Gospel«, die die Jüngeren zu Neo-Orthodoxen
oder Realisten werden ließ, führte bei Mathews zu einer Abkehr von dem
Versuch, Gesellschaft über die Reformulierung der Dogmatik mitgestalten
zu wollen. Nachdem sich direkte Analogien[102] als zu oberflächlich erwiesen

---

98   Mathews, Shailer: The Evolution of Religion, in: American Journal of Theology 15 (1911),
      S. 57–82. Hier S. 58.
99   Mathews, Shailer: Theology and the Social Mind, in: The Biblical World 46 (1915), S. 201–248.
      Von diesen »minds« machte er im Verlauf der Geschichte des Christentums sieben aus:
      »semitic«, »hellenistic«, »imperialistic«, »feudal«, »nationalistic«, »bourgeois«, »scientific-
      democratic«.
100   Mathews, Shailer: The Faith of Modernism, New York: Macmillan 1924, S. 72.
101   Mathews, Shailer: Doctrines as Social Patterns, in: The Journal of Religion 10 (1930), S. 1–15.
      Hier S. 9 f.
102   Die Social Gospel Bewegung hatte hauptsächlich mit dem »kingdom of God« und der
      daraus sich zwingend ergebenen »brotherhood of men« argumentiert.

hatten, wich Mathews auf eine kosmisch-metaphysische Ebene aus. Daher fand die Prozesstheologie Henry Nelson Wiemans in Chicago ein offenes Ohr. Dennoch ging es Mathews nach wie vor im Methodischen, und das sollte seine Entsprechung auch im Inhalt der neuen Gotteslehre finden, um eine (»antitechnische«) Personalität: »The worth of a technique, however, will be determined by the inquiry as to whether or not it makes towards personal values.«[103]

Gott und das fortschreitende Universum

»We live in universe capable of evolving humanity as we know it. It must possess forces capable of such results«, schrieb Shailer Mathews 1930. Gott müsse daher verstanden werden im Kontext der »personality-producing activities« dieses Universums.[104] Der Mensch stehe daher in einer kosmischen Beziehung zu diesen Kräften. Denen gegenüber sei jedoch nicht Unterwerfung wie vor dem traditionellen Gottesbild, sondern Mitarbeit die angemessene Haltung. Wenn man freilich das Einverständnis mit den »personality-producing forces« verweigere und leben wolle, als sei die Welt eine »impersonal machine«, würde das böse Folgen haben. »If we are cogs of a cosmic machine our relations with each other must be mechanistic.«[105] Deutlich entwickelt Mathews seine Variante einer Prozesstheologie in Abgrenzung vom Maschinenparadigma seiner Zeit. Wenn frühere Zeiten ihren Gottesbegriff der Gesellschaftsstruktur analog formulierten, so ließ das Machine-Age dafür keinen Raum, wenn man einen Gottesbegriff entwickeln wollte, der Menschen nicht erneut zu Sklaven, diesmal der Prozesse, macht. Für Mathews wie für Henry Nelson Wieman, Eugen Lyman[106] und die folgende Prozesstheologie verlagerte sich das Gottesbild aus der (politischen) Welt in den Kosmos. Dem von der Werbung für die Technik besetzten Platz der Transzendenz in der modernen Lebenswelt setzte die Theologie weniger etwas entgegen als dass sie Gottes Transzendenz ins All verschob. Dort konnten auch die Gesetze der unmenschlichen Effizienz außer Kraft

---

103   *Mathews, Shailer*: The Religious Basis of Ethics (Rez.: Lippmann, Walter: A Preface to Morals), in: The Journal of Religion 10 (1930), S. 222–231. Hier S. 230 f.

104   A. a. O., S. 227 und 228.

105   *Mathews, Shailer*: Social Patterns and the Idea of God, in: The Journal of Religion 11 (1931), S. 159–178. Hier S. 160.

106   Eugene Lyman, Professor am Union Seminary, füllte den Gottesbegriff bereits 1918 mit der Vorstellung eines »Eternal Creative Good Will«. *Lyman, Eugene William*: The Experience of God in Modern Life, New York: Charles Scribner's Sons (1918) 1920, S. 63 f.

gesetzt werden. Denn die Kräfte, die auf eine Realisierung der Personalität, Individualität und Moralität zielen, tun dies nach prozesstheologischer Vorstellung durchaus nicht in einem betriebswirtschaftlich effizienten Sinne. Der Preis für das Ende der alten Autorität wie für den Gegenentwurf zur modernen Technik ist der Modus der Überzeugung, die Gott leisten muss – ein notorisch mühsames Geschäft bei Menschen.

Dass der Gottesbegriff sich abgrenzend, gleichsam umgekehrt proportional zur Konjunktur der Maschine als Realität und als Metapher für Körper und Gesellschaft entwickelte, ändert nichts daran, dass er es in Abhängigkeit und in Reaktion auf die Technisierung der Welt tat. Eine Konsequenz war, wie gezeigt, die Verschiebung der Gottesvorstellung in die sprichwörtlich gewordenen unendlichen Weiten des Weltraums. Solche Entwicklungen ließen sich auch in der deutschen Theologie als solche beschreiben. Die dialektische Distanzierung Gottes von den Menschen, das lutherische Insistieren auf dem Reich Gottes als unerreichbarem Jenseits allen Handelns, die Tillichsche Rezeption der Ontologie – all diese Motive lassen sich als Momente einer Verlagerung des Transzendenten auf eine technisch möglichst nicht einholbare Ebene verstehen.

Wie lässt sich aber vor allem für die Theologie der USA der sich abgrenzende Duktus aller Erwähnung des Technischen erklären, wenn es um den Gottesbegriff geht? Hatten moderne technische Entwicklungen doch, wie dargestellt, eine durchaus positive theologische Presse. Verschiedene Deutungen wären möglich: Erstens könnte die Thematisierung der Maschine als solcher eine Rolle spielen. So wie heute die fröhliche Benutzung des MP3-Players durch den joggenden Pfarrer nichts an dessen Vorbehalten gegenüber »der« Technik und ihren kapitalistischen Verwertern ändert, könnte auch damals die Gesamtwertung anders ausgefallen sein als das Urteil über Fords neues Model A. Zweitens könnte bedeutsam sein, dass wir zuletzt nicht solche Thematisierungen der Technik in den Blick genommen haben, in denen die Technik Objekt der theologischen Betrachtung war. Vielmehr wurde mit dem Gottesbegriff ein theologisches Thema zum Gegenstand. Dies wiederum ist in zweifacher Hinsicht von Bedeutung. Zum einen geht es in der Behandlung der Gottesfrage stets um die Ordnung der Welt. Wenn diese Frage daher überhaupt als solche aufgeworfen wird, ist das ein Indiz dafür, dass sie den Beteiligten im Sinne des Christentums offen zu sein scheint. Zum anderen wird deshalb mit dem Gottesbegriff die Frage virulent, wer oder was das Subjekt einer Entwicklung ist. Auf dieser Ebene könnte man den MP3-Player eben schätzen, auch wenn man nicht zulassen möchte, dass er den Gottesdienstbesuch ersetzt. Eine Abgrenzung von der Technik als Ordnungsfaktor wäre dann so plausibel wie zwingend.

Drittens schließlich zeigt sich bei näherem Hinsehen, dass die Thematisierung »der« Maschine so allgemein und unbestimmt nicht ist, wie sie sich gibt. Im Hintergrund des Bildes der Maschine, der Industrie, des Mechanischen steht eine ganz bestimmte, konkrete Vorstellung der Technik. Es ist das Bild der Schwerindustrie und der Massenproduktion und des in ihr leidenden oder aus ihr entlassenen Arbeiters. Dies soll im folgenden Abschnitt ausgeführt werden.

Arbeitswelt und Streiks

Als im März 1937 ein Streik in der United States Steel Corporation durch die Einführung der 40-Stunden-Woche verhindert werden konnte, wies das *Christian Century* darauf hin, dass nun endlich die Forderungen erfüllt seien, die der kirchliche »Report on the Steel Strike« bereits zwanzig Jahre zuvor unterstützt habe.[107] Damals hatte eine Kommission unter dem Vorsitz des methodistischen Bischofs Francis J. McConnell eine Analyse des über fünfzehn Wochen dauernden, landesweiten Streiks der Stahlarbeiter vorgelegt. Darin wurde den Forderungen der Arbeiter Rechtmäßigkeit bescheinigt und die Unternehmensführungen wurden für die Krise verantwortlich gemacht.[108] Wie schon im 19. Jahrhundert war es wieder ein Streik, der die eher kritische Haltung vieler evangelischer Kirchen gegenüber den Anliegen der Arbeiter ins Wanken brachte.[109] Der Bericht löste erbitterten Widerstand der Unternehmen aus, was ihm weitere Publizität bescherte, die Situation der Arbeiter jedoch zunächst nicht zu bessern vermochte. Auch im März 1937 freute sich das *Christian Century* noch zu früh über die friedliche Lösung des Konflikts, die ein Vorbild sein sollte. Zwei Monate später, am 30. Mai 1937, kam es während des »Little Steel Strike«, so genannt wegen der bestreikten Unternehmenskorporation, in der South Side von Chicago zum »Memorial Day Massacre«, bei dem zehn Menschen von der Polizei

---

107　Organized Steel and The Churches, in: The Christian Century 54 (17. März 1937), Nr. 11, S. 339 f.

108　*Interchurch World Movement (Commission of Inquiry)*(Hg.): Report on the Steel Strike of 1919, New York: Brace and Howe 1920.

109　Vgl. *May, Henry F.*: Protestant Churches and Industrial America, New York: Harper and Brothers 1949, S. 91–111 (Three Earthquakes).

erschossen wurden.[110]

Der »Report on the Steel Strike« handelte von Arbeitszeiten, Spannungen zwischen Amerikanern und neu Eingewanderten und dem Spionagesystem der Firmen. Technik spielte hier keine Rolle. Aber der Bericht ist Ausdruck einer bestimmten Wahrnehmung, die sich der Industrie nicht allein mit den Mitteln moralischer Urteilsbildung nähert, sondern die Probleme als systemische deutet. Wenn die Ursache von Konflikten nicht mehr in der mangelnden Moral der Beteiligten gesehen wird, rücken Wirtschaft und Technik als Ursachen der Misere in den Vordergrund. Es ist diese Aufmerksamkeit für die Technik als Teil eines krisengeschüttelten Systems, die ihr Bild in der Theologie der Zeit bestimmt. Jenseits konkreter Techniken, die aus der Perspektive der Nutzer wahrgenommen wurden, kommt »die« Technik, die Maschine als Teil der Konflikte zwischen ihren Produzenten in den Blick der Theologen. So sind es Werke zur »industrial crisis«, zu »Kirche und Industrie«, in denen »die« Technik als Kollektivsingular Einzug in die Theologie hält. Man kann, so Edmund B. Chaffee, Direktor des Labor Temple in New York, die Krise in der Industrie nur verstehen, wenn man die Maschine begreift. Sie habe die moderne Arbeiterbewegung ins Leben gerufen. Sie würde Arbeit in die immer gleiche Wiederholung des gleichen Vorgangs auflösen, sie löse Familienbande, ändere Gesetze und die Art unseres Denkens. »[M]achinery has made man seem to himself a mere cog in the factory.«[111] Hinzu kamen für Chaffee die Probleme der Rationalisierung, die ein Heer von Arbeitslosen produziere. Die Industriearbeit, »When Machines Run Men«,[112] war der Kontext, in dem »die Maschine« wahrgenommen wurde.

Dies gilt ebenso für die deutsche Theologie. Der Arbeiter, so Adolf Faut, »ist zum Maschinenteil geworden. Die Maschine zieht ihn in ihr Tempo hinein.«[113] Auch Hanns Lilje, der als Schlüsseltechniken seiner Zeit Eisen, Stahl, Dampf, Elektrizität, Rundfunk und Flugzeuge nennt,[114] sieht im Blick auf die Industriearbeit einen »eisernen Mechanismus«, eine »Dämonie der

---

110 *Dennis, Michael*: The Memorial Day Massacre and the Movement for Industrial Democracy, New York: Palgrave Macmillan 2010.

111 *Chaffee, Edmud B.*: The Protestant Churches and Industrial Crisis, New York: Macmillan 1933, S. 133–136.

112 *Johnson, F. Ernest/Holt, Arthur E.*: Christian Ideals in Industry, (Life and Service Series), New York/Cincinnati: Methodist Book Concern 1924, S. 34.

113 *Faut, Adolf*: Technik, Technisches Zeitalter und Religion. Eine Kritik des technischen Zeitalters und eine Apologie der Technik, Tübingen: J. C. B. Mohr (Paul Siebeck) 1931, S. 40.

114 *Lilje*, Zeitalter, S. 17.

Arbeit«, die zur Sinnlosigkeit führt.[115] Oben wurde bereits darauf hingewiesen, dass Lilje in den Fabrikhallen mit ihren Dampfhämmern den eigentlichen Ort für die theologische Frage nach der Technik sah. Zu dieser Wahrnehmung gehören Lärm und Rauch.[116] Anders als Faut, der sein Büchlein 1931 hoffnungslos schließt, sieht Lilje sich jedoch vom Evangelium her zum Optimismus verpflichtet. Bei Lilje wird die Verbindung zwischen einer negativen Wertung der Technik und der Industriearbeit noch dadurch zusätzlich verdeutlicht, dass er von demselben Gegenstand je nach Kontext unterschiedlich schreiben kann. Hatte er, wie oben zitiert, die Fabrikhallen mit »dumpfe[m] Gewirr«, »dem Lärm der Dampfhämmer«, »der verqualmten Atmosphäre« und Hoffnungslosigkeit verbunden,[117] so kann er in anderem Zusammenhang davon sprechen, dass wir lernen werden, die »Fülle eigenartiger, fast majestätischer Schönheit einer großen Maschinenhalle«[118] zu sehen.

Die kritische Bewertung der Technik hat nun in zwei Richtungen eine theologische Komponente. Die erste findet sich in der symbolischen Entgegensetzung von Kirche und Fabrik, die auf einer Tagung von Industriepfarrern 1927 auf die Formel gebracht wurde: »Der Kampf geht um den Primat des Kirchturms vor dem Industrieschornstein.«[119] Dass die Technik, in Liljes Worten, eine »Lebensmacht« geworden sei, die für viele den Raum einnehme, den früher die Religion innehatte,[120] wird in Bauwerken besonders sichtbar. Dahinter verbirgt sich jedoch die Frage, wer die gesellschaftliche Ordnung bestimmt.

Wichtiger als diese institutionelle Konkurrenz, die den Lebensort Fabrik und seine Siedlung mit Argwohn betrachtet, ist eine zweite Ebene der Differenzbestimmung. Technik sei durch »Überpersönlichkeit« geprägt, die mit dem Stichwort »Eigengesetzlichkeit« verbunden wird.[121] Es geht um die

---

115   A. a. O., S. 28 und 27.
116   »Zwischen dem Brausen der Räder, dem Stampfen der Hämmer, dem Fauchen der Motoren, den Sausen der Propeller, dem Lärm der Versammlungen sollen Männer aus- und eingehen, die das Siegel in ihrer Seele tragen: In Silentio et Spe erit fortitudo vestra.« *Schöttler, Hans*: Die Predigt des Industriepfarrers, in: Staemmler, Wolfgang (Hg.): Kirche und Industrie. Vorträge bei der ersten Tagung von Pfarrern aus Industriegemeinden in Mitteldeutschland, Sangerhausen: Verlag der Unruhe 1927, S. 82–89. Hier S. 89.
117   A. a. O., S. 64.
118   A. a. O., S. 61.
119   *Lüttke, [?]*: Die reine Siedlungsgemeinde, in: Staemmler, Kirche und Industrie, a. a. O., S. 24–26. Hier S. 26. Das Motiv findet sich auch in dem Gemälde »Fabrik« von Gustav Wunderwald (1927).
120   *Lilje*, Zeitalter, S. 68.
121   A. a. O., S. 56.

Entkopplung von handelndem Individuum und Maschine, ob diese in der Differenz zwischen Bedienung und Verstehen der Maschine besteht oder in dem Machtgefälle zwischen dem Individuum und den Bedingungen des Maschinellen. Genauso sahen es auch amerikanische Theologen. Die moderne Industrie führe zur Zerstörung persönlicher Beziehungen.[122] Darin schienen sich die Technik und die Organisation der Firmen zu gleichen, wie man es auch bei John Dewey lesen konnte.[123] Aber nicht nur die Heiligkeit der Persönlichkeit wurde dadurch untergraben, sondern auch der Glaube an einen persönlichen Gott. »Machinery has lessened man's sense of a personal God by making the whole world seem a machine.«[124] Auf diese Entwicklung suchte die Gegenüberstellung von der »impersonal machine« und der »personal religion«, die oben dargestellt wurde, eine Antwort zu geben.

Die Kritik an der Technik als solcher verdankt sich in der Zeit zwischen den Weltkriegen der Wahrnehmung des Technischen als Maschinentechnik in der Schwerindustrie und als Massenproduktion. Diese Bereiche waren mit erheblichen sozialen Konflikten verbunden. Wenn Technik als solche thematisiert wird, geschieht dies im Zusammenhang mit den Problemen der Industriearbeit. In diesem Sinne ist »die« Technik als eigenständiger Gegenstand über die »soziale Frage« in das Bewusstsein der Theologie getreten. Die Kritik des Technischen als anonym, autonom, vom Systemzwang geprägt und Ohnmacht gebärend ist historisch an diese Konflikte gebunden. Diese Kritik entstand nur dort und erst dann, als sich die Kirchen den Positionen der Gewerkschaften annäherten. Damit aber erkaufte sie sich ein Deutungsproblem. Denn wenn die Technik als unpersönlich wahrgenommen wird, und man sich selbst in Abgrenzung dazu als Anwalt der Persönlichkeit etablieren will, wenn man also, der theologischen Logik des dauerhaften Zwangs zur Gesamtperspektive folgend, hier eine grundsätzliche Antithese aufbaut, dann muss man Gott als Persönlichkeit auch plausibel machen können. Der letztlich ohnmächtige Trotz, dieses gerade in dem Moment zu behaupten, als es in Zweifel gezogen wird, ist nicht dauerhaft erfolgreich. Der Umzug Gottes in eine fernere Transzendenz rettet ihn zwar vor technischen Zugriffen, aber nicht vor der Gefahr der Irrelevanz. Das Problem verschärft sich noch, wenn man bedenkt, was Hanns Lilje überraschend fand, dass nämlich »das

---

122   *Smith, Gerald Birney*: Principles, S.164.
123   »The effect is therefore to remove the workmen farther and farther from the owner, and to make the relationships so impersonal as to resemble the machine.« *Dewey, John/Tufts, James H.*: Ethics (1908), revised edition, New York: Henry Holt and Co. 1932, S.423.
124   *Chaffee*, Churches, S.135.

Arbeitsdenken unserer Massen diese dämonische Kraft der Technik kaum [sieht].«[125] Das dürfte noch heute zutreffen. Damals weckte es jedenfalls bei einigen Theologen das Bedürfnis nach mehr Realismus. Im Folgenden soll daher gezeigt werden, dass der theologische Realismus diesseits und jenseits des Atlantiks eine spezifische Reaktion auf die Wahrnehmung der Industrietechnik als zeitbestimmende Macht darstellt.

Theologischer Realismus

Die theologische Suche nach Realismus verbindet sich vor allem mit dem Namen Reinhold Niebuhrs. Dessen Theologie wurde in erster Linie als politisches Programm wahrgenommen,[126] was mit dem Engagement und der Rezeption Niebuhrs in außenpolitischen Kontexten nach 1945 zusammenhängt. Ich möchte im Folgenden zunächst der Entstehung von Niebuhrs Realismus in seinen Jahren als Pastor in Detroit nachgehen und dieses Konzept vor dem Hintergrund der Auseinandersetzung mit der Technik und Industrie seiner Zeit lesen. Im Anschluss daran werden wir uns noch einmal Hanns Lilje zuwenden, der ebenfalls versuchte, einen »neuen Realismus« zu entfalten.

Liberalismus entzaubert – Reinhold Niebuhr

Es dauerte zehn Jahre, bis der »Realist« Reinhold Niebuhr eine der Fabriken tatsächlich von innen sah, die seine Stadt vor allem anderen prägten. Vergleicht man seine Erinnerung an dieses Ereignis mit seinen Schriften aus den darauf folgenden Jahren, dann hatte der Besuch allerdings eine außerordentliche Wirkung: »We went through one of the big automobile factories today. So artificial is life that these factories are like a strange world to me though I have lived close to them for many years. The foundry interested me particularly. The heat was terrific. The men seemed weary. Here manual labor is a drudgery and toil is slavery. The men cannot possibly find satisfaction in their work. … The church … isn't changing the essential facts of

---

125   *Lilje*, a. a. O., S. 50.

126   *Meyer, Donald B.*: The Protestant Search for Political Realism, 1919–1941 (1960), 2. Auflage, Middletown, Conn.: Wesleyan University Press 1988; *Warren, Heather A.*: Theologians of a New World Order. Reinhold Niebuhr and the Christian Realists, 1920–1948, New York u. a.: Oxford University Press 1997.

modern industrial civilization by a hair's breadth. It isn't even thinking about them. The morality of the Church is anachronistic. ... If we knew the world in which we live a little better we would perish in shame or be overcome by a sense of futility.«[127]

Der 1892 geborene Niebuhr war 1915 Pastor der Bethel Evangelical Church in Detroit geworden. Die deutsch-amerikanische Gemeindestruktur scheint die Begegnung mit Arbeitern nicht unbedingt nahegelegt zu haben. Dennoch war Niebuhr zu Beginn seiner Laufbahn ein Vertreter der Ideen des Social Gospel.[128] Als 1923 der Bischof der Episcopal Diocese of Michigan, Charles Williams, stirbt, notiert Niebuhr in seinem Tagebuch: »His fearless protagonism of the cause of democracy in industry won him the respect and love of the workers of the city as no other churchman possessed it. Yet I am afraid that it must be admitted that he didn't change the prevailing attitude of Detroit industry by a hair's breadth.«[129]

Die beiden hier wiedergegebenen Erfahrungen Niebuhrs bezeichnen exemplarisch die beiden Voraussetzungen für die Suche Niebuhrs und anderer Theologen seiner Generation nach einem realistischen Programm der Theologie. Zum einen wollte man aus dem Milieu der Mittelschicht und ihrer Wahrnehmungen ausbrechen. Zum anderen richtete sich der Ruf nach Realismus gegen die als illusionär empfundenen Positionen der liberalen Theologie der Vorgängergeneration. Deren Fehler hätte vor allem darin bestanden, die Probleme der Gesellschaft allein mit individualistisch verstandenen Moralbegriffen zu deuten. Da man zusätzlich ein deutlich zu optimistisches Bild der menschlichen Fähigkeit zum Guten gehabt habe, sei das liberale Programm gescheitert.[130] Die Aufmerksamkeit für Strukturen sowie der Gestus des Entlarvens prägen daher in den 1920er Jahren Niebuhrs Schriften.[131]

1926 und 1927 richtet Niebuhr sein Interesse auf die Ford Motor Company. In mehreren Artikeln will er zeigen, dass die werbewirksamen

---

127   *Niebuhr, Reinhold*: Leaves from the Notebook of a Tamed Cynic (1929), New York: Richard R. Smith 1930, S. 78 f. (Eintrag für das Jahr 1925).

128   Vgl. *Niebuhr, Reinhold*: The Church and the Industrial Crisis, in: The Biblical World 54 (1920), S. 588–592.

129   *Niebuhr*, Leaves, S. 72.

130   Eine Zusammenfassung seiner Kritik notierte Niebuhr in: *Niebuhr, Reinhold*: An Interpretation of Christian Ethics (1935), Neuausgabe, San Francisco; Harper and Row 1963, S. 103–122; vgl. auch *Ders.*: Impotent Liberalism, in: The Christian Century 43 (11. Februar 1926), S. 167 f.

131   Dazu gehört durchaus auch die Selbstentlarvung, wie sein Notebook of a Tamed Cynic zeigt.

Veröffentlichungen der Wohltätigkeit Henry Fords auf Lügen basieren. Mit einer gewissen Lust an Zahlen rechnet er den Leserinnen und Lesern des *Christian Century* etwa vor, dass die Fünf-Tage-Woche, die Ford als Innovation angekündigt habe, faktisch seit Jahren als eine Form der Kurzarbeit bestünde. Hinzu käme, dass die Behauptung, trotz der Verkürzung der Arbeitszeit den gleichen Lohn zu zahlen, ebenfalls falsch sei. Vielmehr würde den Arbeitern sehr wohl Lohn abgezogen, ohne dass Ford durch die kürzere Arbeitszeit Einbußen habe, weil zuvor die Geschwindigkeit des Bandes erhöht worden wäre.[132]

Neben diesen Angriffen auf die Werbeabteilung Fords mit dem Ziel einer Entmythologisierung gab es aber noch eine zweite Front der Auseinandersetzung mit der Fabrik, denn »modern industry is destructive of personal values.«[133] Das sei unvermeidlich. Umso mehr aber müsse man sich gegen die eigentlich unnötige Verschlimmerung der Lage der Arbeiter durch schlechte Arbeitsbedingungen wehren.

In seinem ersten Buch »Does Civilization Need Religion?« entwickelt Niebuhr dann seine Gesellschaftskritik systematisch von einer Analyse der industriellen Zivilisation her. Naturwissenschaft und Technik hätten eine »depersonalization« des Universums und der Gesellschaft heraufgeführt. Die moderne Welt sei daher von unpersönlichen und mechanisierten Beziehungen geprägt.[134] Paradigma dieser Wahrnehmung der Kultur ist für Niebuhr der Industriearbeiter. Insbesondere dessen Haltung zur Religion hält Niebuhr für signifikant: Zum einen wäre der Arbeiter so in einer unpersönlichen Welt gefangen, dass sein Sinn für die personale, d.h. religiöse Dimension des Lebens verkümmere. Zum anderen würden die Eliten ein so schlechtes Vorbild abgeben, dass die ethische Dimension der Religion unglaubwürdig werde.[135] In deutlich kritischerer Wendung begegnet bei Niebuhr das gleiche Motiv wie bei Mathews. Die Religion sei im Kern personalistisch, die Technik dagegen unpersönlich. Das Vordringen der Technik macht für Niebuhr das Geschäft der Religion schwieriger. Während Religion für den Landbewohner in seiner Bindung an den Boden selbstverständlich

---

132   *Niebuhr, Reinhold*: Henry Ford and Industrial Autocracy, in: The Christian Century 43 (4. November 1926), S. 1354 f. Niebuhr setzte die Kritik an Ford in weiteren Artikeln fort: Vgl. *Ders*.: How Philanthropic is Henry Ford? in: The Christian Century 43 (9. Dezember 1926), S. 1516 f; *Ders*.: Ford's Five-Day Week Shrinks, in: The Christian Century 44 (9. Juni 1927), S. 713 f.

133   *Niebuhr*, Autocracy, S. 1355.

134   *Niebuhr*, Civilization, S. 16 und 14.

135   A. a. O., S. 15.

sei, würden Stadtbewohner diese Bindung und damit den »religious sense«
verlieren.[136] Die Entfremdung der persönlichen Beziehungen greift Niebuhr
an verschiedenen Stellen wieder auf. In »Moral Man and Immoral Society«
(1932) macht er die technische Kultur für die Entfremdung zwischen Arbeiter und Besitzer verantwortlich.[137] In »The Nature and Destiny of Man« (1941)
sind es die mechanischen Abhängigkeiten, die den Menschen versklaven.[138]

Verbindet sich Niebuhrs theologischer und politischer Realismus 1941
mit der Vorstellung eines angemessenen Verständnisses der Sünde, so kann
er 1930 noch ganz vitalistische Bilder verwenden. Die »mechanical civilization« habe danach die organische Beziehung des Menschen zum Universum
zerstört.[139] Aber die Lebensenergien seien nicht rational. Daher sei Rationalität kein Ersatz für die Religion. Die Technik vergrößere zwar unsere Möglichkeiten der Kommunikation, aber sie werfe das Verhältnis von Nachbarn
und Fremden durcheinander. Wie Niebuhr bei seinem Wechsel von Detroit
nach New York seinem Tagebuch anvertraute, habe er sich stets für einen
»brutalen« Realisten gehalten, frage sich aber nun, ob dahinter nicht doch
ein sentimentaler Prediger stünde.[140] Zwei Jahre nach seinem Umzug ans
Union Seminary nach New York setzte er gegen die Zumutungen der technischen Moderne die Gnade der Kindheit: »Religion is in fact the spirit of
Childhood eternalized.«[141] Auch wenn diese Wendung nicht sonderlich realistisch anmutet, hat Niebuhr selbst damit durchaus realistisch einen Kern
der Auseinandersetzung des Christentums mit der technischen Moderne
getroffen. Insbesondere am Beginn des 21. Jahrhunderts laufen viele religiöse Reaktionen etwa auf die Biotechnik darauf hinaus, dass man angesichts der ungewohnten Möglichkeiten doch lieber Kind sein möchte, als
entscheiden zu müssen.

Der Realismus Reinhold Niebuhrs steht zumindest in Zusammenhang
mit seiner Wahrnehmung der Wirklichkeit der Industriestadt Detroit und
ihrer Fabriken. Insofern stellt er eine Reaktion auf die Herausforderung des
theologischen Weltbildes durch die Technik in den ersten Jahrzehnten des

---

136   A. a. O., S. 24 f.
137   *Niebuhr, Reinhold*: Moral Man and Immoral Society. A Study in Ethics and Politics (1932),
      New York: Charles Scribner's Sons 1960, S. 143.
138   *Niebuhr, Reinhold*: The Nature and Destiny of Man. A Christian Interpretation, Bd. 1, Human
      Nature (1941), New York: Charles Scribner's Sons 1964, S. 22.
139   Vgl. *Niebuhr, Reinhold*: Mechanical Man In a Mechanical Age, in: The World Tomorrow 13
      (Dezember 1930), S. 492–495. Hier S. 492 u. ö.
140   *Niebuhr*, Leaves, S. 195.
141   *Niebuhr*, Mechanical Men, S. 495.

20. Jahrhunderts dar. Mit den Liberalen teilt er den Gedanken, dass die Religion gegen die vermeintlich unpersönliche Technik als Bollwerk des Personalen verstanden werden sollte. Anders als die Liberalen wird Niebuhr aber die Transzendenz, deren Möglichkeit es gegenüber der Technik zu verteidigen galt, nicht in einem veränderten Gottesbegriff suchen, sondern im Menschen. In diesem Sinne zieht er aus der Technik ähnliche Konsequenzen wie Rudolf Bultmann mit der existentialen Interpretation des Neuen Testaments.

Fraglich bleibt jedoch, ob man es sich nicht mit der Entgegensetzung der unpersönlichen Maschine und des persönlichen Gottes bzw. der Religion als Verteidiger des Personalen zu leicht macht. Abgesehen davon, dass diese Opposition, wie dargestellt, von einer konkreten Technikwahrnehmung lebt, die nicht notwendigerweise für alle Technik repräsentativ ist, ist die Wahrnehmung selbst möglicherweise nicht verallgemeinerbar. Die Technik, mit der Menschen arbeiten, erleben diese durchaus anders, als die Beobachter dieser Menschen und ihrer Technik. Zudem dürfte der Beweis noch ausstehen, dass die Beziehungen und Vergemeinschaftungsformen des traditionellen Arbeitermilieus unpersönlicher gewesen wären als die Beziehungen ihrer akademischen Beobachter. Das aber müsste eigentlich der Fall sein, wenn die Hintergrundannahme der Theologen diesseits wie jenseits des Atlantiks stimmen sollte, dass »die Maschine« unpersönlich sei.

Technik deuten – Hanns Lilje

Auch Hanns Lilje war in seiner Analyse der Technik auf der Suche nach einem Realismus. Nicht unähnlich in der Beschreibung der Grundlagen zog der ehemalige Studentenpfarrer jedoch andere Konsequenzen als Niebuhr. Lilje ging von der Notwendigkeit aus, die Gegenwart zu verstehen, die er als »eiserne Realität«[142] wahrnahm. Anders als Niebuhr bezog Lilje seinen Realismus explizit auf die Erfahrung der Technik, die eben dies lehre: realistisch zu sein. Gegen alle Überhöhung der Technik wie gegen alle pauschale Verdammung insistierte er darauf, dass man sich der Situation der Zeit stellen müsse. Realismus hieß hier zunächst, aus romantischen Vergangenheitsträumen zu erwachen. Damit verbunden war ein zweites Moment. Lilje verstand die Technik als Thema der Geschichtsphilosophie. Die aber könne nicht auf dem Boden des Idealismus furchtbar werden.[143] Vielmehr lehre die

---

142   *Lilje*, Zeitalter, S. 19.
143   Vgl. a. a. O., S. 51.

Technik, dass die idealistische Position den Bedingungen der Gegenwart nicht gerecht würde. Mit einer etwas schlichten Illustration hob er hervor, dass das tatsächliche Fliegen etwas anderes sei, als die Idee vom Fliegen.[144] Die sinnlich wahrnehmbare Wirklichkeit müsse zunächst anerkannt werden. Auf der anderen Seite wandte sich Lilje gegen einen einfachen Materialismus, dem es genug sei, die Dinge als Stoff zu betrachten.

Für die Welt der Technik bedeutete die Suche nach Realismus zunächst, dass man keine »falsche Trennung zwischen Immanenz und Transzendenz« vornehmen dürfe.[145] Vielmehr dachte Lilje ganz lutherisch daran, in der Wirklichkeit das Transzendente zu erkennen. In diesem Sinne könne gerade der Alltag Offenbarung sein.[146] Dies nannte Lilje in Anlehnung an Tillich »gläubigen Realismus« oder »Realismus höherer Ordnung«.[147] Dieser Realismus sollte ein dreifaches Lebensgesetz erkennen: 1. Technik ist nur als Anerkennung der Naturgesetze möglich, die dem Gedanken der Schöpfungsordnung entsprechen. Dann aber ist menschliches Handeln »Fortsetzung des Schöpfungswerkes Gottes«.[148] 2. Technik stellt Individuen unter die Gesetze der Gemeinschaft. Daraus ergibt sich die Aufgabe, »an der Heiligung dieser neuen Verbundenheit zu arbeiten«.[149] 3. Aus dem Verständnis der Technik als Schöpfungshandeln folgt, dass sie nicht einfach als persönlichkeitszerstörend beschrieben werden kann. Vielmehr sei es Aufgabe der Technikgestaltung, dafür zu sorgen, dass die Menschen ihr Leben nicht erst auf dem Heimweg nach getaner Arbeit beginnen können.[150]

Auf der Suche nach dem kulturellen Gehalt der Technik kommt Lilje auf den Prozess der »Rationalisierung des Lebens«.[151] Damit nimmt er wiederum einen Begriff aus der Massenproduktion auf. Frederick W. Taylor habe mit dem »scientific management« und der Zerlegung der Arbeitsprozesse die formale Struktur des technischen Handelns formuliert. Solange nun die Rationalisierung im Bereich des Technischen bleibe, sei sie als »Ausdruck eines Willens zur Ordnung« zu werten, der auf den Schöpfungsglauben verweise.[152]

---

144   Vgl. a.a.O., S.52.
145   Vgl. a.a.O., S.69.
146   Vgl. a.a.O., S.88.
147   A.a.O., S.47 und 70.
148   Vgl. a.a.O., S.77.
149   Vgl. a.a.O., S.81.
150   Vgl. a.a.O., S.83.
151   A.a.O., S.113ff.
152   A.a.O., S.149.

Allerdings würde die Rationalisierung über die technischen und öko-nomischen Bereiche hinaus zunehmend das gesamte Leben bestimmen. Die Verbindung zwischen Technik und Lebenswelt sieht Lilje dabei in der Verkehrstechnik. Der moderne Verkehr bringe den Menschen eben jenes Tempo und jenen Zwang zum technikgerechten Verhalten, der für die Rati-onalisierung charakteristisch sei.[153] Was dergestalt das Leben der Großstadt bestimme, dringe darüber hinaus in die Familien und die Körperkultur ein. Gegen die Rationalisierung dieser Lebensbereiche sprächen nach Lilje »gott-gesetzte Grenzen«. Der Gegenbegriff zur Rationalisierung ist dabei durch-gängig das »Lebendige«, das sich in der »lebendigen Geschichte« und in der »lebendigen Persönlichkeit« entfalte.[154]

Bewegt sich Lilje mit der Wertschätzung des »Lebendigen« in Überein-stimmung mit dem Zeitgeist, so wendet er sich gleichzeitig gegen deren depressive Verabsolutierung. Es gehört dabei zu den Ambivalenzen des Ent-wurfes, dass Lilje einerseits wie viele Zeitgenossen immer wieder von der technischen Entwicklung als Schicksal spricht, es aber gleichzeitig für ein Indiz des Niedergangs hält, wenn man seine Zeit nur fatalistisch zu inter-pretieren vermag.[155]

Auflösen will Lilje diesen Widerspruch mit dem »gläubigen Realismus«. Gegen alle Formen der romantischen Verklärung der Vergangenheit wie auch der idealistischen Überhöhung der Gegenwart will Lilje dabei die biblische Geschichtsdeutung stark machen. Diese sei bestimmt von »der nüchternsten [sic], illusionslosen Erkenntnis der Wirklichkeit, der Welt, der Geschichte, des Menschen«.[156] Geschichte sei im Kern die »Spannung zwi-schen dem Willen Gottes und dem Willen des Bösen«.[157] Insofern die Technik an dieser »Tragik« Anteil habe, müsse vom Evangelium her die Überwin-dung dieser Schicksalsgebundenheit gedacht werden. Denn das Evangelium sei »überzeitlich«[158] und als solches der Widerspruch gegen diese Tragik.

So beeindruckend »realistisch« Lilje in seinen Beschreibungen der Tech-nik immer wieder einen Weg zwischen Verteufelung und Verklärung sucht, so obsiegt doch letztlich auch bei ihm das Motiv des Gegensatzes zwischen Technik und Religion. Zwar soll die Religion die Technik als Ausdruck der

---

153 Vgl. a. a. O., S. 125.
154 A. a. O., S. 155.
155 Vgl. a. a. O., S. 22.
156 A. a. O., S. 146.
157 A. a. O., S. 145.
158 A. a. O., S. 146.

Lebenswelt interpretieren, aber wenn diese Lebenswelt nicht auch umgekehrt zur Qualifizierung des Deutungsschemas herangezogen wird, bleiben diese Bemühungen dem Gegenstand äußerlich. Es ist daher nicht zufällig, dass Liljes Ausführungen merkwürdig blass bleiben, wenn man wissen will, warum man Gott denn tatsächlich im technischen Kontext bräuchte. Konkret ist dies bei Lilje nur in der Ordnung der Welt als Schöpfung der Fall. Damit aber weist Lilje sein Evangelium als alles andere denn »überzeitlich« aus. Bei aller Differenzierung und dem richtigen Plädoyer für einen Realismus in der lutherischen Anerkenntnis des Vorhandenen als Repräsentant des Transzendenten, kann auch Lilje am Ende nur auf ein »Dennoch« verweisen. Der damit gemeinten Auflehnung gegen die Technik als Schicksal korrespondiert Liljes Mahnung, dass die Technik Grenzen habe und nur Gott allmächtig sei.[159] Das aber bestreitet niemand der Sache nach, wenn es um den allgemeinen Gegensatz geht. Ob eine bestimmte Technik entwickelt und genutzt werden soll oder nicht, entscheidet sich jedoch an konkreten Utopien oder Vorbehalten.

Vorstadtgarten und Reich Gottes – Techniktheologie

Das Spektrum theologischer Reaktionen auf die technischen Veränderungen der Zwischenkriegszeit in den USA und Deutschland war insgesamt breit. Neben den zumeist ethisch motivierten Äußerungen, die sich auf konkrete Techniken bezogen, wurde die »Maschine« als Zeitsymbol gedeutet und bewertet. Wie gezeigt wurde, war ihre Wahrnehmung an die konkrete Situation der Fabrikarbeit gebunden und sie bezog ihre Wertigkeit aus den mit dieser Konstellation verbundenen sozialen Konflikten.

Ohne dass es den Beteiligten offenbar bewusst wurde, hat die Industrietechnik aber auch die Vorstellungen von Transzendenz und deren Ort im Weltbild beeinflusst. Als ob mit der intensiven Nutzung von Transzendenzverweisen in der Technikdarstellung kein Raum mehr für die kirchliche Form des Religiösen in der technischen Kultur gewesen sei, haben die Theologen ihre Transzendenzkonzeptionen gleichsam aus dieser Welt abgezogen. Die damit verbundenen Reaktionen lassen zwei Bewegungen erkennen: Zum einen konnte man das Transzendente, soweit damit Gott gemeint war, bildlich gesprochen mit den neuen, leistungsfähigen Fahrstühlen auf die Spitze der Wolkenkratzer oder noch darüber hinaus befördern. Auf der

---

159   Vgl. a. a. O., S. 99.

begrifflichen Ebene bedeutete dies, Gott in eine immer abstrakter gedachte Transzendenz zu verschieben. Diese über alle theologischen Schulen diesseits und jenseits des Atlantiks hinweg verlaufende Reaktion ist zunächst plausibel. So wie die abstrakte Kunst nach 1945 Denkräume des Sehens eröffnet hat, konnte auch die Theologie damit enorme Horizonterweiterungen schaffen. Religion wurde so als mit den Standards moderner Rationalität kompatible Weltdeutung erwiesen. Gleichwohl geht diese Bewegung mit einem Verlust einher. Das von Paul Tillich, wahrlich keinem Vertreter eines naiven Frömmigkeitskonservatismus, behauptete Moment der Konkretion im Gottesbegriff ist kaum noch formulierbar. Entgegen der expliziten Behauptung, gegen die Technik in der Gottesvorstellung das Moment des personalen Gegenübers festzuhalten, entspricht man implizit eben jener Entpersonalisierung, die man der Technik vorwirft. Lebensweltliche Anbindungen der Gottesvorstellung werden damit erschwert.

Die andere Bewegung im Umgang mit der traditionellen Vorstellung des Transzendenten besteht darin, es in den Menschen bzw. in sein Selbstverständnis zu verlegen. Besonders anschaulich in Rudolf Bultmanns existenzialer Interpretation läuft auch der Realismus Reinhold Niebuhrs auf diese Möglichkeit hinaus. Auch hier sind zweifellos unverzichtbare Rationalisierungsgewinne zu verzeichnen. Auch hier konnte man eine Opposition gegenüber der Technik konstruieren. Auch hier konnte man hoffen, das Transzendente – in diesem Fall nicht Gott – vor dem technischen Zugriff in Sicherheit gebracht zu haben. Freilich hat sich diese Hoffnung inzwischen als trügerisch erwiesen. Durch die Biotechnik, die Gehirnforschung und die Bemühungen um die künstliche Intelligenz ist die Transzendenz im Menschen in Gefahr geraten. Weil in diesen Bereichen das bis in die Gegenwart Unverfügbare nun verfügbar gemacht zu werden scheint, wirkt diese Entwicklung im religiösen Haushalt der Gegenwart als Bedrohung sehr nachhaltig. Die Menschenwürde als letztes Refugium der Transzendenz wird daher zum zentralen Streitpunkt. Dieser Streit ist nicht zuletzt deshalb so erbittert, weil das menschliche Selbstverständnis nochmals auf sich selbst zurückgeworfen wird, wenn es das Transzendente in sich finden können soll. Wenn nun der Mensch durch die gegenwärtigen Forschungen zunehmend als technisch beschreibbar verstanden und daraus folgend veränderbar wird, kommt dies einer Selbstanwendung des Technischen gleich. Angesichts der negativen Konnotation, die Theologen der »Maschine« in der hier behandelten Schlüsselzeit beigelegt haben, ist es nicht verwunderlich, dass der »Technisierung« des Menschenbildes in der Gegenwart noch vor aller ethischen Urteilsbildung tiefgreifende Vorbehalte entgegen gebracht werden.

Beide hier besprochenen Transzendenzerhaltungsprogramme haben ihr Heil in einer Distanzierung vom Technischen gesucht. Aus dem Zentrum der technischen Kultur heraus wurde die religiöse Vorstellung von Transzendenz an die Ränder verlegt, im Gottesbegriff nach außen, im Menschenbild nach innen. Beide Transzendenzvorstellungen bleiben noch in der Negation jedoch der Technik verhaftet, gegen die sie sich abgrenzen, so wie umgekehrt die Technik in ihrer Transzendenzinanspruchnahme von dem Religiösen zehrt, dessen Hoffnungen sie zu erfüllen oder zu erübrigen sucht.

Die Bewegung der Theologie scheint mir daher vergleichbar zu sein mit einer anderen Bewegung der Zeit: In dem bereits erwähnten Film »The City«, dessen Skript Lewis Mumford zur Weltausstellung 1939 in New York schrieb, wird den Zuschauern nahegelegt, dass ihr Wohl im Vorstadtgarten zu finden sei. Aus dem Zentrum der engen und verschmutzten Städte heraus soll der Mensch ins Licht, in die Weite und zu seinem Stück Natur geführt werden. Auch hier findet eine Bewegung an die Peripherie statt. Auch hier bleibt der Rand gleichwohl ans Zentrum gebunden. Der Rasen wird vor dem Fertighaus gepflanzt, und zur Arbeit muss der pater familias mit jener Technik fahren, vor deren Lärm man sich schützen möchte. 1939 war dies noch Zukunftsmusik. Zwanzig Jahre später wurde der Garten für viele Menschen zur Realität.

Anders als ihre liberalen Vorgänger haben die Theologen der Zeit, entsprechend der geschilderten Verschiebung der Transzendenz auch im Temporalen, darauf bestanden, dass das Reich Gottes nicht erreichbar sei.[160] Der Vorstadtgarten ist nicht das Reich Gottes. Dennoch scheint mir die Theologie in ihrem Verhältnis zur Technik das Märchen vom Hasen und dem Igel aufzuführen. Dabei glaubt sie, der Igel zu sein. Von außen betrachtet scheint es eher, sie sei der Hase.

---

160 Zum Einfluss der Technik auf die Geschichtsphilosophie vgl. *Schleissing, Stephan*: Das Maß des Fortschritts. Zum Verhältnis von Ethik und Geschichtsphilosophie in theologischer Perspektive, Göttingen: Edition Ruprecht 2008.

5. Christentum in einer technischen Welt – Ein Ausblick

Christentum und Theologie existieren seit hundert Jahren in einer weitgehend technischen Welt, deren Anfänge in unserem Sinne sogar noch hundert weitere Jahre zurückreichen. Ich habe am Beispiel der Zeit zwischen 1920 und 1940 zu zeigen versucht, dass Technik und Religion auch im 20. Jahrhundert bleibend aufeinander bezogen sind. Die Frage ist nun, welche Bedeutung dies für die Theologie hat.

Explizite Auseinandersetzungen der Theologie mit der Technik haben nicht nur in ethischer, sondern auch in dogmatischer Hinsicht bisher auf die Frage geantwortet, was die Theologie zur Technik zu sagen habe bzw. wie die Technik zu bewerten sei. Nur selten erschien die Technik als das, was sie zunächst in geisteswissenschaftlicher Perspektive ist: ein Kulturphänomen. Genau als solches aber hat sie, wie im vorigen Kapitel ausgeführt wurde, einen nicht zu unterschätzenden Einfluss auf die Theologie gehabt, der freilich implizit blieb. Technik und Theologie sind Aspekte unserer Kultur.[1] Wenn aber die Technik für die Theologie und den religiösen Haushalt des Christentums überhaupt relevant werden können soll, besteht die Frage nicht darin, zu klären, was die Theologie zur Technik zu sagen hätte, sondern darin, zu erörtern, was die Technik der Theologie eröffnen könnte.

Um diese Fragerichtung zu verfolgen, sollen aus den bisherigen Erörterungen drei Elemente aufgenommen werden:

1) Die sozio-historische Methode der Chicago-School hat wie die religionsgeschichtliche Schule in Deutschland gezeigt, dass das Evangelium

---

[1]   Vgl. *Rendtorff, Trutz*: Strukturen und Aufgaben technischer Kultur, in: Ders.: Vielspältiges. Protestantische Beiträge zur ethischen Kultur, Stuttgart: Kohlhammer 1991, S. 145–158. *Dierken, Jörg*: Technik als Kultur, in: Neumeister et al., Technik, S. 21–37; *Gräb-Schmidt, Elisabeth*: Der homo faber als homo religiosus. Zur anthropologischen Dimension der Technik, in: Neumeister et. al., Technik, S. 39–55.

zu keinem gegebenen Punkt der Geschichte »überzeitlich« ist, wie Hanns Lilje meinte. Die Überlegungen der amerikanischen Theologen sind darüber hinaus richtungweisend, weil sie aus diesem Befund den Schluss gezogen haben, dass sich jede Zeit aktiv um eine angemessene Symbolisierung der religiösen Vorstellungen bemühen muss.

2) Der Realismus Reinhold Niebuhrs und Hanns Liljes zielte darauf, außergemeindliche »Wirklichkeiten« zu erschließen und zu deuten. Er hat sich darin zunächst von eingeschliffenen moralischen Wertungen entfernt, auch wenn dies mit einem eminent ethischen Interesse geschah. Jenseits des existentialistischen Grundtons in diesem Realismus bedeutet eine gegenwärtige Rezeption dieses Ansatzes, sich die unterschiedlichen Wahrnehmungen der Beteiligten vor Augen zu führen, aus denen das besteht, was man üblicherweise »Realität« nennt.

3) Die künstlerische Reflexion der technisch verursachten Wandlungsprozesse der Kultur hat zum Ausdruck gebracht, dass Technik als ebenso transzendenzfähig wahrgenommen werden kann wie ein liebliches Tal. Nicht jede Werbung, die etwas ins rechte Licht rücken möchte, ist hier relevant. Der flächendeckende Befund weist jedoch darüber hinaus. Theologie als Hermeneutik kultureller Tiefenschichten menschlicher Wirklichkeitswahrnehmung kann diese Quelle nutzen.

Aus zwei Gründen habe ich in diesem Buch den Weg über eine konkrete technische und historische Situation gewählt: 1) Wenn die Beobachtung zutrifft, dass sich die generellen und unterschwelligen Haltungen zur Technik in weiten Teilen der Theologie und Philosophie der Nachkriegszeit wesentlich den konkreten Konfliktpotenzialen der Zwischenkriegszeit verdanken, dann ist es sinnvoll, statt vermeintlich allgemeingültige Wesensbestimmungen des Technischen vorzunehmen, sich eben jenem historischen Kontext zuzuwenden, dem sich die Konstellation verdankt. 2) Darüber hinaus scheint mir im Verhältnis zur Technik in einem von Beginn an auf Allgemeinheit zielenden Vorgehen, wie es Philosophie und Systematische Theologie von ihrem Selbstverständnis her prägt, eine Falle zu liegen. Beim Allgemeinen beginnend, muss ich – den Gesetzen des Definitorischen folgend – zunächst eine Wesensbestimmung des Technischen vornehmen. Dies kann dann aber stets nur in Abgrenzung zu dem erfolgen, was Religion, Theologie und andere Geisteswissenschaften betreiben. Aus der daraus sich ergebenden Dichotomie kommt man nicht mehr heraus. Das muss zunächst gar keine Wertung beinhalten. Es hat aber immer die Konsequenz, dass »die« Technik als ein Gegenüber zu »der« wie auch immer verstandenen Geisteswissenschaft konstruiert werden muss. Daraus folgen dann Wertungen und jenes unüberwindliche Gefälle, aus dem heraus technische Entwicklungen niemals als Teil der eigenen Theoriebildung in den Blick genommen werden können.

Die Beobachtungen, die an der Repräsentation der Technik in den USA am Anfang derjenigen Lebenswelt, die uns noch heute umgibt, gemacht wurden, eröffnen einen anderen Weg. Denn sie zeigen Verbindungen zwischen der technisch bestimmten Kultur und religiösen Horizonten. Die Transzendenzverweise, die in den vorderen Kapiteln beschrieben wurden, haben dabei zwei Grundmotive erkennen lassen. Zum einen ragt die Transzendenz in das »profane«, technisch-industrielle Handeln hinein. Hierfür standen so unterschiedliche Bildmotive wie das Licht, Himmelsleitern und Schöpfungsmotive. Zum anderen bringt technisches Handeln eine potentielle Umsetzung ursprünglich nur den Göttern bzw. dem Transzendenten vorbehaltenen Fähigkeiten. Hierfür standen Bildmotive wie Geschwindigkeit, Kraft, die Eroberung von Raum und Zeit sowie die Beherrschbarkeit von Naturkräften.

Aus der Perspektive der ökologischen Krise fast zwangsläufig in die Sündenlehre führend, kann man eine solche Verfügbarmachung des bis dahin Unverfügbaren aber von der Gotteslehre aus betrachtet auch umgekehrt als Hinweis auf göttliche Eigenschaften verstehen. Wenn die Welt technisch gestaltbar ist, so muss vereinfacht gesagt auch das Absolute technisch verstehbar sein. Eine solche Aussage sieht sich selbstverständlich sofort den gleichen berechtigten Einwänden ausgesetzt, die gegenüber einer Theologie der Natur geltend gemacht werden. Die Aussage ist daher hier selbst als Bild zu verstehen. Weder Technik noch die Natur sagen ungebrochen irgendetwas über Gott aus, aber das Absolute ist weder in unserer Wahrnehmung noch in unserem Denken ohne Bilder präsent. In diesem Zusammenhang kann und muss Technik ebenso zum »Bildgebungsverfahren« beitragen können, wie die Natur oder der Mensch es schon immer getan haben.

Dabei scheint mir der Unterschied, den die Theologen der Zwischenkriegszeit namhaft gemacht haben, dass nämlich die Technik unpersönlich sei und deshalb keine Gottesbilder bereitstellen könnte, zu kurz zu greifen. Erstens repräsentieren biblische Bilder wie »Sonne und Schild« (Ps 84,12), »Fels« (Ps 28,1) und die »feste Burg« (Spr 18, 10) auch keine Objekte mit Persönlichkeit. Zweitens bezeugt die fortgesetzte – selbstredend häretische – Segnung von Feuerwehrfahrzeugen und Krankenwagen in manchen Gegenden Deutschlands, dass auch technische Geräte offenbar des eigentlich dem Menschen vorbehaltenen Segens teilhaftig werden können, sofern sie nicht isoliert betrachtet werden. Drittens besagt die Auffassung, dass Technik durchgängig anonym und unpersönlich sei, mehr über die große Distanz der Theologie zur Welt der Technik als über die Technik. Jedenfalls erleben Menschen, die täglich mit technischen Artefakten arbeiten, dies offenbar anders. Hinzu kommt, dass schon in der Antike technische Artefakte sehr wohl als Bildquelle für das Göttliche dienen konnten. »Ist mein Wort«, so Gott laut Jeremia, »nicht ... wie ein Hammer, der Felsen zerschmeißt?« (Jer 23,29), und Ignatius v. Antiochien schreibt an die Epheser: »Denn ihr seid Bausteine für das heilige Haus des Vaters. Ihr werdet in die Höhe gezogen durch den Baukran Jesu Christi, das Kreuz. Das Seil ist der heilige Geist. Der Kranführer ist euer Glaube. Der Weg, der in die Höhe führt zu Gott, ist die Liebe.«[2] Die Vorstellung, Technik sei unpersönlich, ist nicht verallgemeinerbar. Sie verdankt sich eben jener Wahrnehmung, die aus dem Eindruck der sozialen Situation der Arbeiter in der Zeit der Hochindustrialisierung einerseits und einer an romantischen Naturbildern orientierten Weltdeutung sich reibenden Ansicht moderner Fabriken andererseits erwuchs.

Wenn man überhaupt eine grundsätzliche Differenz zwischen vertrauten Gottesbildern und der Technik aufmachen will, so läge sie eher in dem Unterschied zwischen dem Gemachten und dem Nicht-Gemachten, das in einigen Fällen zugleich das Unverfügbare sein kann, es aber nicht sein muss. Man wird aber dem Göttlichen ebenso wenig gerecht wie dem Menschen, wenn man es darauf reduziert, allein für alles Nicht-Gemachte zu stehen. Die Natur und Menschen sind ja deswegen für uns Gottesbildtauglich, weil sie bis in das technische Zeitalter hinein als nicht gemacht, sondern als entstanden wahrgenommen werden. Denn die Vorstellung des Entstandenen hat die traditionelle Vorstellung des von Gott Gemachten funktional ersetzt.

Gegenwärtig am Beginn der Zeit angekommen, in der wir auch die Natur und den Menschen als technisch verfasst und begreifbar entdecken, stellt sich aber umso mehr die Frage, ob wir die Differenz zwischen dem Profanen und dem Heiligen nicht nochmals, so wie Martin Luther es tat, quer zur Tradition legen müssen. Dann aber muss auch die Technik als eine Seite auch Gottes gedeutet werden. Da wir eigentlich keinen anderen Begriff bzw. keine andere Vorstellung von gezieltem Handeln zur Verfügung haben als

---

2   Ignatius v. Antiochien, Epheserbrief 9,1 (Übersetzung: Klaus Berger/Christiane Nord).

den von der Technik abgezogenen Begriff, so wäre Technik gleichsam als eine unserem Handeln erschließbare, uns zugewandte Seite göttlichen Handelns lesbar.

Die »Bildtheologie der Technik«, wie sie im 3. Kapitel vorgestellt wurde, eröffnet weitere Perspektiven. Zwar kennt sie naheliegenderweise keine Trinitätslehre, aber die hinter zahlreichen Bildern stehende Konzeption der Technik als Handeln am eigentlich Unverfügbaren, das durch den Geist beseelt wird, ließe sich auf eine trinitarische Denkstruktur abbilden. Freilich führte dies zu anderen Bildern als der Familienmetapher. Aber diese hat, wie der Satz Reinhold Niebuhrs von der Religion als verewigte Kindheit zeigt (s. oben 4.) ohnehin problematische, wenn auch nichtintendierte Nebenfolgen. Sie reduziert das Selbstverständnis der Menschen im Verhältnis zu Gott auf das Kindsein, und zwar faktisch auf das Kleinkindsein. Das hat zur Folge, dass man sich zwar Gottes »versehen soll alles Guten und Zuflucht haben in allen Nöten« (Martin Luther), aber keine Vorstellung davon gewinnen kann, wie denn Freiheit anders zu bestimmen sei, denn als gnädige Zulassung, ebenso wie wir Kinder eben »lassen«. Im Leben, das wir führen, zielt alle vernünftige Bemühung jedoch darauf, Kinder selbständig werden zu lassen. Und genau diese Ebene wird dem Autoritätsgefälle des Bildes Gottes als des Vaters folgend oft vernachlässigt. Technik aber ist der exemplarische Ort einer Gestaltwerdung des – jedenfalls scheinbar – Eigenen, d. i. Gemachten. Denn wir schaffen nur für unsere Wahrnehmung Neues, im Blick auf die Welt wandeln wir nur um.

Mit derlei Überlegungen soll nicht behauptet werden, dass Technik als die unserem Handeln zugewandte Seite von Gottes Weltwirklichkeit frei wäre von negativen Aspekten. Selbstverständlich ist unser technisches Handeln von der Zweideutigkeit allen Handelns betroffen, das Menschen auch Leid zufügt, und das gilt sowohl für die Erfindung von Techniken als auch für ihre Anwendung. Wenn Menschen sich nicht auf eine metaphysische Kleinkindexistenz zurückziehen wollen, muss dieses Handeln verantwortet und zugerechnet werden. Das ist der Preis, den man zahlt, wenn die Reflexivität der trinitarischen Struktur einen zwingt, die Selbstanwendung der Technik eben nicht an anonyme Mächte oder das Unpersönliche zuschreiben zu können.

Die in den Bildern der Technik als Transzendenz aufscheinende Spannung zwischen dem technisch Gemachten und dem darin gleichwohl präsenten Unverfügbaren, Vorausgesetzten oder Zukünftigen, ließe sich auch auf eine vergleichbare Spannung in der Theologie beziehen: Füllte

man etwa das Bild der Zweinaturenlehre mit den beiden Polen »Machen«
und »Gewordensein«, ließe sich damit u. a. die gegenwärtige Debatte um
das Intelligent Design interpretieren. Dabei wird die These hier nicht als
Teil einer politischen Strategie behandelt, die ganz andere Ziele verfolgt. Es
geht mir vielmehr um die dahinter stehende Frage, die ich als technisierte
Fassung der alten Antithese von Schöpfung und Evolution verstehe.

Hinter der Debatte steht strukturell die Frage, ob die Natur gemacht
oder entstanden sei. Bezieht man das auf die Struktur der Zweinaturenlehre, und bezieht man ein, dass wir es im Blick auf die Welt stets mit
Wahrnehmungen und Konstruktionen zu tun haben, ergäbe sich folgendes
Bild des Streits: Anders als der Begriff es glauben macht, rekonstruieren
nicht die Vertreter des Intelligent Design, sondern die etablierten Naturwissenschaften die Welt zunehmend als technisch verfasst. Was in mit-
telalterlichen Bildern von Gott als dem Weltbaumeister assoziativ ins Bild
gesetzt wurde, wird nun – freilich ohne Subjekt – wissenschaftlich rekon-
struiert. Die Welt als solche ist also eine technische – ohne Subjekt. Die
Vertreter des Intelligent Design sehen dagegen die Welt als gewordene –
mit Subjekt. Wir haben es also eigentlich mit zwei nach bisherigen Vorstellungen unmöglichen Konstruktionen zu tun. Daher sind sie als Aussagen
über die »Realität« nicht kompatibel. Als Dualität der Erscheinung der Welt
für uns als technisch Handelnde, die gerade deshalb angewiesen sind auf
das Bild und die Präsenz eines Anderen, des Gewordenseins in der Welt,
sind jedoch beide Perspektiven vermutlich notwendig. Dass sich in ihnen
bei Licht betrachtet die Konzepte von der Technik als subjektgesteuertem
Geschehen und der Natur als subjektlos Gewordenem chiastisch schneiden,
deutet darauf hin, dass eben diese beiden Naturen unseres Weltbildes so
untrennbar sind wie in der zweiten Person. Dass sie freilich auch in unseren
Konzepten unvermischt und unverwandelt, ungetrennt, und ungesondert
sein sollten, wäre vielleicht eine gelegentlich in Erinnerung zu rufende
Weisheit der Spätantike.

Man kann weitere Elemente der Repräsentation der Technik auf theologische Vorstellungen abbilden. So wäre die in den Bildern sichtbare Spannung zwischen dem technisch Verfügbaren und dem noch Unabgegoltenen als Spannung sowohl innerhalb der Technik als auch innerhalb des
religiösen Lebens des Christentums zu reflektieren. Schöpfung als technischer Vorgang wie als creatio mundi wäre als in sich spannungsvoller
Prozess von partieller Verwirklichung des Denkbaren zu deuten. Das eröffnete neue Denkräume gegenüber einer Wahrnehmung, die technischen

Errungenschaften stets nur den Vorwurf des ungedeckten Heilsversprechens macht, weil die Technik ja gar nicht das eigentliche Heil erreichen könne.

Konkretisieren lässt sich das am Beispiel der Netzkommunikation. Ungeachtet mancher Missbräuche ökonomischer und persönlicher Natur bieten soziale Netzwerke und andere Kommunikationsformen im Internet die Möglichkeit, auch dann mit anderen Menschen zu kommunizieren, wenn dies in realer physischer Präsenz nicht möglich ist. Das Netz erweitert in diesem Sinne unsere Kommunikationsmöglichkeiten. Es bietet dabei insbesondere die Möglichkeit, Kommunikation jenseits unserer üblichen sozialen, geschlechtlichen oder religiösen Bindungen (und das heißt immer auch Begrenzungen) aufzunehmen. Genau das aber ist zugleich das Ziel der Kommunikation im Abendmahl: eine Mahlgemeinschaft, die jenseits sozialer Grenzen alle Menschen mit Christus verbindet. Dabei ist der Streit, der um die Realität bzw. Virtualität der Präsenz des Anderen im Netz geführt wird, insofern die »Jugend von heute« ja nur noch virtuell kommuniziere, der Sache nach so alt wie die Abendmahlsstreitigkeiten. Denn ob und wie Christus im Mahl präsent sei, und welcher Realitätsvorstellung es bedarf, um Heil zu verbürgen, ist die alte Fassung heutiger Überlegungen zum Cyberspace.

Die dargestellten Überlegungen sollen aus Gott weder einen Gott der Technik, noch einen technischen Gott machen. Wohl aber geht es um ein Gottesbild, in das die Technik als metaphysische Möglichkeit der Welt integrierbar sein müsste, um gegenwärtiges Leben überhaupt noch als religiös deutbar zu verstehen. Eine bloße Entgegensetzung von Technik und Religion wird jedenfalls weder den beobachteten Phänomenen gerecht, noch ist sie hilfreich, sich in der Gegenwart zu orientieren. Die Differenz zwischen antiken Gottesbildern und der gegenwärtigen Lebenswelt scheint mir nach dem Gesagten eher darin zu bestehen, dass Kirche und Theologie jene Form gegenwartsbezogener Bildproduktivität, die früheren Epochen offenbar eigen war, abhanden gekommen ist. Erfreuen wir uns einerseits hochkulturell an Renaissancegemälden, die das biblische Geschehen ungeschützt und unverfroren in das 14. und 15. Jahrhundert versetzen, neigen wir andererseits dazu, gegenwärtige Versuche der Aktualisierung entweder für kitschig (etwa bei neuen Liedern) oder für einen Skandal zu halten (etwa bei Werbungen). Ganz in diesem Sinne hielten viele Diego Riveras Fresken der Automobilproduktion für einen Affront des religiösen Geschmacks, obwohl sie in Formsprache, Bildaufbau und der Einblendung der Gegenwart eng an die Kunst der Renaissance angelehnt sind (Man vergleiche etwa Benozzo Gozzolis Fresken in der Cappella di Magi, Palazzo Medici Riccardi, Florenz). Mit anderen Worten: Dass die technische Welt im religiösen Haushalt der Gegenwart nicht vorkommt, und wir uns bis in die religiöse Praxis hinein von dieser Welt möglichst weit entfernen müssen, um den Eindruck der Gegenwart des Göttlichen zu gewinnen, liegt vielleicht nicht an der Technik, sondern an unserem Konzept davon, was Religion genannt zu werden verdient. Man kann das nicht gezielt ändern und muss es vielleicht auch gar nicht. Es geht nicht darum, irgendeine Technik mit einem Heiligenschein zu versehen. Aber es geht darum, nicht unter der Hand nur noch in den wenigen technikfreien Refugien der Welt und des Lebens etwas Heiliges finden zu können. Die Annahme, dass Technik und Religion Gegensätze seien, hat weite Teile der Alltagswelt für die Wahrnehmung des Religiösen so verschlossen, wie die Türen evangelischer Kirchen an Wochentagen. Aufzuschließen hätte seinen Reiz.

Literatur

Zeitschriften

The Christian Century 1920–1940
The Christian Century Pulpit 1929–1940
Die Christliche Welt 1920–1939
Civil Engineering 1930–1940
Die Gartenlaube 1920–1937
The Expositor and Homiletic Review 1935–1940
Fortune 1930–1940
The Homiletic Review 1920–1934
The King's Business 1919–1940
Popular Mechanics 1920–1940
Survey 1920–1940
Technik für Alle 1920–1939
Westermanns Monatshefte 1920–1939
Wissen und Fortschritt 1927–1933
The World's Work 1920–1940

Quellen

Nicht alle kleineren Zeitschriftenartikel, die in den Anmerkungen genannt werden, sind in diesem Verzeichnis nochmals aufgeführt.

Abbott, Berenice: Changing New York (1939), herausgegeben von Bonnie Yochelson, New York: The Museum of the City of New York 1997.

A. Borsig's Eisengießerei und Maschinenbauanstalt in Berlin, in: Illustrierte Zeitung (Leipzig) Nr. 242 (19. 2. 1848), S. 116–117: Nr. 244 (4. 3. 1848), S. 148–150.

Aldis, Dorothy: The Magic City. John and Jane at the World's Fair, New York: Minton, Balch & Co. 1933.

Althaus, Paul: Christentum und Kultur, in: Allgemeine Evangelisch-Lutherische Kirchenzeitung 61 (1928), Sp. 952–957, 977–983.

Baker, J. B.: Toll Gates on the Road To Heaven, in: Krumbine, Miles H. (Hg.): American Lutheran Preaching. Twenty Five Sermons by Ministers of the United Lutheran Church, New York/London: Harper & Brothers 1928, S. 57–65.

Banning, Charles F.: The World of Tomorrow, in: Expositor and Homiletic Review 49 (1939), Nr. 7, S. 331–332.

Barton, Bruce: The Man Nobody Knows. A Discovery of the Real Jesus, Indianapolis: Bobbs-Merrill 1925.

Bauman, Louis S.: Present-Day Fulfillment of Prophecy. Mass Man, in: The King's Business 23 (Januar 1932), S. 5–6.22.

Beard, Charles A.: Introduction, in: Bury, J. B.: The Idea of Progress. An Inquiry into its Origin and Growth, New York: Dover 1932 (1960), S. ix–xl.

—: The Idea of Progress, in: Ders. (Hg.): A Century of Progress, New York/London: Harper & Brothers 1933, S. 3–19.

— (Hg.): Whither Mankind. A Panorama of Modern Civilization, New York/London/Toronto: Longmans, Green and Co. 1928.

—/*Beard, William*: The American Leviathan. The Republic in the Machine Age, New York: Macmillan 1931.

Bonhoeffer, Dietrich: Ethik. Zusammengestellt und herausgegeben von Eberhard Bethge (1949), 10. Aufl., München: Kaiser 1984.

—: Predigt zu Lukas 17, 33 (21.10.1928), in: Bonhoeffer, Dietrich: Werke, Bd. 10: Barcelona, Berlin, Amerika 1928–1931, München: Kaiser 1992, S. 517–521.

—: Schöpfung und Fall. Theologische Auslegung von Genesis 1–3, München: Kaiser 1933.

Braskamp, Christina J.: Power, in: The King's Business 27 (Dezember 1936), S. 461.498.

Brunner, Emil: Das Gebot und die Ordnungen. Entwurf einer protestantisch-theologischen Ethik (1932), 4. Aufl., Zürich: Zwingli-Verlag 1939.

Bry, Carl Christian: Verkappte Religionen, Gotha/Stuttgart: Friedrich Andreas Perthes 1924, S. 139–144.

Bultmann, Rudolf: Neues Testament und Mythologie. Das Problem der Entmythologisierung der neutestamentlichen Verkündigung. Nachdruck der 1941 erschienenen Fassung herausgegeben von Eberhard Jüngel, München: Chr. Kaiser 1988, S. 16.

—: Welchen Sinn hat es, von Gott zu reden? In: Ders.: Glauben und Verstehen, Bd. 1, Tübingen: J.C.B. Mohr 1933, 9. Aufl. 1993, S. 26–37.

Burlingame, Roger: March of the Iron Man. A Social History of Union Through Invention, New York: Grosset & Dunlap 1938.

Bury, J. B.: The Idea of Progress. An Inquiry into its Origin and Growth (Introduction by Charles E. Beard), New York: Dover 1932 (1960).

Calhoun, Robert Lowrie: God As More Than Mind, in: Christendom 1 (1936), S. 333–349.

Chaffee, Edmud B.: The Protestant Churches and Industrial Crisis, New York: Macmillan 1933.

Chase, Stuart: Men and Machines, New York: Macmillan 1929. (Dt.: Moloch Maschine. Die Kultur- und Wirtschaftskrise der Welt, übersetzt und bearb. Von Ed. A. Pfeiffer, Stuttgart: Dieck & Co. [1930].) – (Sonderdruck = Kap. 1–4: Ders.: Mensch und Maschine, (Technische Bücher für alle), 4. Aufl., Stuttgart: Dieck & Co, [ca. 1930]).

Church Efficiency, in: The Biblical World 54 (März 1920), Nr. 2, S. 198–200.

Crane, Hart: The Bridge. [Commentaries by Waldo Frank and Thomas A. Vogler], New York/London: Liveright 1992.

Dessauer, Friedrich: Philosophie der Technik, Bonn: Cohen 1927.

Dewey, John/Tufts, James H.: Ethics (1908), revised edition, New York: Henry Holt and Co. 1932.

Dewey, John: Philosophy, in: Beard, Charles A. (Hg.): Whither Mankind. A Panorama of Modern Civilization, New York/London/Toronto: Longmans, Green and Co. 1928, S. 313–331.

Ferriss, Hugh: The Power of Buildings, 1920–1950. A Master Draftsman's Record, Mineola/New York: Dover 2008. [Ursprünglich veröffentlicht unter: Power in Buildings. An Artist's View of Contemporary Architecture, New York: Columbia University Press 1953.]

Filene, Edward A.: Persönliche Erfolge im Maschinenzeitalter, unter Mitarbeit von Charles W. Wood, (Engl. Successful Living in This Machine Age, New York: Simon & Schuster 1931), Berlin: Rowohlt 1933.

Fitch, John A.: The Steel Workers (1910), [Nachdruck] with a new introduction by Roy Lubove, Pittsburgh, Pa: University of Pittsburgh Press 1989.

Ford, Henry: Machinery, The New Messiah, in: The Forum 7 (März 1928), S. 259–364.

—: Mein Leben und Werk, unter Mitarbeit von Samuel Crowther, 14. Aufl., Leipzig: Paul List o. J. [1923].

—: Und trotzdem Vorwärts, unter Mitwirkung von Samuel Crowther, Leipzig: Paul List 1930.

Fosdick, Harry Emerson: Modern Civilization's Crucial Problem, in: Ders.: The Hope of the World. Twenty-Five Sermons on Christianity Today, New York/London: Harper & Brothers 1933, S. 39–48.

Frank, Waldo: Ford and the Machine, in: The New Republic, 18.5.1932, S. 23–24.

Frederick, J. George (Hg.): For and Against Technocracy. A Symposium, New York: Business Course 1933.

Fürst, Arthur: Das Reich der Kraft (Leuchtende Stunden), Berlin: Vita Deutsches Verlagshaus 1912.

Garrett, Garet: Ouroboros, or the Mechanical Extension of Mankind, London: Kegan Paul [et al.]/New York: E. P. Dutton 1926.

Geddes, Norman Bel: Horizons, Boston: Little, Brown and Co. 1932.

—: Magic Motorways, New York: Random House 1940.

General Motors: Highways and Horizons. New York World's Fair, o. J. [1939].

Gerhardt, Paul: Die AEG, in: Westermanns Monatshefte 74 (Januar 1930), Bd. 147, Heft 881, S. 493–500.

Goodrich, Lloyd: The Murals of the New School, in: The Arts 17 (1931), S. 398–403. 442.444.

Günther, Hanns: Der Weg des Eisens vom Erz zum Stahl. Ein technisches Bilderbuch, Stuttgart: Dieck & Co (Franckhs Technischer Verlag) 1925.

Hartt, Rollin Lynde: Art, The Other Thing, and the Skyscraper Churches, in: The Homiletic Review 96 (1928), S. 89–94.

Hearing before the Committee on Foreign Affairs House of Representatives. 75th Congress. Forth session on H. R. Res. 234 and H. R. Res. 304, March 23, 1937.

Hennig, John: Blessing of a Telegraph, in: Orate Fratres 16 (1. 11. 1942), Nr. 12, S. 542–548.

—: The Blessing of Airplanes, in: Orate Fratres 16 (14. 6. 1942), Nr. 8, S. 348–356.

Horton, T. C.: A New Method of Evangelism, in: The King's Business 10 (Juni 1919), S. 520–521.

—: Making the Sunday School an Infidel Factory, in: The King's Business 11 (Januar 1920).

—: Missionary Methods, in: The King's Business 14 (März 1923), S. 227–228.

Hough, Lynn Harold: The Signs of the Time, in: Ders.: The University of Experience, with an Introduction by Reinhold Niebuhr, New York/London: Harper & Brothers 1932, S. 15–24.

Huston, Charles L.: When the Fire Fell, in: The King's Business 21 (Oktober 1930), S. 457. 461.

I'll Take My Stand. The South and the Agrarian Tradition, by twelve Southerners (1930), Einführung von Louis D. Rubin, Baton Rouge/London: Louisiana State University Press 1977.

Interchurch World Movement (Commission of Inquiry)(Hg.): Report on the Steel Strike of 1919, New York, Brace and Howe 1920.

Jean, Elsie: Fun at the Fair. A Trip to the New York World's Fair of 1940 with Bobby and Betty, New York: Dodge Publishing Co. 1940.

Johnson, F. Ernest/Holt, Arthur E.: Christian Ideals in Industry, (Life and Service Series), New York/Cincinnati: Methodist Book Concern 1924.

Kollmann, Franz: Schönheit der Technik, München: Langen 1928.

Leonard, Jonathan Norton: Tools of Tomorrow, New York: Viking Press 1935.

Lilje, Hanns: Das technische Zeitalter. Grundlinien einer christlichen Deutung, 3. erweiterte Aufl., Berlin: Furche 1932. (1. und 2. Aufl. 1928 bzw. 1929 mit dem Untertitel: Versuch einer biblischen Deutung).

Loeb, Harold: Life in Technocracy. What It Might Be Like (1933), mit einer neuen Einführung von Howard Segal, New York: Syracuse University Press 1996.

Lyman, Eugene William: The Experience of God in Modern Life, New York: Charles Scribner's Sons (1918) 1920.

—: Jesus and the Working World, in: The World Tomorrow 5 (Februar 1922), Nr. 2; S. 35–36.

Lynd, Robert S./Helen Merrell: Middletown. A Study in Modern American Culture (1929), San Diego/New York/London: Harcourt, Brace, Jovanovich 1957.

Machine-Age Exposition. Ausstellungskatalog, New York 1927.

Machinery as a Gospel Worker, in: The Christian Examiner 87 (New Series Vol. 8) (Juli–November 1869), S. 319–335.

Masereel, Frans: Das Werk. 60 Holzschnitte, München: Kurt Wolff 1928.

Mathews, Shailer: Creative Christianity. The Cole Lectures for 1934, Nashville: Cokesbury Press 1935.

—: Doctrines as Social Patterns, in: The Journal of Religion 10 (1930), S.1–15.

—: Scientific Management in the Churches, Chicago: University of Chicago Press 1912.

—: Social Patterns and the Idea of God, in: The Journal of Religion 11 (1931), S.159–178.

—: The Evolution of Religion, in: American Journal of Theology 15 (1911), S.57–82.

—: The Faith of Modernism, New York: Macmillan 1924.

—: Theology and the Social Mind, in: The Biblical World 46 (1915), S.201–248.

—: The Religious Basis of Ethics (Rez.: Lippmann, Walter: A Preface to Morals), in: The Journal of Religion 10 (1930), S.222–231.

The Menace of the Machine, in: The King's Business 12 (August 1921), S.750f.

Mr. Ford Seeks the Spiritual In Mechanical Efficiency, in: The Christian Century 42 (13. August 1925), S.1017.

Mumford, Lewis: Mythos der Maschine. Kultur, Technik, Macht, Wien: Europa-Verlag 1974 (Engl. The Myth of the Machine, New York: Harcourt, Brace & Co. I: 1966, II: 1964).

—: Technics and Civilization (1934), Chicago/London: University of Chicago Press 2010.

Murals of American Painters and Photographers, Ausstellungskatalog, New York: The Museum of Modern Art 1932.

Niebuhr, Reinhold: The Church and the Industrial Crisis, in: The Biblical World 54 (1920), S.588–592.

—: Does Civilization Need Religion? A Study in the Social Resources and Limitations of Religion in Modern Life, New York: Macmillan 1928.

—: Impotent Liberalism, in: The Christian Century 43 (11. Februar 1926), S.167–168.

—: An Interpretation of Christian Ethics (1935), Neuausgabe, San Francisco; Harper and Row 1963.

—: Jesus as Efficiency Expert, in: The Christian Century 42 (2. Juli 1925), S.851–852.

—: Leaves from the Notebook of a Tamed Cynic (1929), New York: Richard R. Smith 1930.

—: Mechanical Man In a Mechanical Age, in: The World Tomorrow, 13 (Dezember 1930), S.492–495.

—: Moral Man and Immoral Society. A Study in Ethics and Politics (1932), New York: Charles Scribner's Sons 1960.

—: The Nature and Destiny of Man. A Christian Interpretation, Bd.1, Human Nature (1941), New York: Charles Scribner's Sons 1964.

—: Our Machine Made Culture. (Rezension Mumford, Lewis: Technics and Civilization, New York: Harcourt, Brace and Co. 1934), in: Christendom 1 (1935), S.186–190.

Official Guide Book of the Fair 1933, Chicago 1933.

Official Guide Book of the New York World's Fair 1939, 2nd Ed., New York: Exposition Publ. 1939.

Official Guide Book of the World's Fair of 1934, Chicago: Cuneo Press 1934.

The Official Pictures of A Century of Progress Exposition Chicago 1933 (Photographs by Kaufmann & Fabry Co. – with an introduction by James Weber Linn), Chicago: Reuben H. Donelly Corporation [1933].

Official Souvenir Book New York World's Fair 1939, ed. by Frank Monaghan, New York: Exposition Publications [1939].

The Old Railroad Man's Prayer, in: The Homiletic Review 101 (1931), S.164.

O'Leahy, Oley: Trylongs and Perisites. The World's Unfair Guests. Tells You How To Defend Yourself, New York: Greystone Press 1939.

Olsen, Erling C.: God's World of Tomorrow, in: Bibliotheca Sacra 97 (1940), S.103–109.

The Radiophone and Preaching, in: The Christian Century 40 (22. März 1923), S.355.

Reisiger, Hans: Einleitung, in: Masereel, Frans (Hg.): Das Werk. 60 Holzschnitte, München: Kurt Wolff 1928, S.3–26.

Rothe, Richard: Theologische Ethik, 5. Bd., 2. Aufl., Wittenberg: Hermann Koelling 1871.

Ross, Malcolm: Machine Age in the Hills, New York: Macmillan 1933.

Sandburg, Carl: Complete Poems, New York: Harcourt, Brace & World 1950.

Schmidt, R. W.: Die Technik in der Kunst, Stuttgart: Franckhs Technischer Verlag 1922. (engl. Art and Industry. 96 Masterpieces of Art Illustrating the Technical Achievements of the Ages, New York: Albert and Charles Boni 1923).

Schmitz, Georg: Arbeit ist Leben. Ein Gang durch die Werke der Siemens & Halske A.G. mit dem Radierer Franz Graf, in: Westermanns Monatshefte 68 (Aug. 1924) Bd. 136, Heft 816, S. 593–597.

Schöttler, Hans: Die Predigt des Industriepfarrers, in: Staemmler, Wolfgang (Hg.): Kirche und Industrie. Vorträge bei der ersten Tagung von Pfarrern aus Industriegemeinden in Mitteldeutschland, Sangerhausen: Verlag der Unruhe 1927, S. 82–89.

Scotford, John R.: The Church and the Automobile, in: The Christian Century 51 (4. April 1934), S. 453–455.

Scott, Howard: Introduction to Technocracy, New York: John Day Co. 1933.

Smith, Fred: Wheels and Wings, in: The Homiletic Review 104 (1932), S. 239–240.

Smith, Gerald Birney: Systematic Theology and Ministerial Efficiency, in: American Journal of Theology 16 (Oktober 1912), Nr. 4, S. 589–613.

—: Theology and the History of Religions, in: The Biblical World 39 (1912), S. 173–183.

—: The Principles of Christian Living. A Handbook of Christian Ethics, Chicago: University of Chicago Press 1924.

Smythe, William E.: The Conquest of Arid America (1899), überarb. Ausgabe, New York: Young People's Missionary Movement of the United States 1905.

Soul Winning By Radio, in: The King's Business 14 (Juni 1923), S. 562.

Spengler, Oswald: Der Mensch und die Technik. Beiträge zu einer Philosophie des Lebens, München: C.H. Beck 1931.

The Spiritual Converter, in: The Homiletic Review 105 (1933), S. 243.

Steinman, David B./Watson, Sara Ruth: Bridges and their Builders, New York: G. P. Putnam's Sons 1941.

Stella, Joseph: The Brooklyn Bridge. (A Page in my Life), in: Transition Nr. 16–17 (Juni 1929), S. 86–89.

Stidger, William L.: Angling for Automobilists, in: The Homiletic Review 93 (1927), S. 189–191.

Stop this Massacre! In: The Christian Century 53 (23. Oktober 1935), S. 1336.

Swan, Alfred W.: Redemption in a Mechanical Age, in: The Christian Century Pulpit 4 (November 1933) Nr. 11, S. 12.

Tallmadge, Thomas E.: John W. Norton. American Painter (1876–1934), privately printed for friends of the Artist, Chicago: Lakeside Press 1935.

Teague, Walter Dorwin: Design This Day. The Technique of Order in the Machine Age, New York: Harcourt, Brace and Co. 1940.

Technocracy Inc.: Technocracy Study Course, New York: Technocracy Inc. 1934, 5. Aufl. 1940.

Tillich, Paul: Grundlinien des religiösen Sozialismus (1923), in: Ders.: Gesammelte Werke, Bd. II, Stuttgart: Evangelisches Verlagswerk 1962, S. 91–119.

— Logos und Mythos der Technik (1927), in: Ders.: Die religiöse Substanz der Kultur (GW IX), Stuttgart: Evangelisches Verlagswerk 1967, S. 297–306.

Torrey R.[euben] A: The Church's Greatest Hour of Opportunity, in: The King's Business 10 (Juni 1919), S. 499.

Vaughan, Richard Miner: The Plight of Mechanism, in: Krumbine, Miles H.: (Hg.): The Process of Religion. Essays in Honor of Dean Shailer Mathews. New York: Macmillan 1933, S. 207–255.

Ward, Harry F.: Ethical Aspects of Industrialism. A series of lectures delivered at the National University (Peking), Peking, China 1925.

Weber, Max: Die protestantische Ethik und der Geist des Kapitalismus (1904 / 05), in: Ders.: Gesammelte Aufsätze zur Religionssoziologie, Bd. 1, Tübingen: J.C.B. Mohr 1920, 19868.

Weltausstellung 1933. Deutsche Beschreibung der Weltausstellung 1933 und kurzer Führer durch Chicago, Gutenberg Publishing Co. o. J. [1933].

White, Joseph/Bernewitz, M. W. von: The Bridges of Pittsburgh, Pittsburgh: Cramer Printing & Publ. Co. 1928.

Wieman, Henry Nelson: Man's Work and God's Work, in: The Christian Century 53 (8.4.1936), S. 531–533.

—: God Is More Than We Can Think, in: Christendom 1 (1936). S. 428–242.

Wittig, Joseph: Gotteslob der Maschine, in: Die Christliche Welt, 53 (1939), Nr. 17, S. 693–695.

Your World of Tomorrow, (Text: Gilbert Seldes), New York: Rogers-Kellogg-Stillson 1939.

Sekundärliteratur

Adams, Henry: Thomas Hart Benton. An American Original, New York: Alfred A. Knopf 1989.

Akin, William E.: Technocracy and the American Dream. The Technocrat Movement, 1900–1941, Berkeley/Los Angeles/London: University of California Press 1977.

Albrecht, Donald (Hg.): Norman Bel Geddes Designs America, (Harry Ransom Center, The University of Texas at Austin/Museum of the City of New York), New York: Abrams 2012.

Applebaum, Stanley: The New York World's Fair 1939 / 1940 in 155 photographs by Richard Wurts and Others, New York: Dover Publications 1977.

Asendorf, Christoph: Super Constellation. Flugzeug und Raumrevolution, Wien/New York: Springer 1997.

Baigell, Matthew: The American Scene: American Painting in the 1930s, New York/ Washington D.C.: Praeger 1974.

Becker, Heather: Art for the People. The Rediscovery and Preservation of Progressive and WPA-Era Murals in the Chicago Public Schools, 1904–1943, San Francisco: Chronicle Books 2002.

Beckmann, Jens: Wohin steuert die Kirche? Die evangelischen Landeskirchen zwischen Ekklesiologie und Ökonomie, Stuttgart: Kohlhammer 2007.

Beneke, Sabine/Ottomeyer, Hans: Die zweite Schöpfung. Bilder der industriellen Welt vom 18. Jahrhundert bis in die Gegenwart, Ausstellungskatalog, Berlin: Deutsches Historisches Museum 2002.

Bergmann, Sigurd: The beauty of speed or the cross of mobility? Introductory Reflections on the Aest/Ethics of Space, Justice and Motion, in: Ders./Hoff, Thomas/Sager, Tore (Hg.): Spaces of Mobility. Essays on the Planning, Ethics, Engineering and Religion of Human Motion, London/Oakville: Equinox 2008, S. 1–30.

Berns, Jörg Jochen: Die Herkunft des Automobils aus Himmelstrionfo und Höllenmaschine, Berlin: Wagenbach 1996.

Bertsch, Christoph: Der gekreuzigte Arbeiter. Anmerkungen zu einem vernachlässigten Bildtypus der Zwischenkriegszeit, in: Türk, Klaus (Hg.): Arbeit und Industrie in der bildenden Kunst. Beiträge eines interdisziplinären Symposiums, Stuttgart: Franz Steiner 1997, S. 40–49.

Biggs, Lindy: The Rational Factory. Architecture, Technology, and Work in America's Age of Mass Production, Baltimore/London: Johns Hopkins University Press 1996.

Billington, David P./Jackson, Donald C./Melosi, Martin V.: The History of Large Federal Dams: Planning, Design, and Construction, Denver: U.S. Department of the Interior 2005.

Billington, David P./Mark, Robert: The Cathedral and the Bridge. Structure and Symbol, in: Technology and Culture 25 (Januar 1984), Nr. 1, S. 37–52.

Blaszczyk, Regina Lee: The Colors of Modernism. Georgia O'Keeffe, Cheney Brothers, and the Relationship Between Art and Industry in the 1920s, in: Johnston, Patricia (Hg.):

Seeing High & Low. Representing Social Conflict in American Visual Culture, Berkeley/Los Angeles/London: University of California Press 2006, S. 228–246.

Borgmann, Albert: Power Failure. Christianity in the Culture of Technology, Grand Rapids, Mich.: Brazos Press 2003.

Born, Wolfgang: American Landscape Painting. An Interpretation (1948), Nachdruck Westport, Conn.: Greenwood Press 1970.

Braun, Emily/Branchick, Thomas: Thomas Hart Benton. The America Today Murals, New York: The Equitable 1985.

Bredekamp, Horst: Antikensehnsucht und Maschinenglauben. Die Geschichte der Kunstkammer und die Zukunft der Kunstgeschichte (1993), überarb. Neuausgabe, Berlin: Klaus Wagenbach 2000.

Brock, Brian: Christian Ethics in a Technological Age, Grand Rapids, Mich./Cambridge, England: William B. Eerdmans Publ. Co. 2010.

Brock, Charles: Charles Sheeler. Across Media (Ausstellungskatalog National Gallery of Art 2006), Berkeley/Los Angeles/London: University of California Press 2006.

—: Joseph Stella, in: Roberston, Bruce (Hg.): Twentieth-Century American Art. The Ebsworth Collection, Washington D.C.: National Gallery of Art/New York: Harry N. Abrams 1999, S. 240–244.

Brockmöller, Klemens: Industriekultur und Religion, Frankfurt a. Main: Knecht 1964.

Brosterman, Norman: Drawing the Future. Design Drawings for the 1939 New York World's Fair, New York: Museum of the City of New York 1996, S. 9–15.

Brown, Milton W.: American Painting from the Armory Show tot h Depression, Princeton: Princeton University Press 1955.

Bryan, Ford S.: Rouge. Pictured in its Prime, Dearborn, Michigan: Ford Books o.J. [ca. 2003].

Buddensieg, Tilmann/Rogge, Henning (Hg.): Die nützlichen Künste. Gestaltende Technik und Bildende Kunst seit der Industriellen Revolution, Berlin: Quadriga 1981.

Buderer, Hans-Jürgen: Neue Sachlichkeit. Bilder auf der Suche nach der Wirklichkeit. Figurative Malerei der zwanziger Jahre, München: Prestel 1994.

Busch, Werner: Joseph Wright of Derby. Das Experiment mit der Luftpumpe. Eine Heilige Allianz zwischen Wissenschaft und Religion, Frankfurt a. Main: Fischer Taschenbuch 1986.

Callahan, Richard J./Lofton, Kathryn/Seales, Chad E.: Allegories of Progress: Industrial Religion in the Unites States, in: Journal of the American Academy of Religion 78 (März 2010), S. 1–39.

Carter, Paul A.: The Idea of Progress in Most Recent American Protestant Thought, 1930–1960, in: Church History 32 (1963), S. 75–89.

Casey, Robert: The Model T. A Centennial History, Baltimore/London: Johns Hopkins University Press 2008.

Charbonnier, Ralph: Technik und Theologie. Ein theologischer Beitrag zum interdisziplinären Technikdiskurs unter besonderer Berücksichtigung der Theologie F.D.E. Schleiermachers, Marburg: Elwert 2003.

Corn, Joseph J.: The Winged Gospel. America's Romance with Aviation (1983), Baltimore/London: Johns Hopkins University Press 2001.

—/Horrigan, Brian: Yesterday's Tomorrows. Past Visions of the American Future, New York: Summit Books/Washington D.C.: Smithsonian Institution 1984.

Corn, Wanda M.: The Great American Thing. Modern Art and National Identity, 1915–1935, Berkeley / Los Angeles / London: University of California Press 1999.

Cornell, Daniell: Visual Culture as History. American Accents. Masterworks from the Fine Arts Museum of San Francisco, San Francisco: Fine Arts Museum 2002.

Corwin, Sharon/May, Jessica/Weissman, Terri: American Modern. Documentary Photography By Abbott, Evans, and Bourke-White, Berkeley/Los Angeles: University of California Press 2010.

Cowan, Ruth Schwartz: A Social History of American Technology, New York/Oxford: Oxford University Press 1997.

Cummings, Frederick J./Jacob, Mary Jane/ Downs, Linda: The Rouge. The Image of Industry in the Art of Charles Sheeler and Diego Rivera, Detroit: Detroit Institute of Arts 1978.

Cusker, Joseph P.: The World of Tomorrow. Science, Culture, and Community at the New York World's Fair, in: Dawn of a New Day: The New York World's Fair, 1939/40, herausgegeben von Helen A. Harrison u. a., Flushing, NY: Queens Museum 1980, S. 3–15.

Davis, Edward B.: Fundamentalist Cartoons, Modernist Pamphlets, and the Image of Science in the Scopes Era, in: Cohen, Charles L./Boyer, Paul S. (Hg.): Religion and the Culture of Print in Modern America, Madison, Wis.: University of Wisconsin Press 2008, S. 175–198.

Dawn of a New Day: The New York World's Fair, 1939 / 40, hg. Von Helen A. Harrison u.a., Flushing, NY: Queens Museum 1980.

Debschitz, Uta von/Debschitz, Thilo von: Fritz Kahn. Man Machine, Wien/New York: Springer 2009.

Delloff, Linda-Marie/Marty, Martin E./ Peerman, Dean/Wall, James M.: A Century of the Century, Grand Rapids: William B. Eerdmans 1984.

DeLue, Rachael Ziady: George Inness and the Science of Landscape, Chicago: University of Chicago Press 2008.

Dennis, Michael: The Memorial Day Massacre and the Movement for Industrial Democracy, New York: Palgrave Macmillan 2010.

Dickerman, Leah: Leftist Circuits, in: Dies./ Indych-López, Anna (Hg.): Diego Rivera. Murals for the Museum of Modern Art, New York, The Museum of Modern Art 2011, S. 10–47.

Dickstein, Morris: Dancing in the Dark. A Cultural History of the Great Depression, New York/London: W.W. Norton & Co. 2009.

Dierken, Jörg: Technik als Kultur, in: Neumeister, Katharina/Renger-Berka, Peggy/Schwarke, Christian (Hg.): Technik und Transzendenz. Zum Verhältnis von Technik, Religion und Gesellschaft, Stuttgart: Kohlhammer 2012, S. 21–37.

Doss, Erika: Benton, Pollock, and the Politics of Modernism: From Regionalism to Abstract Expressionism, Chicago: University of Chicago Press 1991.

—: New Deal Politics and Regionalist Art: Thomas Hart Benton's A Social History of the State of Indiana, in: Prospects 17 (1992), S. 353–378.

Douzema, Marianne: American Realism and the Industrial Age, Cleveland: The Cleveland Museum of Art 1980.

Downs, Linda Bank: Diego Rivera. The Detroit Industry Murals, Detroit: Detroit Institute of Arts / New York/London: W.W. Norton & Co. 1999.

—: Physics and Metaphysics in Diego Rivera's Detroit Industry Murals, in: Krieger, Peter (Hg.): Arte y Ciencia. XXIV Coloquio Internationale de Historia del Arte, México: Universidad Nacional Autónoma de México 2002, S. 357–376.

Drawing the Future. Design Drawings for the 1939 New York World's Fair, New York: Museum of the City of New York 1996.

Earle, Susan (Hg.): Aaron Douglas. African American Modernist, New Haven/London: Yale University Press 2007.

Fahlman, Betsy: John Ferguson Weir. The Labor of Art, Newark: University of Delaware Press/London: Associated University Presses 1997.

Fehlemann, Sabine: Carl Grossbergs Industriedarstellungen in Zeichnungen und Aquarellen, in: Dies. (Hg.): Carl Grossberg. Retrospektive zum 100. Geburtstag (Ausstellungskatalog Von der Heydt-Museum 1994), Köln: DuMont 1994, S. 113–139.

Finkelstein, Haim: Skyscraper Vision in Early Science-Fiction Art, in: Koehler, Karen (Hg.): The Built Surface. Vol. 2. Architecture and the Pictorial Arts from Romanticism to the Twenty-First Century, Aldershot, England/ Burlington, VT: 2002, S. 228–255.

Firmenich, Andrea (Hg.): Franz Radziwill. »Das größte Wunder ist die Wirklichkeit« (Ausstellungskatalog Kunsthalle Emden 1995), Köln: Wienand 1995.

Flint, Janet: The Prints of Louis Lozowick. A Catalogue Raisonné, New York: Hudson Hills Press 1982.

Foster, Kathleen A./Brewer, Nanette/Contompasis, Margaret: Thomas Hart Benton and the Indiana Murals, Bloomington: Indiana University Press 2000.

Fraser, Max: Hands off the Machine. Worker's Hands and Revolutionary Symbolism in the Visual Culture of the 1930s America, in: American Art 27 (2013), Nr. 2, S. 94–117.

Ganz, Cheryl R.: Science Advancing Mankind, in: Technology and Culture 41 (2000), S. 783–787.

—: The 1933 Chicago World's Fair. A Century of Progress, Urbana/Chicago: University of Illinois Press 2008.

Gebhard, David/Plous, Phyllis: Charles Demuth. The Mechanical Encrusted in the Living. An Exhibition Organized by David Gedhard [sic] and Phyllis Plous, Santa Barbara: University of California 1971.

Gelernter, David: 1939. The Lost World of the Fair, New York: The Free Press 1995.

Gerrit A. Beneker (1862–1934). Painter of American Industry, Vose Galleries, Boston o. J.

Gerster, Ulrich: Zwischen Avantgarde und Rückwendung. Die Malerei Franz Radziwills von 1933 bis 1945, in: Firmenich, Radziwill, S. 30–37.

Gonzales-Matute, Laura: Das dynamische Detroit. Diego Rivera und die industrielle Entwicklung in den USA, in: Lozano/Rivera: Diego Rivera, S. 318–322.

Goodall, Alex: The Battle of Detroit and Anti-Communism in the Depression Era, in: The Historical Journal 51 (2008), Nr. 2, S. 457–480.

Gräb-Schmidt, Elisabeth: Der homo faber als homo religiosus? Zur anthropologischen Dimension von Technik, in: Neumeister, Katharina/Renger-Berka, Peggy/Schwarke, Christian (Hg.): Technik und Transzendenz. Zum Verhältnis von Technik, Religion und Gesellschaft, Stuttgart: Kohlhammer 2012, S. 39–55.

Gray, Mary Lackritz: A Guide to Chicago's Murals, Chicago/London: University of Chicago Press 2001.

Greenfield, Larry L.: The Theology of Gerald Birney Smith, Ph.D. Diss. University of Chicago 1978.

Greschat, Martin: Das Zeitalter der industriellen Revolution. Das Christentum vor der Moderne (Christentum und Gesellschaft, 11), Stuttgart: Kohlhammer 1980.

Grossberg, Eva: Was bleibt ist sein Werk, in: Fehlemann, Sabine: Carl Grossberg. Retrospektive zum 100. Geburtstag (Ausstellungskatalog Von der Heydt-Museum 1994), Köln: DuMont 1994, S. 8–31.

Hans Baluschek 1870–1935, Berlin: Staatliche Kunsthalle Berlin 1991.

Harrison, Helen A.: The Fair Perceived: Color and Light as Elements in Design and Planning, in: Dawn of a New Day: The New York World's Fair, 1939 / 40, herausgegeben von Helen A. Harrison u. a., Flushing, NY: Queens Museum 1980, S. 43–55.

Haskell, Barbara: Charles Demuth. (Ausstellungskatalog Whitney Museum of American Art 1987), New York: Harry N. Abrams 1987.

—: Joseph Stella, New York: Whitney Museum of American Art 1994.

—: Ralston Crawford, New York: Whitney Museum of American Art 1985.

Haw, Richard: Art of the Brooklyn Bridge. A Visual History, New York/Abingdon, England: Routledge 2008.

—: The Brooklyn Bridge. A Cultural History, New Brunswick, NJ/London: Rutgers University Press 2005.

Heidegger, Martin: Die Frage nach der Technik, in: Ders.: Die Technik und die Kehre, 12. Aufl. Stuttgart: Klett-Cotta 2011, S. 5–36.

Hills, Patricia: Picturing Progress in the Era of Westward Expansion, in: Truettner, William H. (Hg.): The West as America. Reinterpreting Images of the Frontier, 1820–1920 (Ausstellungskatalog National Museum of American Art, Washington D.C. 1991), Washington D.C./London: Smithsonian Institution Press 1991, S. 97–147.

Hiltzik, Michael: Colossus. Hoover Dam and the Making of the American Century, New York: Free Press 2010.

Hounshell, David A.: Form the American System to Mass Production, 1800–1932. The Development of Manufacturing Technology in the United States, Baltimore/London: Johns Hopkins University Press 1984.

Howat, John K.: Frederic Church, New Haven/London: Yale University Press 2005.

Hughes, Robert: Bilder von Amerika. Die amerikanische Kunst von den Anfängen bis zur Gegenwart, München: Karl Blessing 1997.

—: The Shock of the New, New York: Alfred A. Knopf 2009.

Hughes, Thomas P.: Die Erfindung Amerikas. Der technologische Aufstieg der USA seit 1870, München: Beck 1991 (engl.: American Genesis. A Century of Invention and Technological Enthusiasm, 1870–1970).

—: Human Built World. How to Think about Technology and Culture, Chicago: University of Chicago Press 2004.

Industrie im Bild. Gemälde 1850–1950. Eine deutsche Privatsammlung, Westfälisches Landesmuseum für Kunst und Kulturgeschichte Münster 1990.

Jackle, John A./Sculle, Keith A.: Motoring. The Highway Experience in America, Athens, Georgia: The University of Georgia Press 2008.

Jaffe, Irma: Joseph Stella, Cambridge, Mass.: Harvard University Press 1970.

Jakobsen, Kjetil/Andersen, Ketil G./Halvorsen, Tor/Myklebust, Sissel: Engineering Cultures: European Appropriations of Americanism, in: Hård, Mikael/Jamison, Andrew (Hg.): The Intellectual Appropriation of Technology. Discourses of Modernity, 1900–1939, Cambridge, Mass./London, England: MIT Press 1998, S. 101–127.

Jamison, Andrew: American Anxieties: Technology and the Reshaping of Republican Values, in: Hård, Mikael/Jamison, Andrew (Hg.): The Intellectual Appropriation of Technology. Discourses of Modernity, 1900–1939, Cambridge, Mass./London, England: MIT Press 1998, S. 69–100.

Johns, J. Adam: The Assault on Progress. Technology and Time in American Literature, Tuscaloosa: University of Alabama Press 2008.

Johnson, Bennett: The Progressive Palette of Joseph Urban, in: A Century of Progress. 1933–1934 Chicago World's Fair, Chicago Art Deco Society 2004, S. 7–10.

Johnston, Patricia: Introduction. A Critical Review of Visual Culture Studies, in: Dies. (Hg.): Seeing High & Low. Representing Social Conflict in American Visual Culture, Berkeley/Los Angeles/London: University of California Press 2006, S. 1–24.

Jones, Barbara L.: Born of Fire. The Valley of Work. Industrial Scenes of Southwestern Pennsylvania, Greensburg, Pa.: Westmoreland Museum of American Art 2006.

Jordan, John M.: Machine Age Ideology. Social Engineering and American Liberalism, 1911–1939, Chapel Hill/London: University of North Carolina Press 1994.

Kasson, John F.: Civilizing the Machine. Technology and Republican Values in America, 1776–1900, (1976), New York: Hill and Wang 1999.

Kaufman, Gordon: Theology for a Nuclear Age, Philadelphia, Pa.: Westminster/Manchester, England: Manchester University Press 1985 (Dt. Theologie für das Nuklearzeitalter, München: Kaiser 1987).

Kihlstedt, Folke T.: Utopia Realized: The World's Firs of the 1930s, in: Corn, Joseph J. (Hg.): Imaging Tomorrow. History, Technology, and the American Future, Cambridge, Mass. / London, England: MIT Press 1986, S. 97–118.

Kimmerle, Constance: Elise Driggs. The Quick and the Classical, (James A. Michener Art Museum, Bucks County, Pennsylvania 2008), Philadelphia: University of Pennsylvania Press 2008.

Klingender, Francis D.: Kunst und industrielle Revolution, Dresden: Verlag der Kunst 1974.

Köth, Anke: Wolkenkratzerkirchen. Ein amerikanischer Bautypus der 1920er Jahre, Dresden: Thelem 2010.

Kozloff, Max: The Rivera Frescoes of Modern Industry at the Detroit Institute of Arts:

Proletarian Art under Capitalist Patronage, in: Millon, Henry A/Nochlin, Linda (Hg.): Art and Architecture in the Service of Politics, Cambridge, Mass./London, England: MIT Press 1978, S. 216–229.

Kunst und Technik in den 20er Jahren. Neue Sachlichkeit und Gegenständlicher Konstruktivismus (herausgegeben von Ingeborg Güssow und Helmut Friedel), München: Städtische Galerie im Lenbachhaus 1980.

Laird, Pamela Walker: Advertising Progress. American Business and the Rise of Consumer Marketing (Studies in Industry and Society), Baltimore/London: Johns Hopkins University Press 1998.

Landesmuseum Oldenburg (Hg.): Franz Radziwill. Mythos Technik, Oldenburg: Isensee 2000.

Lasch, Christopher: The True and Only Heaven. Progress and Its Critics, New York/London: W. W. Norton 1991.

Lee, Anthony W.: Painting on the Left. Diego Rivera, Radical Politics and San Francisco's Public Murals, Berkeley/Los Angeles/London: University of California Press 1999.

Leeuwen, Thomas A. P. van: The Skyward Trend of Thought. Five Essays on the Metaphysics of the American Skyscraper, Cambridge, Mass.: MIT Press 1988.

Louis Lozowick. Paintings – Drawings – Prints, Lunn Gallery, Washington, D.C. 1975.

Louis Lozowick. Works in the Precisionist Manner, Hirschl & Adler Galleries, New York 1980.

Lozano, Luis-Martín/Rivera, Juan Rafael Coronel (Hg.): Diego Rivera. Sämtliche Wandgemälde, Köln: Taschen 2008.

Lübbe, Hermann: Religion nach der Aufklärung, Graz/Wien/Köln: Styria 1986.

Lucic, Karen: Charles Sheeler and the Cult of the Machine, Cambridge, Mass.: Harvard University Press 1991.

Luhmann, Niklas: Die Religion der Gesellschaft, Frankfurt a. Main: Suhrkamp 2000.

LVR-Industriemuseum/*Schleper, Thomas* (Hg.): Feuerländer – Regions of Vulcan.

Malerei um Kohle und Stahl, Münster: Aschendorff 2010.

Magie der Industrie. Leben und Arbeiten im Fabrikzeitalter, hg. von der Kulturabteilung des Amtes der Niederösterreichischen Landesregierung, München: Oldenbourg [1989].

Man & Machine, London: endeavour 2010.

Marchand, Roland: Advertising the American Dream. Making Way for Modernity, 1920–1940, Berkeley/Los Angeles/London: University of California Press 1985.

—: The Designers go to the Fair, I: Walter Dorwin Teague and the Professionalization of Corporate Industrial Exhibits, 1933–1940, in: Doordan, Dennis (Hg.): Design History: An Anthology, Cambridge/London: MIT Press 1995, S. 89–102.

—: The Designers go to the Fair, II: Norman Bel Gedes, The General Motors »Futurama« and the Visit to the Factory Transformed, in: Doordan, Dennis (Hg.): Design History: An Anthology, Cambridge/London: MIT Press 1995, S. 103–121.

Marling, Karal Ann: Thomas Hart Benton's Boomtown: Regionalism Redefined, in: Prospects 6 (1981), S. 73–137.

—: Wall-to-Wall America. A Cultural History of Post-Office Murals in the Great Depression, Minneapolis: University of Minnesota Press 1982 (Neuausgabe 2000).

Marsden, George M.: Fundamentalism and American Culture. The Shaping of Twentieth-Century Evangelicalism, 1870–1925, 2. Aufl., Oxford: Oxford University Press 2006.

Marshall, Jennifer Jane: Machine Art. 1934, Chicago/London: University of Chicago Press 2012.

Marstine, Janet C.: Working History. Images of Labor and Industry in American Mural Painting, 1893–1903, Ph.D. Diss. University of Pittsburgh 1993.

Marx, Leo: The Machine in the Garden. Technology and the Pastoral Ideal in America (1964), Oxford et al.: Oxford University Press 2000.

May, Henry F.: Protestant Churches and Industrial America, New York: Harper & Brothers 1949.

Mayring, Eva A.: Die Gemälde des Deutschen Museums: Visualisierung und Inszenierung von Technik und Wissenschaft, in: Dies. (Hg.): Bilder der Technik, Industrie und Wissenschaft. Ein Bestandskatalog des Deutschen Museums, München: Deutsches Museum, Edition Minerva 2008, S. 28–43.

McKinsey, Kristan H.: Looking over the Fair, in: A Century of Progress. 1933–1934 Chicago World's Fair, Chicago Art Deco Society 2004, S. 2–5.

Meikle, Jeffrey L.: Twentieth Century Limited. Industrial Design in America, 1925–1939, Philadelphia: Temple University Press (1979), 2. Aufl. 2001.

Melosh, Barbara: Engendering Culture. Manhood and Womanhood in New Deal Public Art and Theater, Washington D.C./London: Smithsonian Institution Press 1991.

Meyer, Donald B.: The Protestant Search for Political Realism, 1919–1941 (1960), 2. Auflage, Middletown, Conn.: Wesleyan University Press 1988.

Michalski, Sergiusz: Neue Sachlichkeit. Malerei, Graphik und Photographie in Deutschland 1919–1933, Köln: Benedikt Taschen 1992.

Morshed, Adnan: The Aesthetics of Ascension in Norman Bel Geddes's Futurama, in: Journal of the Society of Architectural Historians 63 (März 2004), Nr. 1, S. 74–99.

Moudry, Roberta (Hg.): The American Skyscraper. Cultural Histories, New York et al.: Cambridge University Press 2005.

Mutschler, Hans-Dieter: Die Gottmaschine. Das Schicksal Gottes im Zeitalter der Technik, Augsburg: Pattloch 1998.

Neumeister, Katharina: Zur Konstruktion von Transzendenz und Gemeinsinn in der Biotechnik, in: Dies./Renger-Berka, Peggy/Schwarke, Christian (Hg.): Technik und Transzendenz. Zum Verhältnis von Technik, Religion und Gesellschaft, Stuttgart: Kohlhammer 2012, S. 167–181.

—/*Renger-Berka, Peggy*: Das Atom im Reagenzglas. Die Kerntechnik als Legitimationsressource im öffentlichen Biotechnik-Diskurs, in: Dreischer, Stephan/Lundgreen, Christoph/Scholz, Sylka/Schulz, Daniel (Hg.): Jenseits der Geltung. Konkurrierende Transzendenzbehauptungen von der Antike bis zur Gegenwart, Berlin: de Gruyter 2013, S. 272–287.

Noble, David: Eiskalte Träume. Die Erlösungsphantasien der Technologen, Freiburg/Basel/Wien: Herder 1998. (Urspr. engl.: The Religion of Technology. The Divinity of Man and the Spirit of Invention, New York: Alfred A. Knopf 1997).

Nolan, Mary: Visions of Modernity. American Business and the Modernization of Germany, New York/Oxford: Oxford University Press 1994.

Norton, Peter D.: Fighting Traffic. The Dawn of the Motor Age in the American City, Cambridge, Mass./London, England: MIT Press 2008.

Novak, Barbara: Nature and Culture. American Landscape and Painting. 1825–1875, Oxford: Oxford University Press (1980), 2007.

Nye, David E.: America as Second Creation. Technology and Narratives of New Beginnings, Cambridge/London: MIT 2003.

—.: America's Assembly Line, Cambridge, Mass./London, England: MIT 2013.

—: American Technological Sublime, Cambridge, Mass./London, England: MIT Press 1994.

—: Electrifying America. Social Meanings of a New Technology, 1880–1940, Cambridge, Mass./London, England: MIT Press 1990.

—: Henry Ford. Ignorant Idealist, Port Washington D.C., NY/London: Kennikat Press 1979.

O´Connor, Francis V.: An Iconographic Interpretation of Diego Rivera's Detroit Industry Murals in Terms of their Orientation to the Cardinal Points of the Compass, in: Diego Rivera. A Retrospective, New York/London: W. W. Norton & Co. 1986, S. 215–229.

—: The Influence of Diego Rivera on the Art of the United States during the 1930s and After, in: Diego Rivera. A Retrospective, New York/London: W. W. Norton & Co., S. 157–183.

Okrent, Daniel: Fortune. The Art of Covering Business, Salt Lake City: Gibbs – Smith Pub. 1999.

Onosko, Tim: Wasn't the Future Wonderful? A View of Trends and Technology from the 1930s, New York: E.P. Dutton 1979.

Orvell, Miles: Inspired by Science and the Modern: Precisionism and American Culture, in: Stavitsky, Gail et al.: Precisionism in America, 1915–1941: Reordering Reality, New York: Harry N. Abrams/Montclair Art Museum, NJ 1995, S. 52–59.

Patterson, Jody: Modernism and Murals at the 1939 New York World's Fair, in: American Art 24 (2010), Nr. 2, S. 50–73.

Pattison, George: Thinking About God in an Age of Technology, Oxford: Oxford University Press 2005.

Pells, Richard H.: Radical Visions and American Dreams. Culture and Social Thought in the Depression Years, Urbana/Chicago: University of Illinois Press 1973 (Neuausgabe 1998).

Pohl, Frances K.: Framing America. A Social History of Amerian Art, London: Thames & Hudson 2002.

Rawlinson, Mark: Charles Sheeler. Modernism, Precisionism and the Borders of Abstraction, London/New York: I. B. Tauris 2007.

Rendtorff, Trutz: Strukturen und Aufgaben technischer Kultur, in: Ders.: Vielspältiges. Protestantische Beiträge zur ethischen Kultur, Stuttgart: Kohlhammer 1991, S. 145–158.

Renger-Berka, Peggy: Atome spalten. Transzendenz und Gemeinsinn im Diskurs um die Kernspaltung in Deutschland in Theologie und Politik in den 1950er Jahren, in: Neumeister, Katharina/Renger-Berka, Peggy/Schwarke, Christian (Hg.): Technik und Transzendenz. Zum Verhältnis von Technik, Religion und Gesellschaft, Stuttgart: Kohlhammer 2012, S. 129–145.

Rhodes, Richard (Hg.): Visions of Technology. A Century of Vital Debate About Machines, Systems and the Human World, New York: Simon & Schuster 1999.

Rieger; Bernhard: Technology and the Culture of Modernity in Britain and Germany, 1890–1945, Cambridge, Mass.: Cambridge University Press 2005.

Rodgers, Daniel T.: Atlantic Crossings. Social Politics in a Progressive Age, Cambridge/London: Belknap of Harvard University Press 1998. (Dt.: Atlantiküberquerungen. Die Politik der Sozialreform, 1870–1945, Stuttgart: Steiner 2010).

Rohkrämer, Thomas: Eine andere Moderne? Zivilisationskritik, Natur und Technik in Deutschland, 1880–1933, Paderborn: Schöningh 1999.

Rydell, Robert W./Findling, John E./Pelle, Kimberley D. (Hg.): Fair America. World's Fairs in the United States, Washington D.C./London: Smithsonian Institution Press 2000.

Rydell, Robert W.: Introduction. Making America (More) Modern. America's Depression-Era World's Fairs, in: Rydell, Robert/Schiavo, Laura (Hg.): Designing Tomorrow, a.a.O., S. 1–21.

—: World of Fairs: The Century-of-Progress Expositions, Chicago: University of Chicago Press 1996.

—/*Schiavo, Laura Burd* (Hg.): Designing Tomorrow. America's World's Fairs of the 1930s (Ausstellungskatalog National Building Museum, Washington D.C., 2010–11), New Haven/London: Yale University Press 2010.

Saab, A. Joan: For the Millions. American Art and Culture Between the Wars, Philadelphia: University of Pennsylvania Press 2004.

Santomasso, Eugene A.: The Design of Reason: Architecture and Planning at the 1939/40 New York World's Fair, in: Dawn of a New Day: The New York World's Fair, 1939/40, herausgegeben von Helen A. Harrison u. a., Flushing, NY: Queens Museum 1980, S. 29–55.

Saunders, Ben: Do The Gods Wear Capes? Spirituality, Fantasy, and Superheros, London/New York: Continuum 2011.

Schleissing, Stephan: Das Maß des Fortschritts. Zum Verhältnis von Ethik und Geschichtsphilosophie in theologischer Perspektive, Göttingen: Edition Ruprecht 2008.

Schlink, Wilhelm: The Gothic Cathedral as Heavenly Jerusalem: A Fiction in German Art History, in: Kühnel, Bianca (Hg.): The Real and Ideal Jerusalem in Jewish, Christian and Islamic Art: Studies in Honor of Bezalel

Narkiss on the Occasion of his Seventieth Birthday, Jerusalem: Hebrew University (Jewish Art, 23/24) 1998, S. 275–285.

Schmidt, Hans M.: Carl Grossberg und sein technisches Zeitalter, in: Carl Grossberg. Gemälde, Aquarelle, Zeichnungen und Druckgrafik, 194–1940, (Ausstellungskatalog Hessisches Landesmuseum 1976), Darmstadt: Hessisches Landesmuseum 1976, S. 6–22.

Schrenk, Lisa D.: Building a Century of Progress. The Architecture of Chicago's 1933–34 World's Fair, Minneapolis/London: University of Minnesota Press 2007.

—: Corporate Marketing at A Century of Progress, in: *Rydell, Robert/Schiavo, Laura Burd* (Hg.): Designing Tomorrow. America's World's Fairs of the 1930s (Ausstellungskatalog National Building Museum, Washington D.C., 2010–11), New Haven/London: Yale University Press 2010, S. 23–39.

Schwarke, Christian: Die Kultur der Gene. Eine theologische Hermeneutik der Gentechnik, Stuttgart: Kohlhammer 2000.

—: Technik und Theologie. Was ist der Gegenstand einer theologischen Technikethik?, in: Zeitschrift für Evangelische Ethik 49 (2005), S. 88–104.

—: The Gospel According to Fortune. Technik und Transzendenz in der Mission für eine industrielle Kultur, in: Vorländer, Hans (Hg.): Transzendenz und die Konstitution von Ordnungen, Berlin: de Gruyter 2013, S. 289–310.

Searl, Marjorie: Ralston Crawford: Whitestone Bridge (1939–40), in: Dies. (Hg.): Seeing America. Painting and Sculpture form the Collection of the Memorial Art Gallery of the University of Rochester, Rochester, N.Y.: University of Rochester Press 2006, S. 241–244.

Shindo, Charles J.: 1927 and the Rise of Modern America, Lawrence: The University Press of Kansas 2010.

Sigler, Danielle Brune: Norman Bel Geddes and a Spiritual Philosophy of Art and Inspiration, in: Albrecht, Donald (Hg.): Norman Bel Geddes Designs America, (Harry Ransom Center, The University of Texas at Austin/Museum of the City of New York), New York: Abrams 2012, S. 40–53.

Smith, Terry: Making the Modern. Industry, Art, and Design in America, Chicago/London: University of Chicago Press 1993.

Stavitsky, Gail et al.: Precisionism in America, 1915–1941: Reordering Reality, New York: Harry N. Abrams/Montclair Art Museum, NJ 1995.

Susman, Warren I.: The People's Fair. Cultural Contradictions of a Consumer Society, in: Dawn of a New Day: The New York World's Fair, 1939/40, herausgegeben von Helen A. Harrison u. a., Flushing, NY: Queens Museum 1980. S. 17–27.

Tichi, Cecelia: Shifting Gears. Technology, Literature, Culture in Modernist America, Chapel Hill/London: University of Chapel Hill Press 1987.

Tower, Beeke Sell: Envisioning America. Prints, Drawings, and Photographs by George Grosz and his Contemporaries, 1915–1933, Harvard University, Busch-Reisinger Museum 1990.

Trapp, Frank Anderson: Peter Blume, New York: Rizzoli 1987.

Traxel, David: An American Saga. The Life and Times of Rockwell Kent, New York: Harper & Row 1980.

Trowitzsch, Michael: Technokratie und Geist der Zeit. Beiträge zu einer theologischen Kritik, Tübingen: Mohr 1988.

Troyen, Carol: Photography, Painting, and Charles Sheeler's View of New York, in: Art Bulletin 86 (Dezember 2004), Nr. 4, S. 731–749.

—/*Hirschler, Erica E.*: Charles Sheeler. Paintings and Drawings, Boston: Museum of Fine Arts 1987.

Tsujimoto, Karen: Images of America. Precisionist Painting and Modern Photography, Seattle/London: University of Washington Press 1982.

Türk, Klaus: Bilder der Arbeit. Eine Ikonografische Anthologie, Wiesbaden: Westdeutscher Verlag 2000.

—: Mensch und Arbeit. 400 Jahre Geschichte der Arbeit in der Bildenden Kunst. Die Eckhart G. Grohmann Collection an der Milwaukee School of Engineering. Milwaukee, WI: MSOE Press 2003.

Vorländer, Hans: Transzendenz und die Konstitution von Ordnungen: Eine Einführung in systematischer Absicht, in: Ders. (Hg.): Transzendenz und die Konstitution von Ordnungen, Berlin: de Gruyter 2013, S. 1–42.

Wagner, Monika: Die neue Welt der Dampfmaschine. Industriebilder des 19. Jahrhunderts, in: Kunst und Technik in den 20er Jahren. Neue Sachlichkeit und Gegenständlicher Konstruktivismus (herausgegeben von Helmut Friedel), München: Städtische Galerie im Lenbachhaus 1980, S. 12–29.

Warren, Heather A.: Theologians of a New World Order. Reinhold Niebuhr and the Christian Realists, 1920–1948, New York u.a.: Oxford University Press 1997.

Wechsler, Jeffrey: Magic Realism: Defining the Indefinite, in: Art Journal 45 (1985), S. 293–298.

Weissman, Terri: The Realisms of Berenice Abbott. Documentary Photography and Political Action, Berkeley/Los Angeles/London: University of California Press/Washington D.C.: The Philips Collection 2011.

Wien, Jack Milgram: Rockwell Kent. The Mythic and the Modern, New York: Hudosn Hills Press 2005.

Willeke, Stefan: Die Technokratiebewegung in Nordamerika und Deutschland zwischen den Weltkriegen. Eine vergleichende Analyse, Frankfurt a. Main: Lang 1995.

Willis, Carol: Skyscraper Utopias: Visionary Urbanism in the 1920's, in: Corn, Joseph J. (Hg.): Imaging Tomorrow. History, Technology, and the American Future, Cambridge, Mass./London, England: MIT Press 1986, S. 164–187.

Wilson, Kristina: The Modern Eye. Stieglitz, MoMa, and the Art of the Exhibtion, 1925–1934, New Haven/London: Yale University Press 2009.

Wilson, Richard Guy/Pilgrim, Dianne H./Tahjian, Dickran: The Machine Age in America. 1918–1941, New York: Brooklyn Museum und Harry N. Abrams 1986.

Yau, John: Joseph Stella: The Brooklyn Bridge, in: Venn, Beth/Weinberg, Adam D. (Hg.): Frames of Reference. Looking at American Art, 1900–1950. Works of the Whitney Museum of American Art, New York: Whitney Museum of American Art 1999, S. 122–125.

Youngner, Rina C.: Industry in Art. Pittsburgh, 1812 to 1920, Pittsburgh: University of Pittsburgh Press 2006.

Zabel, Barbara: Assembling Art: The Machine and the American Avant-Garde, Jackson: University Press of Mississippi 2004.

Zakheim, Masha: Coit Tower San Francisco. Its History and Art (1983), veränderte Neuausgabe, San Francisco: Vulcano Press 2009.

Zim, Larry/Lerner, Mel/Rolfes, Herbert: The World of Tomorrow. The 1939 New York World's Fair, New York: Harper & Row (Main Street Press) 1988.

Abbildungsnachweis

Trotz eingehender Nachforschungen ist es uns leider nicht in allen Fällen gelungen, die Inhaber von Text- und Bildrechten zu ermitteln. Für entsprechende Hinweise sind Autor und Verlag dankbar.

Farbtafeln

Titel: Ralston Crawford: Whitestone Bridge, 1940, Öl auf Leinwand 102,2 x 81,2 cm. University of Rochester Art Gallery. Mit freundlicher Genehmigung © Ralston Crawford Estate.

11, 21: © 2014 Scientific American, Inc., reproduced with permission. All rights reserved.

12.–14: Tempera auf Leinwand, 233 x 297 cm. Metropolitan Museum of Art, New York, © T. H. Benton and R.P.Benton Testamentary Trusts / VG Bild-Kunst, Bonn 2013.

15: Öl auf Leinwand, 74,8 x 59,7 cm. The Art Institute of Chicago.

17: Öl auf Leinwand, 230 x 330 cm. © Foto: Deutsches Museum.

18: Öl auf Leinwand, 61 x 78,7 cm. © The Museum of Modern Art, New York / Scala, Florenz.

19: Öl auf Leinwand, 95 x 116 cm. © VG Bild-Kunst, Bonn 2013.

20: Joseph Binder © MAK – Österreichisches Museum für angewandte Kunst / Gegenwartskunst.

23: Öl auf Leinwand, 101,6 x 162,6 cm. Cleveland Museum of Art.

25: Öl auf Leinwand, 198,1 x 476,4 cm. (Mural Detroit Public Library), Smithsonian American Art Museum, Transfer from the Detroit Public Library.

26.–27: © Banco de México Diego Rivera Frida Kahlo Museum Trust / VG Bild-Kunst, Bonn 2013.

29: Öl auf Leinwand. Von-der-Heydt-Museum Wuppertal.

32: Öl auf Leinwand, 193,7 x 173,4 cm. Boston Museum of Fine Arts.

33: Öl und Tempera auf Leinwand, 253 x 137 cm. Newark Museum, Newark, NY.

34: Öl und Tempera auf Leinwand, 152 x 152 cm. De Young Museum of Fine Arts, San Francisco, © VG Bild-Kunst, Bonn 2013.

35: Öl auf Leinwand, 122 x 92 cm. Milwaukee Art Museum.

Abbildungen

8, 66, 77, 94: Mit freundlicher Genehmigung © General Motors.

11, 13: Foto: Richard Wurts. Mit freundlicher Genehmigung © Dover Publications.

19: © T. H.Benton and R.P. Benton Testamentary Trusts / VG Bild-Kunst, Bonn 2013.

24–26: Mit freundlicher Genehmigung Johns Manville Co.

34, 47, 48: © VG Bild-Kunst, Bonn 2013.

40: Öl auf Holz, 45,7 x 51, 4 cm. Whitney Museum of American Art, New York © VG Bild-Kunst, Bonn 2013.

41, 87: © The Art Institute of Chicago.

45, 46, 71: TM & © 2013 DC Comics. All rights reserved.

50: Öl auf Leinwand, 87 x 101,6 cm. © Whitney Museum of American Art, New York.

51: Josef Albers. Cover of the exhibition catalogue »Machine Art«, NY, MoMA 1934, © The Museum of Modern Art, New York / Scala, Florenz.

Personenregister

Abbott, Berenice   102, 164f., 173
Adams, Henry   64, 85
Adorno, Theodor W.   117
Akin, William E.   136
Albrecht, Donald   176
Aldis, Dorothy   24, 27
Alexander, John White   168
Althaus, Paul   218
Anderson, Sherwood   137f.
Applebaum, Stanley   42, 55
Arntz, Gerd   143f.
Asendorf, Christoph   48
Atkins, Thomas   33, 162

Baker, Ernest Hemlin   104
Baker, Joseph Baer   214
Baluschek, Hans   94f., 178, 196
Banning, Charles F.   59
Barr, Alfred H. Jr.   99f.
Barton, Bruce   208
Bauman, Louis S.   211
Baxandall, Michael   15
Beard, Charles A.   18, 25f., 77, 88, 102
Beard, William   88
Becker, Heather   62
Beckmann, Jens   210
Beerbohm, Marvin   140, 190
Bellows, George   120f.
Beneke, Sabine   110
Beneker, Gerrit A.   88, 146f.
Benett, Reginald O.   65
Benjamin, Walter   117, 119
Bent, Silas   99, 132
Benton, Thomas Hart   64, 84–86, 161, 184f.
Berger, Klaus   242
Bergmann, Sigurd   163
Bernewitz, M. W. von   166
Berns, Jörg Jochen   156
Bertsch, Christoph   120
Biggs, Lindy   113
Billings, Henry   72f.
Billington, David P.   129, 166
Binder, Josef   171, 188
Blake, William   71
Blume, Peter   96f., 149
Boas, George   99
Bonhoeffer, Dietrich   204, 217
Borgmann, Albert   11
Born, Wolfgang   117

Bosch, Hieronymus   168
Bourke-White, Margaret   102f., 119f., 130, 176
Braskamp, Christina J.   212
Braun, Emily   85
Bredekamp, Horst   148
Brewer, Nanette   64
Brinckmann, August   141
Britton, Edgar   83, 130
Brock, Brian   11
Brock, Charles   101, 115f., 169
Brosterman, Norman   50f.
Brown, Emily   86
Brown, Howard   146, 165
Brown, Milton   87
Brown, William Adams   216, 220
Bruère, Martha Bensley   96
Brunner, Emil   205
Bry, Carl Christian   206
Bryan, Ford   115
Buderer, Hans-Jürgen   149
Bultmann, Rudolf   109, 232, 236
Bürgel, Bruno   178
Burlingame, Roger   88
Bury, John B.   25f.
Busch, Werner   122
Butler, David   51

Calhoun, Robert L.   218f.
Callahan, Richard   11
Carpaccio, Vittore   82
Casey, Robert   112
Catlin, Georg   39
Chaffee, Edward   136
Chaffee, Edmund B.   225, 227
Chaplin, Charlie   73, 120, 132, 143
Charbonnier, Ralph   11
Chase, Stuart   15, 18, 99, 109
Church, Frederic Edwin   127f., 189
Cole, Thomas   28, 128
Contompasis, Margaret   64
Copland, Aaron   52
Corn, Joseph J.   163
Corn, Wanda M.   170
Corwin, Sharon   102
Covey, Arthur   104
Crane, Hart   167
Crawford, Ralston   43, 164f.
Crockwell, Douglas   144
Crowther, Samuel   114

Culin, Nombhard N. 182
Cummings, Frederick J. 115
Cunningham, Imogen 104
Currier, Nathanael 160
Curry, John Steuart 84
Cusker, Joseph 43 f.

Dacy, George H. 34
Dalbajewa, Birgit 115
Davis, Edward B. 213
Debschitz, Uta v. 144
Debschitz, Thilo v. 144
DeLue, Rachael 160
Demuth, Charles 84, 90, 185
Dennis, Michael 225
Dessauer, Friedrich 203
Dewey, John 102, 227
Dickerman, Leah 171, 62
Doordan, Dennis 31
Doss, Erika 64, 85 f.
Douglas, Aaron 172, 178, 196
Douzema, Marianne 110
Downs, Linda Bank 115, 123, 151–154
Dreyfuss, Henry 176
Driggs, Elsie 111 f., 116
Dunlap, John H. 145

Earle, Susan 172
Elsheimer, Adam 39
Ernst, Max 118

Fahlman, Betsy 123
Faut, Adolf 198, 225
Fehlemann, Sabine 141
Ferriss, Hugh 173
Findling, John E. 23
Finkelstein, Haim 171
Firmenich, Andrea 118
Fitch, John A. 125, 168
Flint, Janet 165
Fludd, Robert 148
Folk, Thomas C. 112
Ford, Henry 38, 54, 73, 112–114, 133 f., 137,
145, 151–154, 158, 207, 223, 230
Fosdick, Harry Emerson 215
Foster, Kathleen A. 64
Frank, Waldo 99, 109
Franklin, Kelly 128
Fraser, Max 143
Frederick, J. George 136
Friedel, Helmut 111
Friedrich, Caspar David 80, 128
Fürst, Arthur 145

Ganz, Cheryl R. 23, 28 f., 31
Garret, Garet 100
Gärtner, Fritz 145
Gaspar, Miklos 62–64, 183
Gebhard, David 90
Geddes, Norman Bel 44, 174–177
Geertz, Clifford 221
Gelernter, David 42, 45, 47, 52
Gerhardt, Paul 94
Gernsback, Hugo 50
Gerster, Ulrich 118
Gonzales-Matute, Laura 153
Goodall, Alex 151
Goodrich, Lloyd 87
Gozzoli, Benozzo 246
Graf, Franz 94
Gray, Mary Lackritz 31, 62
Greenfield, Larry 209
Greschat, Martin 114
Griffen, Davenport 71
Grohman, Eckhart G. 94
Gropper, William 139 f.
Grossberg, Carl 141–143, 148 f., 191
Grossberg, Eva 141
Günther, Hanns 145

Halem, Otto v. 141
Hanisch, Helmut 9
Hansen, Oskar 89
Hard, William 130
Harnack, Adolf v. 221
Harrison, Helen A. 42, 47, 56
Hartt, Rollin Lynde 214
Haskell, Barbara 90, 165, 167 f.
Haw, Richard 166
Heap, Jane 100
Heidegger, Martin 10, 14
Helck, Peter 133
Henning, John 199
Heyl, Paul R. 144
Hill, A. V. 144
Hills, Patricia 78
Hiltzik, Michael 90
Hine, Lewis 146 f., 167
Hirsch, Stefan 141
Hirshler, Erica 116
Holt, Arthur E. 225
Hoppé, E. O. 178
Hopper, Edward 141
Horrigan, Brian 163
Horter, Earl 172 f.
Horton, T. C. 211
Hough, Lynn Harold 215

Hounshell, David A. 113
Howat, John K. 128
Hughes, Robert 48
Hughes, Thomas P. 18, 34, 114
Huston, Charles L. 213
Hynes, William J. 220

Ignatius v. Antiochien 242
Indych-López, Anna 62, 171
Innes, George 159 f.
Ives, James 159, 160

Jackle, John A. 156
Jackson, Donald C. 129
Jacob, Mary Jane 115
Jacobsen, Fritz 93, 186
Jaffe, Irma B. 167, 170
James, Henry 38, 166
Jean, Elsie 47
Jewett, Frank B. 31 f.
Johns, J. Adam 77
Johnson, Benett 37
Johnson, F. Ernest 225
Johnson, Philip 99 f.
Johnston, Patricia 108
Jolas, Eugene 115
Jones, Barbara L. 110
Jordan, John M. 39

Kaempffert, Waldemar 96
Kahn, Albert 56, 174 f.
Kahn, Ely Jaques 56, 68
Kahn, Fritz 144
Kampf, Arthur 145
Kasson, John F. 87
Katz, Leo 68–70, 98
Kellermann, Bernhard 206
Kellog, Paul 168
Kent, Rockwell 69–71, 190
Kieser, E. 141
Kihlstedt, Folke 48, 50
Kimmerle, Constance 111 f.
Klein, Bruno 82
Kley, Heinrich 205
Klingender, Francis D. 122
Kollmann, Franz 94
Köth, Anke 170
Kozloff, Max 153 f.
Kuhler, Otto 161
Kuhn, Alfred 141
Kunkel, Alexander 205
Kupka, Franticek 120 f.
Laidler, Harry 136

Laird, Pamela Walker 78
Lang, Fritz 29, 51, 143, 169, 172
Lasch, Christopher 77
Ledoux, Nicolas 48
Lee, Anthony W. 149
Leeuwen, Thomas A. P. van 170
Leggett, Julian 60
Lenin, Wladimir Iljitsch 62
Loeb, Harold 132
Leonard, Jonathan Norton 132, 145
Lerner, Mel 42
Lewis, Sinclair 74
Lilienthal, David E. 131
Lilje, Hanns 198, 202–205, 225–228,
232–235, 240
Lindbergh, Charles 162
Linn, James Weber 25, 34 f., 39
Linus, Axel 62, 64
Lippert, Hans-Georg 174
Lockwood, Ward 82 f.
Loewy, Raimond 161, 174–176
Lofton, Kathryn 11
Lozano, Luis-Martin 151
Lozowick, Louis 164 f.
Luce, Henry 130
Lucic, Karen 101, 116
Lundgreen, Christoph 12
Luther, Martin 242 f.
Lyman, Eugene William 208, 222

Magee, H. W. 38
Malcom, Ross 134
Marchand, Roland 31, 93, 174
Mark, Robert 166
Marling, Karal Ann 63, 86 f., 91
Marsden, George M. 210, 213
Marsh, Reginald 88 f., 160 f.
Marshall, Jennifer Jane 102
Marstine, Janet C. 149
Marx, Leo 117, 128
Masaccio 28
Masereel, Frans 107 f.
Mathews, Shailer 209, 211, 216, 219,
220–222, 230
May, Henry F. 126, 224
May, Jessica 102
Mayring, Eva A. 63
McConnell, Francis J. 224
McKinsey, Kristian H. 29
Meikle, Jeffrey L. 33, 52, 176
Melosi, Martin V. 129
Memling, Hans 112
Menzies, William Cameron 50, 52

Merian, Matthäus   148
Merriman, Thaddeus   145
Messner, Alfred J.   66
Meyer, Donald B.   228
Michalski, Sergiusz   149
Michelangelo   28, 70
Milgram, Jack   71
Misa, Thomas J.   122
Moholy-Nagy, László   48
Moldoff, Sheldon   146
Morse, Samuel F. B.   39
Morshed, Adnan   176
Moses, Robert   42
Moudry, Roberta   170
Mumford, Lewis   43f., 52, 77, 98f., 205, 218, 237
Murch, Walter T.   15f.
Murphy, Gerald   120
Mutschler, Hans-Dieter   156

Neumeister, Katharina   12
Niebuhr, Reinhold   60, 198f., 207f., 216, 218,
228–232, 236, 240, 243
Niemeyer, Oscar   56
Noble, David   10, 18
Nord, Christiane   242
Norton, John W.   31, 71
Novak, Barbara   160
Nye, David E.   77, 94, 96, 114, 127, 129, 137,
138, 145

O'Connor, Francis V.   149, 151
Okrent, Daniel   133
O'Leahy, Oley   53
Olsen, Erling C.   60f.
Olshausen-Schönberger, Käthe   172
Orvell, Miles   115f.
Ott, Peterpaul   157
Ottomeyer, Hans   110

Palmer, Fr. B.   159
Parker Van Zandt, John   33
Parsons, Floyd W.   129
Patterson, Jody   71
Pawella, Frank   70
Pelle, Kimberley   23
Pfeiffer, Ed. A.   18
Picabia, Francis   118
Pilgrim, Dianne H.   130
Pitney, A. de Ford   32, 63
Plous, Phyllis   90
Pohl, Frances K.   128
Portinari, Maria   112
Prampolini, Enrico   100

Pütz, Friedrich   179
Radziwill, Franz   117f., 149, 187
Rawlinson, Mark   102, 117
Ray, Fred   107
Reisinger, Hans   108
Rendtorff, Trutz   239
Renger-Berka, Peggy   12
Renger-Patzsch, Albert   104, 115
Rhodes, Richard   18
Rivera, Diego   54, 62, 123, 126, 149–155, 171,
192f., 245
Rodgers, Daniel T.   18
Roebling, John August   166
Roelof-Lanner, T.V.   37
Rohkrämer, Thomas   12
Rolfes, Herbert   42
Rönnebeck, Arnold   173
Roosevelt, Franklin D.   60, 90
Rothe, Richard   9, 200
Rourke, Constanze   101
Rubin, Louis D.   134
Rydell, Robert W.   23, 29, 38, 42, 73

Sandburg, Carl   125f.
Santomasso, Eugene A.   56
Saunders, Ben   106
Schiavo, Laura Burd   42
Schleissing, Stephan   237
Schleper, Thomas   110, 122
Schlink, Wilhelm   172
Schmidt, Hans M.   141, 149
Schmitz, Georg   94
Scholz, Sylka   12, 70
Schöttler, Hans   226
Schrenk, Lisa D.   23, 25, 27, 31
Schulz, Daniel   12
Scotford, John   207
Scott, Howard   136
Sculle, Keith A.   156
Seales, Chad   11
Searl, Marjorie   165
Seiwert, Franz Wilhelm   143
Seldes, Gilbert   50
Sheeler, Charles   73, 84, 101f., 112, 114–119, 141,
161, 187
Shindo, Charles   114
Shuster, Joe   107
Sigler, Danielle Brune   177
Signorelli, Luca   71
Small, Albion   221
Smith, Gerald Birney   208f., 211, 214, 217,
220, 227
Smith, Fred   214f.

Smith, Terry 112f., 115
Smythe, William E. 127
Spengler, Oswald 204f.
Staemmler, Wolfgang 198, 226
Stavitsky, Gail 115
Steiner, Ralph 52
Steinmann, David 166
Steinmetz, Charles 145
Stella, Joseph 167–171, 195
Sternberg, Harry 149
Stidger, William L. 214
Storrs, John 30
Strand, Paul 102, 104
Stumm, Karl 114
Sullivan, Mark 81f.
Susman, Warren 44
Swan, Alfred W. 201

Tahjian, Dickran 130
Tallmadge, John W. 31
Taut, Bruno 50
Taylor, Frederick W. 206, 209, 233
Teague, Walter Dorwin 31, 44, 53, 56, 176
Tillich, Paul 10, 75, 121, 124, 201f., 217, 223, 233, 236
Torrey, Reuben 210
Tower, Beeke Sell 18
Trachtenberg, Alan 102
Trapp, Frank Anderson 96f.
Traxel, David 71
Troeltsch, Ernst 11
Trowitzsch, Michael 11
Troyen, Carol 116–118
Truettner, William H. 78
Tsujimoto, Karen 116
Tufts, James H. 227
Türk, Klaus 22, 94, 120, 145

Urban, Joseph 36f.

van Deventer, Jonathan 113, 136f.
van Dyke, Willard 52, 126
van Ruisdael, Jacob 116
Vaughan, Richard Miner 218
Veblen, Thorstein 206
Vischer, Peter 146
Völker, Karl 143
Vorländer, Hans 13

Wagner, Monika 111
Wallace, Tom 129
Ward, Harry Frederick 217
Warren, Heather A. 228

Washington, George 43
Watson, Sara 166
Weber, Max 202
Wechsler, Jeffrey 149
Weill, Kurt 55
Weir, John Ferguson 123
Weismann, Terri 102, 173
Wellmann, William A. 162
Weygold, Frederick 129
Whalen, Grover 43f., 50
White, Joseph 166
Wick, S. 62, 64
Wieman, Henry N. 218f., 222
Wilhelm, Donald 125
Willeke, Stefan 136
Williams, Charles 229
Willis, Carol 171
Wilson, Kristina 100
Wilson, Richard Guy 130
Wittig, Joseph 205
Wölke, Arno 142
Wolff, Albert N. 214
Wood, Grant 84
Wood, Stanley 131
Woodruff, Louise 28–30
Wright, Frank Lloyd 38, 176
Wright of Derby, Joseph 122
Wunderwald, Gustav 226

Yau, John 168
Yochelson, Bonnie 165
Youngner, Rina C. 168

Zakheim, Masha 149
Zielke, Willy 179
Zim, Larry 42, 47, 54, 56, 72

Katharina Neumeister
Peggy Renger-Berka
Christian Schwarke (Hrsg.)

Technik und Transzendenz

Zum Verhältnis von Technik, Religion und Gesellschaft

2012. 208 Seiten. Kart.
€ 24,90
ISBN 978-3-17-022152-9

Technik wird im 20. Jahrhundert als wesentlicher Motor einer „Entzauberung der Welt" wahrgenommen, da sie mit religiöser Weltdeutung und Lebenspraxis zu konkurrieren scheint. Besonders in öffentlichen Debatten greift moderne Technik jedoch auf Heilsversprechen und Utopien zurück, um für sich zu werben und Geltungsansprüche über Weltbilder zu erheben. So sind Technik und Transzendenz enger aufeinander bezogen, als gemeinhin angenommen wird. Darüber hinaus zielt Technik darauf ab, bislang Unverfügbares in den Bereich des Machbaren zu rücken. Das erzeugt allerdings neue Unverfügbarkeiten, vor allem was Steuerbarkeit und Anwendungsmöglichkeiten betrifft. Die Beiträge dieses Bandes beleuchten in interdisziplinärer Ausrichtung das Verhältnis von Technik und Transzendenz in theoretischen und fallbezogenen Analysen.

Leseproben und weitere Informationen unter www.kohlhammer.de

W. Kohlhammer GmbH · 70549 Stuttgart
vertrieb@kohlhammer.de

Kohlhammer